ESTUDOS SOBRE ARBITRAGEM COMERCIAL E DIREITO MARÍTIMO

MÁRIO RAPOSO

ESTUDOS SOBRE ARBITRAGEM COMERCIAL E DIREITO MARÍTIMO

ALMEDINA

ESTUDOS SOBRE ARBITRAGEM
COMERCIAL E DIREITO MARÍTIMO

AUTOR
MÁRIO RAPOSO

EDITOR
EDIÇÕES ALMEDINA, SA
Rua da Estrela, n.º 6
3000-161 Coimbra
Tel: 239 851 904
Fax: 239 851 901
www.almedina.net
editora@almedina.net

PRÉ-IMPRESSÃO • IMPRESSÃO • ACABAMENTO
G.C. GRÁFICA DE COIMBRA, LDA.
Palheira – Assafarge
3001-453 Coimbra
producao@graficadecoimbra.pt

Dezembro, 2006

DEPÓSITO LEGAL
250197/06

Os dados e as opiniões inseridos na presente publicação
são da exclusiva responsabilidade do(s) seu(s) autor(es).

Toda a reprodução desta obra, por fotocópia ou outro qualquer processo,
sem prévia autorização escrita do Editor,
é ilícita e passível de procedimento judicial contra o infractor.

A SENTENÇA ARBITRAL

1. O Colégio Decisório

1. A deliberação final, da qual resulta a sentença no processo de arbitragem, é uma "operação essencial", mesmo quando não expressamente regulada (ou sequer referida) na lei[1].

E não resta dúvida que a participação dos árbitros *pessoal* e *simultânea* na conferência final[2] continua a ser a melhor forma de deliberar. Fala Claude Reymond no *debate contraditório* com viva impressividade. É dele que "jaillit la lumière". Ou, como dizia um juiz inglês, uma *good disputing* é a melhor forma de captar o *bom direito*[3].

Mas sem uma conferência *conjunta* e *presencial* não poderá formar-se uma decisão operante ?

As coisas nem sempre se passam assim e desde já se poderá adiantar que a lei portuguesa não poderá ser vista numa tão rígida perspectiva.

2. Na reforma de 1994 era o sistema *italiano* o que mais rígido se revelava, pelo menos na letra da lei.

Dispunha então o Cód. Proc. Civil (CPCI), que "il lodo è deliberato a maggioranza dei voti degli arbitri *reuniti* in *conferenza personale* ed è quindi redatto per iscritto" (art. 823°). E para tornar

---

[1] Poudret-Besson, DROIT COMPARÉ DE L'ARBITRAGE INTERNATIONAL, ed. *Bruylant – LGDJ – Schulthess*, 2002, p. 681.
[2] Ou nas que em relação dela sejam directamente preparatórias, já na fase decisória do processo (Sérgio La China, L'ARBITRATO..., 2ª ed., *Giuffrè*, Milão, 2004, p. 152)
[3] Claude Reymond, *Le président du tribunal arbitral*, em ÉTUDES OFFERTES À PIERRE BELLET, ed. *Litec*, Paris, 1991, p. 476.

sindicável este requisito geral impunha o nº 5 daquele art. 823º que da sentença constasse o *modo* usado na deliberação.

No tocante à arbitragem *interna* entendia a doutrina que a conferência deveria ser *física* e *simultânea*[4].

Quanto à arbitragem *internacional* dispunha o artº 837º do CPCI que, se as partes não tivessem convencionado em sentido diferente, a decisão arbitral era deliberada pela maioria dos votos dos árbitros reunidos em conjunto, mesmo videotelefonicamente, e depois reduzida a escrito.

Dispensava-se assim a *conferência pessoal*, embora ressalvando-se que as partes a poderiam impor.

Aconteceu, entretanto, que os sistema italiano de *arbitragem*, contido no CPCI, foi substancialmente modificado pelo Dec. Leg. nº 40, de 2.2.2006. O art. 837º (assim como os arts. 833º a 838º, aplicáveis à arbitragem *internacional*) foram revogados. E o art. 832º passou a ser consagrado à arbitragem institucionalizada. Foi, assim, eliminada a distinção entre arbitragem *interna* e a *internacional*.

O *novo* 823º dispõe que "a sentença é deliberada por maioria dos árbitros com a participação *de todos os árbitros* sendo em segui-

---

[4] Assim v. g. Elio Fazzalari (em Briguglio-Fazzalari-Marengo, LA NUOVA DISCIPLINA DELL'ARBITRATO, ed. *Giuffrè*, Milão, 1994, p. 158, e Piero Bernardini (em *L'arbitrage en Italie...*, na *Revue de l'Arbitrage* - doravante *Rev. Arb.*, – 1994, pp. 479 e segg. *maxime* p. 494). Nicola Rascio, na obra colectiva sobre DIRITTO DELL' ARBITRATO RITUALE (dir. Giovanni Verde), 2ª ed., *G. Giappichelli* ed., Turim, 2000, p. 292, recordava que dos trabalhos parlamentares advinha com clareza a recusa da conferência *videotelefónica* (sic) como alternativa à conferência pessoal dos árbitros. É curioso notar que as traduções francesas do art. 823º realçam vincadamente esta solução. Assim na da *Rev. Arb.* (1994, p. 581) diz-se, em nota da tradutora Anne Vincent (p. 587), que a expressão *conferenza personale* impunha "que les arbitres soient présents *en chair et os* pour que delibéré soit valable". Bernardini (cit. est.) refere também que na arbitragem interna os árbitros deliberavam "physiquement réunis". O Regulamento da Câmara Arbitral *Nacional* e *Internacional* de Milão, que entrou em vigor em 1.1.04, dispõe que a sentença é deliberada por maioria de votos. A conferência pessoal dos árbitros é (apenas) necessária se as normas aplicáveis ao processo o impuserem. Cfr. *Rivista dell'Arbitrato* (doravante *Riv. dell'Arb.*) 2000, pp. 899 e segg. *maxime* p. 909. Diferentemente, o Regulamento da Câmara Arbitral de Roma (de 1.9.1997) estabelece no art. 17º, 4, que "no caso de sentença assinada pela maioria dos árbitros deve ser expressamente declarado que na deliberação participaram *pessoalmente* todos os árbitros e que um ou vários não a quiseram ou puderam assinar. Exige-se expressamente a "partecipazione *personale* di tutti". Cfr. Piero Bernardini – Andrea Giardina, CODICE DELL'ARBITRATO, 2ª ed., ed. *Giuffrè*, 2000, p. 100.

da redigida por escrito". No entanto "qualquer dos árbitros pode requerer que a sentença, ou uma parte dela, seja deliberada pelos árbitros *reuniti* in conferenza personale". A indicação do *modo* usado na deliberação já não é exigida.

3. Na *Suíça*, a *Concordata* sobre arbitragem *interna* de 1969 (aplicável desde 1.1.1995 a todos os cantões) preceitua no art. 31°, 1, que "tous les arbitres doivent participer à chaque délibération et décision du tribunal arbitral". Trata-se de uma norma *imperativa*, que, no entanto, apenas diz respeito às deliberações que tenham como objecto a *sentença arbitral*[5]. Entretanto não se prevê no preceito uma *conferenza personale* do estilo da italiana. E assim se é de exigir uma participação *efectiva* não será necessária uma presença *simultânea*. E daí que nada obste a uma "décision par voie de circulation"[6].

Para a arbitragem *internacional* rege a Lei Federal sobre o Direito Internacional Privado de 18.12.1987 (entrada em vigor em 1.1.1989). Segundo ela a sentença arbitral é dada "segundo o processo e a forma convencionados pelas partes" (art. 189°, 1).

4. Limita-se a lei francesa, no título referente à sentença arbitral, a estabelecer que "as deliberações dos árbitros são secretas" (art. 1469° do Cód. Proc. Civil – NCPC). Entende-se, assim, dominantemente que "nenhum regime específico é imposto para a deliberação dos árbitros"[7].

No entanto, Bredin, que apoia esta orientação, fixada pela *Cour de Cassation*, não deixa de reconhecer ser desejável que os árbitros "s'enferment ensemble, une ou plusieurs fois, pour converser, débattre, s'opposer, s'éclairer, décider". Só que, sobretudo na arbitragem *internacional*, é muitas vezes difícil promover reuniões pessoais e conjuntas. E daí que a deliberação possa ter lugar "par lettres, par téléx, par fax" (estava-se então em 1991). E, invocando Fouchard,

---

[5] Lalive – Poudret – Reymond, LE DROIT DE L'ARBITRAGE INTERNE ET INTERNATIONAL EN SUISSE, ed. *Payot*, Lausana, 1989, p. 168.

[6] Lalive e outros, ob. e loc. cits.

[7] Jean-Denis Bredin, *Le secret du délibéré arbitral*, em ÉTUDES OFFERTES À PIERRE BELLET cit., pp. 71-81.

entende que "le terme *délibération* ne signifie pas nécessairement *discussion orale*"[8].

Manteve Bredin, em 2004[9], a posição de 1991. Reconhece, porém, que a deliberação oral e presencial *é a mais frequente*. Entre as reuniões conjuntas dos árbitros, a troca de opiniões e sugestões escritas "peut servir le progrès du délibéré oral". Mas o encontro do *modo* certo de deliberar resulta da prática e da *arte* da arbitragem.

5. A lei *belga* de arbitragem de 4.7.1972 (6ª parte do Cód. Judiciário) é das poucas, além das já referidas, que explicita o princípio por assim dizer "natural" de que "la sentence est rendue après une déliberation à laquelle tous les árbitros doivent prendre part".

2. Requisitos Formais da Sentença

6. No que a generalidade dos sistemas jurídicos é mais exigente é no elenco de requisitos formais da sentença. É o que acontece com a forma escrita e com as assinaturas dos árbitros.

Assim o Cód. Proc. Civil alemão (ZPO), na versão de 22.12. 1997: "a sentença é dada por escrito e assinada pelo árbitro ou pelos árbitros". Mas a assinatura da maioria dos árbitros é suficiente desde que se mencione o motivo da omissão dos restantes (§ 1054, 1).

No anterior art. 823º (versão de 1994) do CPCI exigia-se que a sentença deveria conter a assinatura de todos os árbitros mas que as assinaturas poderiam ser apostas em local diverso daquele em que tinha tomada a deliberação e mesmo no estrangeiro, não sendo necessária a realização de uma ulterior conferência pessoal. A sentença arbitral poderia ser assinada pela maioria dos árbitros desde que fosse declarado que a deliberação fora tomada "in conferenza personale di tutti" e que os não signatários não tinham podido assinar. Pela

---

[8] Dá-se o caso de o próprio Bredin apontar vozes dissonantes. Assim a de Jean Viatte, para quem o termo deliberação usado no art. 1469º "devait signifier discussion, réunion des arbitres, confrontation orale des opinions". Sem isso entende Viatte que "le délibéré risque de ne plus être qu'un semblant" (Brédin *cit*, p. 74).

[9] *Retour au délibéré arbitral*, em LIBER AMICORUM CLAUDE REYMOND, ed. Litec pp. 43-51.

reforma de 2006 a assinatura da maioria dos árbitros é suficiente, desde que acompanhada da declaração que a decisão foi tomada com a participação de todos e que os não signatários não quiseram ou não puderam subscrevê-la. Foi suprimido o requisito, *antes necessário*, da "conferenza personale", nos termos já constantes da 1ª parte deste art. 823º.

No *Arbitration Act* inglês de 1996 dispõe o art. 52º, 1, que as partes são livres de convencionar a forma segundo a qual a sentença deve ser dada. Na falta de convenção deve a sentença ser escrita e assinada por todos os árbitros ou por todos os árbitros que a aprovem, deve ser fundamentada (salvo se as partes dispensarem a fundamentação) e deve conter a sede da arbitragem e a data em que foi dada. A falta de observância da forma prevista é motivo de anulabilidade, por constituir uma "serious irregularity" (art. 68º, 2, h).

Na *Lei-Modelo* da CNUDCI considera-se que são formalidades essenciais a redução a escrito e a assinatura de todos os árbitros. Bastará, porém, a assinatura da maioria, desde que referida a razão da omissão das restantes (art. 31º, 1). Salvo convenção em contrário das partes, deve a sentença ser *fundamentada*. É o que também acontece, como se disse, no *Arbitration Act* e no *ZPO* (§ 1054, 2).[10]

3. A Lei Portuguesa

7. Face ao nº 1 do art. 20º da LAV (Lei 31/86), vê-se que a decisão arbitral é tomada "em deliberação em que todos os árbitros *devem* participar".

Qual o sentido captável desta regra?

---

[10] Referindo-se ao regime adoptado no art. 31º, 2, da *Lei-Modelo* dizem Bento Soares-Moura Ramos (CONTRATOS INTERNACIONAIS. ARBITRAGEM, ed. *Almedina*, 1986, p. 409) que ele representa um compromisso entre os sistemas que exigem a fundamentação e aqueles outros que, como o da *common law*, a dispensam. Na realidade, os árbitros da *common law* não fundamentavam tradicionalmente as sentenças. Isto, sobretudo, para evitar a sindicabilidade, por via de recurso, da solução dada às questões de direito. Só que esta prática mudou. E o *Arbitration Act 1979* já conferia ao juiz a faculdade de, em caso de recurso, reenviar aos árbitros uma sentença não fundamentada ou mesmo insuficientemente fundamentada. É o que o *Act* 1996 dispõe no art. 70º.

Estamos em crer que aquilo que indispensavelmente deve acontecer é que todos os árbitros sejam *convocados* para a conferência. O mais que se diz nos três números deste art. 20° tem a ver com o *quorum* deliberativo ou com o sistema de votação.

O presidente do tribunal (regra geral do art. 14°, 3) *deverá* convocar os árbitros e os árbitros deverão comparecer.

A lei *tende* para a conferência *pessoal* e *simultânea*, mas não a postula com concludência. O que se tem como evidente é que a participação deve ser *efectiva*. Não se aponta para um sistema tão rígido como o italiano (de 1994) no que nele respeitava à arbitragem interna[11].

8. A decisão final é reduzida a *escrito* (art. 23°, 1, LAV) e dela constarão a assinatura dos árbitros ou a indicação dos árbitros que não puderem ou não quiserem assinar (respectivamente art. 23°, 1, al.f) e al.g).

A decisão deve conter um número de assinaturas pelo menos igual ao da maioria dos árbitros (art. 23°, 2).

Uma exegese *limitada ao art. 23°* não suscitaria qualquer dúvida quanto ao resultado.

A sentença seria assinada pelos árbitros cujo número fosse pelo menos igual ao da maioria deles, e conteria a indicação dos árbitros que não a pudessem ou quisessem assinar.

Só que o art. 27°, que enumera *taxativamente* os fundamentos de anulação da sentença, refere a violação do art. 23°, 1, f) nada dizendo quanto à preterição do que consta da al.g) desse n° 1 ("indicação dos árbitros que não puderem ou não quiserem assinar").

Paula Costa e Silva, no seu estudo sobre *Anulação e recursos da decisão arbitral*[12], levanta algumas pertinentes dúvidas sobre a coe-

---

[11] O regime do art. 20°, 1, aplicar-se-á neste aspecto à decisão do tribunal sobre a sua própria competência (art. 21°). Mas será flexibilizável quanto aos actos *processuais* que tenham lugar no decurso do processo. Estes serão praticados pelo presidente, desejavelmente após prévia audição dos restantes árbitros, que têm, em relação a ele, igual dignidade por assim dizer "institucional". Em todos os passos (*maxime* na produção da prova) poderá recorrer-se aos modernos meios de comunicação audiovisual, tal como são (ou deveriam ser) usados nos tribunais judiciais.

[12] R.O.A., 1992, pp. 893-1018, *maxime* p. 936. Sobre o mesmo tema publicou Paula Costa e Silva um outro texto, igualmente na R.O.A., 1996, pp. 179-207 (*Os meios de impugnação de decisões proferidas em arbitragem voluntária no direito interno português*)

rência interna do art. 23º LAV e deste com o art. 27º (sobretudo al.d) do nº 1).

Entretanto, e reconhecendo embora que a redacção dos dois preceitos não foi feliz, estamos em crer que tais dúvidas serão superáveis. O que terá de constar da sentença será a assinatura dos árbitros... *que a tiverem querido assinar* se o número de assinaturas *fôr pelo menos igual ao da maioria dos árbitros*. Nesse caso a decisão não será atacável por via de anulação. Bastará que dela conste que o árbitro faltoso não pôde ou não quis assiná-la. As alíneas f) e g) do nº 1 do art. 23º são indesligáveis, preenchido que seja o requisito do nº 2 do mesmo preceito[13].

9. Mas terão as assinaturas de *todos* os árbitros que ser apostas na conferência final ou podê-lo-ão ser ulteriormente, obtida que seja para tal a concordância dos restantes árbitros?

O art. 823º do CPCI, na redacção anterior, tão exigente na participação dos árbitros na feitura da sentença, admitia que tal pudesse

---

em que se afirma que a enumeração das causas de anulação do art. 27º LAV é *taxativa* (p. 186). Lima Pinheiro (ARBITRAGEM TRANSNACIONAL... ed. *Almedina*, 2005, pp 173 e 268 e segg) reconhece que tal enumeração é *aparentemente taxativa* (art. 27º, 1). Mas entende, no entanto, que existem "boas razões para admitir fundamentos *adicionais*" Moura Vicente (*L'évolution recente du droit de l'arbitrage au Portugal*, em DIREITO INTERNACIONAL PRIVADO. *ENSAIOS*, I, 2002, p. 338) dá uma diferente formulação à listagem do art. 27º, 1, LAV: não – arbitrabilidade do litígio, incompetência ou constituição irregular do tribunal, violação da ordem pública processual, falta da sentença e da sua assinatura pela maioria dos árbitros, violação pelo tribunal arbitral da sua competência objectiva e omissão da sentença quanto a questões sobre as quais o tribunal se deveria pronunciar.

[13] Nos termos do art. 1473º NCPC (*francês*) a sentença é assinada por todos os árbitros. No entanto, se uma minoria deles recusar assiná-la os restantes *farão disso menção* e a sentença terá a mesma eficácia que se assinada por todos os árbitros. A *Cour d'Appel* de Paris 27.10.1988 (*Rev. Arb.*, 1990, p. 908) decidiu que deve ser anulada a sentença que não faça menção da *recusa* do árbitro que não assinou a sentença. Na anotação concordante a esta decisão Bertrand Moreau salienta que essa nulidade é *automática* (*sic*). Nas demais legislações continentais (cfr. *supra* nº 2) exige-se que se declare qual o *motivo* da *não assinatura*. Isto a exemplo do art. 31º, 1, da *Lei-Modelo*. Será um aspecto a considerar em futura reformulação dos arts. 23º e 27º LAV. O art. 52º, 3, do *Arbitration Act* 1996 lança um factor de perturbação comparatística ao dispor que a sentença é assinada *por todos os árbitros* ou por aqueles *que a aprovem*. Na realidade, nos direitos continentais, a assinatura da sentença não implica necessariamente a sua *aprovação*, atestando somente a presença dos árbitros na deliberação e a existência da própria sentença (Poudret – Besson, ob. cit. p. 721).

acontecer em lugares e tempos diversos, com desnecessidade de outra reunião final[14]. A sentença seria vinculante entre as partes a contar da data da última assinatura[15].

O que será de evitar é a paralisação do processo mercê de expedientes dilatórios, não poucas vezes instigados pelas partes que tiverem designado os árbitros.

Este o espírito de todos os sistemas jurídicos modernos[16].

10. Diversa da falta de *assinaturas* (nos referidos termos) é a falta de *participação* na sentença final[17]. A todos os árbitros deve ser dada a *possibilidade* de ter uma participação *efectiva*.

É um *dever* de *chamamento* do tribunal, normalmente exercido pelo seu presidente e, em reciprocidade, um dever de *resposta* dos árbitros.

Esse dever de *chamamento* concretizar-se-á através de uma *convocação* feita em condições de viabilizar a presença do árbitro na conferência final. Se tal dever fôr preterido violado ficará o *princípio do contraditório*, que é, sem dúvida, um princípio de *ordem pública*[18].

---

[14] Nº 6 desse art. 823º. " A differenza della delibera, ciascun arbitro può sottoscrivere il lodo separatamente e in luogo diverso" (Fazzalari, ob. cit. 1994, p. 161)

[15] Sérgio La China (ob. cit., p. 153). "Ma può essere un buon accorgimento pratico fare in modo che l'ultima sottoscrizione, preferibilmente del Terzo Arbitro o presidente del collegio arbitrale, sia aposta in Itália, e nella sede dell'arbitrato". Na versão actual do art. 823º não figura a faculdade da assinatura dos árbitros ser feita em lugares e tempos diversos. Ela foi agora transposta para o art. 816º, embora com a menção de que tal apenas pode acontecer se a convenção de arbitragem não dispuser diversamente.

[16] Emmanuel Gaillard, *Les manoeuvres dilatoires des parties et des arbitres...*, na *Rev. Arb.*, 1990, pp. 759 e segg., *maxime* p. 791.

[17] E, com as necessárias adaptações, em todas as fases do processo, sobretudo, na decisão sobre a competência do tribunal. Cfr. Fouchard – Gaillard – Goldman, TRAITÉ DE L'ARBITRAGE COMMERCIAL INTERNATIONAL, ed. *Litec*, Paris, 1996, *maxime* p. 963.

[18] Omite a LAV uma expressa alusão à *ordem pública* como fundamento de anulação da sentença, quando violada. Inclui, porém, entre os fundamentos de anulação a inobservância, em todas as fases do processo, do *princípio do contraditório*, com especial ênfase referido no art. 16º, para o qual remete a al.c) do nº 1 do art. 27º. Noutros planos pode ser o *valor* da *ordem pública* ser chamado a intervir. Assim quanto à *arbitrabilidade* do litígio e quanto ao *conteúdo* da sentença (quanto a este cfr. Pierre Mayer, *La sentence contraire à l'ordre public au fond*, na *Rev. Arb.*, 1994, pp. 615-652, *maxime* p. 651). Em geral cfr. Paula Costa e Silva, est. cit. de 1992, *maxime* p. 944.

4. A Recusa em Participar na Sentença

11. A recusa do árbitro em *assinar* a sentença não é motivo para anulabilidade desta, pese embora a muito deficiente redacção, nesta parte, dos artigos 23º e 27º LAV.

E a recusa em *participar* na elaboração final da sentença?

Como já se apurou, o que essencialmente releva é que aos árbitros seja dada a *possibilidade* de participar[19] na deliberação final (como, aliás, com as apontadas *nuances*, em todo o processo).

12. Entretanto, se o árbitro, depois de acertada a data da conferência final, deixar de intervir nela, *quid inde* ?

Para o ZPO alemão no caso de um árbitro se recusar a participar na deliberação poderão os outros árbitros decidir sem ele, *salvo convenção em contrário das partes* (§ 1052, 2).

Quer isto dizer que as partes poderão ter imposto a participação de todos os árbitros. Por outro lado a decisão de prosseguir o processo até à conclusão final deve ser previamente comunicada às partes, para que estas possam lançar mão da faculdade prevista no § 1038, 1.

O regime alemão não resolve, no entanto, pelo menos inteiramente, o risco de paralisação do processo na sua fase culminante.

Enfrentando verdadeiramente o problema apenas será encontrável a solução da lei sueca de 1999: "se um árbitro não participar, injustificadamente, no exame pelo tribunal de uma certa questão, isso não impede que os restantes árbitros a decidam" (art. 30º).

No direito francês, não obstante a largueza de critério com que se encara a deliberação final, há divergências de entendimento, ao invés do que seria de esperar. Mas poderá ter-se como prevalecente a posição adoptada pela *Cour de Cassation*, no sentido do prosseguimento do processo com os restantes árbitros[20].

---

[19] Mesmo nos sistemas jurídicos, como o belga, que exigem expressamente que todos os árbitros devam tomar parte na deliberação nada impede "en effet d'intérpreter l'expression *prendre part au délibéré* comme la simple exigence que chacun des arbitres soit *mis en mesure* d'y prendre part" (Gaillard, ob. cit. 1990, p. 790). Ou seja, a participação efectiva basta que exista *em potência* o não em acto.

[20] Poudret – Besson, DROIT COMPARÉ DE L'ARBITRAGE... 2002, p. 697 e Fouchard – Gaillard – Goldman, *Traité* cit. 1996, p. 761.

13. No que se refere ao direito português resulta da LAV que a injustificada recusa do árbitro em participar na deliberação regularmente convocada poderá obstar a que esta se realize. Mas caso ela se realize mesmo assim a deliberação não é anulável, uma vez que foi acatado o princípio do contraditório.

Entretanto, o árbitro incorre em responsabilidade civil, por violação do que a doutrina alemã designa por *contrato de arbitragem*, "através do qual fica vinculado a uma obrigação de prestação de serviço – a obrigação de decidir, dentro de determinado prazo, o litígio submetido à sua apreciação"[21].

O árbitro faltoso incorrerá na previsão do art. 9º, 3, LAV, e, noutro plano, na previsão do art. 19º, 5, aqui com a gravosa consequência de a sua conduta poder implicar a caducidade do compromisso arbitral (art. 4º, 1, al. c).

É ainda de figurar, na hipótese posta, a possível verificação do preenchimento da causa de caducidade da convenção prevista na al. b) do nº 1 daquele art. 4º da LAV.

Na al. a) desse mesmo art. 4º fala-se em *escusa* e não em *recusa* do árbitro (dele próprio, e não das partes).

Só que a *substituição* do árbitro pode ser impraticável dentro do prazo estabelecido para a arbitragem.

5. Uma Posição Jurisprudencial

14. No Acórdão da Relação de Lisboa de 7.11.2002 (*Colect. Jurisp.*, 2002, V, p. 69) encarou-se uma situação que tem a ver com o que agora está em causa.

Foi o caso de o presidente de um tribunal arbitral ter *convocado* a conferência final para o *último dia do prazo* estabelecido para a prolação da sentença.

---

[21] M. Henrique Mesquita, *Arbitragem: competência do tribunal arbitral e responsabilidade civil de árbitro*, em AB UNO AD OMNES, *Coimbra Editora*, 1998, maxime p. 1387. Já para René David (L'ARBITRAGE DANS LE COMMERCE INTERNATIONAL, ed. *Economica*, 1982) a responsabilidade civil do árbitro advem do incumprimento ou do cumprimento defeituoso do contrato de arbitragem existente entre ele e a parte que o designou. No mesmo sentido Jean Robert, L'ARBITRAGE..., ed. *Dalloz*, 6ª ed., 1993, p. 131.

No entanto um dos árbitros não compareceu na conferência, não obstante todos os esforços realizados (nesse dia) pelo presidente para que tal acontecesse. O árbitro faltoso, ao ser então contactado para que comparecesse, declarou-se impedido, "por estar numa reunião". E, assim, a conferência designada para as 14,30 apenas se realizou às 16,25, *sem a presença do árbitro em causa*.

Pondera-se no acórdão da RL que não se deu o caso "de o árbitro (faltoso) não ter participado nos debates ou nem mesmo ter assumido nos autos qualquer intervenção". "O que sucedeu foi uma situação bem mais simples: o árbitro (...) não compareceu (apenas) na reunião (final)".

Diz-se depois no mesmo acórdão que o caso se subsume no disposto no art. 23°, 2, LAV, "e de modo algum justificava o adiamento".

Este é que teria "consequências graves pois estava iminente o fim do prazo fixado para a decisão arbitral (art. 19°, 2, LAV)" – gerando a caducidade da cláusula compromissória (al.c) do n° 1 do art. 4°). "Ora, caso se impusesse o adiamento, então sujeitar-se-ia aquele árbitro a responder pelos danos causados" (art. 19°, 5).

Não existe, pois, fundamento para anulação da sentença arbitral.

Nas conclusões, remata o aresto:
"A circunstância de um dos árbitros não comparecer à reunião designada para assinatura do acórdão arbitral não justifica o seu adiamento, impondo-se observar em tal caso o disposto no art. 27°, 1, al. g) e n° 2 da LAV".

15. Suscita o acórdão diversas considerações.

Desde logo, fica-se sem saber com nitidez qual a razão de ser (o tema, a agenda) da conferência final. Para *elaborar* a sentença ou apenas para a *assinar*, estando já *redigida* e *aprovada*?

É de supor que a convocação não terá sido somente para a colheita de *assinaturas*, mas sim para discussão *final* do *fundo* da decisão, mesmo que em remate de "debates" porventura já iniciados, como parece inferir-se do acórdão da R.L.

Em qualquer das hipóteses, e numa perspectiva de boa gestão de trabalhos e de convivência entre os árbitros, não se tem como de salutar critério convocar uma *reunião final*, seja para o que fôr, para a *último* dia do prazo fixado para a decisão.

Isto em termos abstractos.

Uma convocação feita em tais termos pode afrontar, de modo reflexo, a regra do contraditório, uma vez que é de molde a *impedir* de facto o árbitro (certamente com outros compromissos que não apenas *aquele* processo arbitral) de participar na conferência.

Em reverso, e sem pretender ingressar como que em "moralismo arbitral", não se capta bem do acórdão quais as verdadeiras razões da não comparência do árbitro. Poderão ter sido justas e atempadamente invocadas. Mas também poderão não ter sido.

Contas feitas, a convocação de uma conferência final para o *último* dia de prazo para a decisão é, irredutivelmente, uma *prática* de risco[22].

---

[22] Num outro e relevante ângulo é de encarar essa *prática*. A sentença arbitral, como qualquer decisão jurisdicional, poderá conter erros materiais, obscuridades ou ambiguidades. Não obstante o poder jurisdicional dos árbitros se extinguir com o depósito ou notificação da sentença (art. 25º LAV), passa como moeda corrente que o tribunal arbitral conserva, depois disso, e durante um prazo necessariamente curto, aquilo que já foi chamado de poderes "residuais" para proceder às rectificações ou esclarecimentos adequados (cfr. Bertrand Moreau, *Le prononcé de la sentence arbitrale entraîne-t-il le dessaissiment des arbitres* ?, em ÉTUDES DE PROCÈDURE ET D'ARBITRAGE EN L'HONNEUR DE JEAN-FRANÇOIS POUDRET, ed. *Faculdade de Direito de Lausana*, 1999, pp. 452 e segg.). A generalidade das leis de arbitragem permite que o tribunal arbitral, oficiosamente ou a requerimento das partes, rectifique ou interprete a sentença (por ex., ZPO – § 1058, CPC belga – art. 1702º bis, Lei sueca – art. 32º, NCPC – art. 1475º). Algumas delas limitam esse poder *residual* à rectificação de erros manifestos (art. 1060º do CPC holandês). O CPCI (art. 826º) dispunha que no caso de a sentença já ter sido depositada é o juiz estatal o competente para corrigir qualquer omissão ou erro material ou de cálculo, a requerimento das partes (i.e., o tribunal arbitral não pode actuar oficiosamente, antes ou depois do depósito da sentença). No plano dos princípios é por vezes encarada com reticência a possibilidade de o tribunal arbitral *interpretar* a sentença. Foi precisamente para definir uma opção legal que o ZPO introduziu o poder de *interpretar* no § 1058 (reforma de 1997), o mesmo acontecendo no *Arbitration Act* 1996. Prevê a lei espanhola de 2003 um regime *sui generis* para a "correción, aclaración y complemento del laudo" (sentença) – art. 39º - que não será caso de considerar agora. Silencia a LAV sobre qualquer hipótese de rectificação, interpretação ou integração da sentença, oficiosamente ou a requerimento das partes. Para Lima Pinheiro (*Arbitragem Transnacional...*, cit. 2005, p. 153) "o disposto no art. 25º LAV não obsta à rectificação, interpretação ou integração da decisão depois da notificação do depósito da decisão (ou, quando tal depósito seja dispensado, depois da notificação da decisão às partes)". E invoca em abono dessa solução o art. 666º do CPC que também determina que o poder jurisdicional do juiz fica esgotado depois de proferida a sentença, mas que lhe faculta rectificar erros materiais, suprir nulidades, esclarecer dúvidas existentes na sentença e reformá-la (p. 154). Sem pôr em causa esta autorizada opinião, pelo menos quanto à possibilidade de rectificação de erros materiais manifestos, afigura-se-nos que qualquer eventual rectificação terá que ser feita dentro do prazo fixado para a decisão arbitral,. Transcorrido esse prazo o compromisso arbitral caduca e a cláusula compromissória fica sem efeito *ope legis* (art. 4º, 1, al.a) LAV). Se, apesar disso, o processo arbitral prosseguir, a decisão final que venha a ser proferida é anulável com fundamento em incompetência do tribunal, (art. 27º, 1, al.b). Assim, Lima Pinheiro, *ob. cit.*, p. 88. Trata-se,

6. O Voto Dissidente

16. No Dec.-Lei 243/84, de 17 de Julho, que antecedeu a LAV de 1986[23] dispunha-se já que "a decisão (...) *incluirá* os votos de vencido devidamente identificados".
Tratava-se, ao que cremos, de uma norma nunca adoptada em termos de *legislação* comparada.
O único precedente conhecido será o do *regulamento* do CIRDI. Significativamente, a Convenção de Washington, que o instituiu, foi entre nós aprovada para ratificação pelo Decreto do Governo 15/84, de 3 de Abril, entrando depois em vigor em relação a Portugal em 1.8.1984. Não será de excluir a sua eventual influência naquele diploma de 1984[24]

---

em resumo, de uma omissão da LAV, cujo suprimento por via doutrinal ou jurisprudencial poderá dar causa a alguma infixidez quanto ao sentido decisivo da lei. É, aliás, de assinalar que o STJ (Ac. de 5.12.2002 – *Colect. Jurisp.*, 2002, III, p. 152) entendeu que não cabe aos árbitros suprir as nulidades de natureza processual de que a sentença (arbitral) porventura sofra. O meio para ultrapassar essas nulidades será o pedido de anulação pelo tribunal judicial ou a via de recurso (...). Na perspectiva aqui revelada pelo STJ a rectificação ou interpretação da sentença arbitral não caberia já ao tribunal que a proferira. O raciocínio, pacífico ou questionável, seria o mesmo para os dois casos (rectificação ou aclaração).

[23] Inconstitucionalizado pelo Tribunal Constitucional pelo Acórdão 280/86 (D.R., 1ª série, de 12.9.86). A "ambiguidade" de algumas soluções daquele diploma de 1984 e a sua patente inconstitucionalidade levaram o ministro da Justiça de então (que éramos nós próprios) a antecipar a preparação de uma Proposta de Lei, a submeter a aprovação parlamentar (Proposta de Lei 34/IV). Cfr. sobre a "história" da nova lei Francisco Cortez, *A arbitragem voluntária em Portugal: dos "ricos homens" aos tribunais privados*, em *O Direito*, 1992, *maxime* pp. 548 e segg.

[24] Os regulamentos de arbitragem passam como regra em aberto a questão das *dissenting opinions*. Assim o do LCIA (*London Court of International Arbitration*), de 1998, e o da AAA (*International Arbitration Rules*, da *American Arbitration Association*) de 2001. Entretanto, o regulamento do Instituto de Arbitragem da Câmara de Comércio de Estocolmo permite, expressamente os votos dissidentes (art. 32º, 4). Ao invés, o regulamento da *Câmara franco-alemã de Comércio e Indústria* proíbe expressamente tal prática (cfr. Fouchard – Gaillard – Goldman, *Traité* cit. p. 781). O art. 945º do Código de Processo Civil do Québec, na redacção da lei de arbitragem de 30.10.1986, dispõe: Os árbitros estão obrigados a guardar segredo sobre o que fôr deliberado. Cada um dele pode, no entanto, expor na sentença as suas conclusões e a sua argumentação (cfr. o texto integral da lei na *Rev. Arb.*, 1987, pp. 531-540, *maxime* p. 536). No mesmo nº da *Rev.Arb.* é publicada uma análise da lei (Alain Prujiner, *Les nouvelles règles de l'arbitrage au Québec*, pp. 425-460), na qual se comenta: O art. 945º correrá o risco de causar surpresa, uma vez que contem duas regras contraditórias no ponto de vista de alguns: o *segredo* das deliberações e a possibilidade de *votos dissidentes*. Trata-se, porém, de uma regra tradicional no Québec (p.444).

O que é de dar como certa é a incidência do art. 27°, 6, do Dec. de 1984, no art. 23°, 2, da LAV (de 1986), que textualmente o reproduz.

17. Visto o n° 2 do art. 23° ficará a dúvida sobre se os votos de vencido deverão ser considerados como *parte integrante* da sentença.

A letra do preceito aponta para a afirmativa (a decisão final "*incluirá*" os votos de vencido).

Mas aponta mal.

Mesmo entre os autores que numa perspectiva doutrinal admitem a prática das *dissenting opinions* não há um só, ao que saibamos, que perfilhe essa solução.

É de lembrar que na *common law*, tradicionalmente considerada favorável às *dissenting opinions*, é entendido que elas *não fazem parte da sentença*, não podendo ser invocadas em eventual recurso desta interposto[25].

A declaração de voto dissidente não se integra, portanto, na sentença no que esta signifique como *decisão* (que é, naturalmente, o seu sentido essencial). A sua relevância útil é, portanto, meramente doutrinária ou com esta aparentada[26].

18. O mais prestigiado "defensor" da aceitabilidade desse tipo de "voto" terá sido Claude Reymond. No lado oposto alinhar-se-ão autores como Bredin, Matthieu de Boisséson e Charles Jarrosson.

A *dissenting opinion* afectará o *segredo* da deliberação e a *independência* do árbitro que a emita. Bredin reforça a sequela negativa da afectação da própria *credibilidade* da arbitragem. Traduzirá, quer se queira, quer não, uma *prestação de contas* do árbitro à parte que o designou.

---

[25] Mustill-Boyd, COMMERCIAL ARBITRATION, 2ª ed., *Companion*, Londres, 2001, p. 199. Aliás, vozes há (por ex. a de V.V. Veeder) que sustentam que, face ao silêncio do *Arbitration Act 1996*, cabe ao tribunal arbitral decidir, caso por caso, sobre a sua aceitabilidade. Supõe-se, no entanto, tratar-se, pelo menos por enquanto, de uma voz isolada (Alan Redfern-Martin Hunter, LAW AND PRACTICE OF INTERNATIONAL COMMERCIAL ARBITRATION, 3ª ed., *Sweet & Maxwell*, Londres, 1999, p. 399).

[26] Em remate das suas considerações sobre o voto dissidente comentam Poudret-Besson (DROIT COMPARÉ... cit. 2002): "De toute manière, celle-ci demeure étrangère à la sentence et ne constitue qu'un avis indépendant" (p.720).

Poudret[27] adita uma outra razão, que não se nos afigura tão impressiva: a da afectação da *colegialidade*. O tribunal arbitral colegial deve agir colectivamente "et non chacun pour soi".

E não parece tão impressiva porque é da essência da colegialidade o confronto interno de posições. Um debate interno é salutar e necessário.

O mal estará em publicitá-lo.

19. Menciona Poudret (e escrevia em 2004) como as únicas leis que consagram expressamente a prática do voto dissidente a portuguesa (1986) e a espanhola (1988).

E refere[28]: A primeira (art. 23º, 2) acrescenta à exigência da assinatura que a sentença deve "incorporer convenablement les opinions dissidentes, qui ne sont donc pas separées et font ici partie de la sentence". A 2ª inspira-se nesta. "Ces textes ont le mérite non seulement d'apporter una réponse, mais de souligner que la signature de l'arbitre minoritaire n'implique pas adhésion à la place de ces arguments est dans la sentence elle-même"[29].

Realmente, se o preceito português conduz à conclusão de que o voto dissidente será *incluído* na sentença (pelo menos *formalmente*) a lei espanhola (art. 33º, 1, da lei de 1988) não era tão expressiva ("el laudo será firmado por los árbitros, que podrán hacer constar su parecer discrepante"). E a lei vigente (60/2003, de 26.12.03) pouco alterou a redacção: os árbitros "podrán expresar su parecer discrepante".

Seja qual for o entendimento a dar a tais normas de ambas advirá a consagração do voto dissidente.

A verdade é que as duas leis andam a par e ambas as opções textuais radicar-se-ão no diploma português de 1984. Isso mesmo, como se viu, é evidenciado por Poudret.

---

[27]*Légitimité et opportunité de l'opinion dissidente dans le silence de la loi* ?, em LIBER AMICORUM CLAUDE REYMOND cit., pp. 243-253, *maxime* p. 251. Uma panorâmica da controvérsia encontrar-se-á aqui numa esclarecedora síntese. Elio Fazzalari (em LA NUOVA DISCIPLINA DELL'ARBITRATO de Briguglio – Fazzalari – Marengo, cit., p. 161) detem-se na problemática das "dissenting opinions" concluindo que elas podem redundar em "dissensi partigiani o capricciosi".

[28] est. cit., p. 244.

[29] Poudret, cit.

Na senda deste critério a lei interna de Macau (Dec.-Lei 29/96/M, de 11 de Junho) dispõe, de igual passo (art. 30°, 3): "havendo votos de vencido na decisão, devem os mesmos ser exarados *nela* (...)"[30].

Curiosamente, a lei brasileira (Lei 9307, de 23.9.1996), admite expressamente o voto dissidente. Mas fá-lo em termos mitigados: "o árbitro que divergir da maioria poderá, querendo, declarar seu voto *em separado*" (art. 24°, § 2°). Ou seja: ele não será incluído na sentença. Já, porém, a lei do Panamá (Dec.-Lei 5, de 8.7.1999) prevê expressamente o voto dissidente: " O árbitro que esteja em desacordo com a deliberação maioritária exprime a sua opinião divergente *na sentença*" (art. 28°).

20. Mantemos, no entanto, que o voto dissidente, admitido ou não na letra da lei, e praticado, por vezes, em alguns países (como na Holanda, na Dinamarca e na Suécia), não é, como metodologia, de saudar. A deliberação arbitral deve ser unitária, internamente coerente, por mais "duelisticamente" que tenha decorrido a sua formação. Sérgio La China condena-o em termos categóricos. A opinião dissidente é "ilegítima e inoportuna", porque tende a transformar-se numa caricatura de uma oposição frustrada ou por antecipação[31]. Bruno Oppetit qualifica-a como uma "prática nefasta"[32].

E todos os autores "negativistas" são justificadamente unânimes num ponto: a sua mais detectável razão de ser estará na preocupação que o árbitro (mesmo subconscientemente) sente em justificar a confiança que, pelo menos na "força" da sua argumentação, nele investiu a parte que directa ou indirectamente o designara.

Balanceando as vantagens e inconvenientes do voto dissidente Sigvard Jarvin[33] aponta entre as primeiras o ânimo revelada pelo árbitro não "trair" a parte que o designou. Certo é que inclui entre os segundos isso mesmo, ou seja, uma transgressão ao dever de imparcialidade.

---

[30] O Dec.-Lei 55/98/M, de 23 de Novembro (arbitragem comercial externa) silencia já sobre este ponto (art. 31°).

[31] La China, ob. cit, pp. 152-153.

[32] *Justice étatique et justice arbitrale*, em ÉTUDES PIERRE BELLET cit., pp 415-426, *maxime* p. 425. Afigura-se-nos, no entanto, excessivo o qualificativo "nefasto".

[33] *Rev. Arb.* , 1995, pp. 123-124 (anotação jurisprudencial).

Ora, são estes valores – o da imparcialidade dos árbitros e da autoridade da sentença - que determinantemente estarão em causa.

21. Significativo é notar que o mais conhecido defensor da admissibilidade do voto dissidente em caso de silêncio da lei – Claude Reymond[34] – se reporta sobretudo à arbitragem *internacional*. E, em qualquer caso, deverá o árbitro respeitar três condições.

"Por um lado, a opinião dissidente não deve atraiçoar o segredo relativamente ao que foi deliberado. Em segundo lugar, a opinião minoritária apenas pode valer como uma opinião do seu autor. Não pode ser a crítica da sentença e, para pôr as coisas bem a claro, o esboço de um projecto de recurso contra a mesma. Quer isto dizer que a opinião dissidente, para ter justificação, deve ser entregue ao tribunal *antes* da aprovação do texto final da sentença pela maioria; isto para que o relator possa encarar os argumentos do árbitro minoritário. Finalmente, a opinião dissidente, *não faz parte da sentença*".

Claude Reymond acrescenta ainda:

"Excepto se a convenção (de arbitragem) a admitir ou se a maioria o consentir, o árbitro minoritário não poderá exigir que ela seja anexada à sentença, nem que ela seja comunicada às partes. *Elle demeure un avis indépendant*" (p. 417).

22. A prática dos *votos* de vencido, tal como os configura a LAV, não é, pois, a melhor – sobretudo se entendida como uma restrição à autoridade da sentença. E, para mais, será uma virtual mostra de não neutralidade do árbitro. Deveria, quando muito, ter o

---

[34] Em Lalive-Poudret-Reymond, LE DROIT DE L'ARBITRAGE INTERNE ET INTERNATIONAL EN SUISSE *cit*, p. 416. "Nous ne pensons personnellement que rien ne s'oppose, en droit suisse, à ce que les parties, directement ou par l'adoption d'un règlement qui le prévoit, ou encore le tribunal arbitral autorisent le ou les avis minoritaires. L'arbitre minoritaire peut – il faire part de son opinion dissidente même en l'absense d'une telle autorisation ? La question est controversée dans le droit d'l'arbitrage interne (...). Dans les travaux consacrés au nouveau droit de l'arbitrage international, Andreas Bucher (...) ne l'admet, sauf accord des parties, qu'avec l'autorisation du tribunal arbitral ou, à défaut de majorité, par le président; Marc Blessing, au contraire (...) l'admet quoique avec réticence. Les auteurs de ce volume (ele, Lalive e Poudret) ne sont pas unanimes à ce sujet".

sentido de uma opinião interna, exteriorizada apenas na medida em que não afectasse os valores que justificam a instituição arbitral[35].

Embora esta obedeça a regras e a um *espírito* não coincidentes com os das instituições judiciárias, poderá argumentar-se com o *precedente* normativo do Cód. Proc. Civil.

Dispõe, na realidade, o art. 713°, 1, que "o acórdão (dos tribunais superiores) definitivo é lavrado com a orientação que tenha prevalecido, devendo o vencido, quanto à decisão ou quanto aos simples fundamentos, assinar em último lugar, *com a sucinta menção das razões da discordância*"[36].

Entretanto, e sintomaticamente, na sua primitiva formulação este art. 713° proibia *expressis verbis* a declaração de vencido ("o acórdão será assinado pelos juízes que intervierem, não sendo permitida a declaração de vencido"). Alberto dos Reis expõe em detalhe a evolução de preceito. E refere que na Comissão Revisora a questão foi debatida. Mas o então ministro da Justiça (o notável jurista Manuel Rodrigues), na revisão ministerial, optou pela proibição ("os votos de vencido produzem menos efeito e tiram à decisão o seu prestígio"). A reacção dos juízes dos tribunais superiores veio, no entanto, a obter ganho de causa e a admissibilidade dos votos de vencido (os juízes vencidos podem mencionar *sucintamente* as razões da sua discordância) ficaria consolidada no Estatuto Judiciário de 1944[37].

23. A *expressa* consagração da admissibilidade dos votos de vencido na LAV, não será, pois, de manter, em eventual revisão da lei[38].

---

[35] Matthieu de Boisséson, LE DROIT FRANÇAIS DE L'ARBITRAGE INTERNE ET INTERNATIONAL, GLN ed. *Joly*, 2ª ed. 1990, p. 782. Jean Robert, que na 5ª ed. de *L'Arbitrage* (ed. *Dalloz*, 1983, p. 163) ainda se manifestava contrário ao voto dissidente, omitiu qualquer referência à questão na 6ª ed, de 1993.

[36] O art. 653°, n° 3, respeitante ao julgamento da matéria de facto em 1ª instância (tribunal colectivo) fala em "declaração divergente quanto à fundamentação".

[37] O que teve o apoio de Alberto dos Reis, que insistiu no requisito do carácter *sucinto* da declaração de voto dissidente. Requisito esse nem sempre respeitado (cfr. COD. PROC. CIVIL ANOTADO, vol. 5°, ed. *Coimbra Editora*, 1952, pp. 470 e segg.).

[38] Porventura semelhante à que se operou quanto aos artigos 11° e 12° pelo Dec.-Lei 38/2003, de 8 de Março.

Como é patente, e fora já referido por Alberto dos Reis, os votos dissidentes ocupam, em alguns casos, um espaço maior que a própria *decisão*, contida na sentença[39].

Aliás, no n° 2 do art. 23° LAV nem sequer se acautela que o voto de vencido deva ser *sucinto*.

A *dissenting opinion* poderá vir a ser, virtualmente, um alongado repositório dogmático de razões contrárias àquelas em que se baseou a decisão maioritária, que é, naturalmente, a *única* decisão. A sentença transmudar-se-á num albergue espanhol de argumentos contraditórios.

24. Contas feitas, é de supor que a principal razão a contrariar a legitimação *legal* do voto dissidente (LAV) será a de incitar o árbitro indicado pela parte a ser mesmo um...*árbitro-de-parte*, instintivamente propenso a "prestar contas" à *sua* parte. *Obviamente que nem sempre será assim.*

25. O risco de violação do dever de *segredo* a que o árbitro está adstrito não surgirá necessariamente da emissão de um voto dissidente. Poderá acontecer em qualquer fase do processo.

A nosso ver o *risco* estará na divulgação *unilateral* das *sentenças* arbitrais. E sobretudo quando versarem sobre temas *confidenciais* essa divulgação *unilateral* será motivo de responsabilização.

Certo é que as leis nacionais não contêm normas sobre a obrigação *geral* de confidencialidade da arbitragem. Exceptuar-se-ão a lei *neo-zelandesa* de 1996 (art. 14°) e a lei *venezuelana* de 1998 (art. 42°). Dispõe esta: "salvo acordo das partes, devem os árbitros manter confidencialidade (...) sobre qualquer elemento respeitante à arbitragem"[40].

---

[39] O que é de esperar sendo, como é, o voto de vencido, uma reacção doutrinal (e, por vezes, pessoal) contra a posição maioritária. Um advogado de Nova Iorque, James H. Carter, refere a este propósito que uma *dissenting opinion* ocupou, em 1990, muitas centenas de páginas, apoiada em centenas de documentos (cfr. *Le statut de l'arbitre*, no *Bull. de la Cour Internationale d'Arbitrage de la CCI*, suplem. esp., Dez. de 1995, p. 121).

[40] Cfr. Fabrice Fages, *La confidentialité de l'arbitrage...* na *Rev. Arb.*, 2003, pp. 5 e segs. Dispõe o art. 1469° do NCPC que "as deliberações dos árbitros são secretas". E muito embora para Bredin essa obrigação de segredo seja formalmente restrita a *uma* das fases do processo (ÉTUDES PIERRE BELLET cit., p. 76), ela propagar-se-á a *todo* o processo. Mas a confidencialidade das sentenças arbitrais não constitui um princípio *absoluto*.

26. Retomando o *direito constituído*, é evidente que, face ao disposto no art. 23º, 2, LAV a apresentação por um árbitro de um voto dissidente é legalmente "legitima". E ao invés a sua não inclusão na sentença, pelo árbitro presidente ou em decorrência de deliberação maioritária, poderá integrar um fundamento de anulação desta, por violação do *princípio do contraditório* (art. 27º, 1, c, LAV). O que será questionável é se a inclusão terá "influência decisiva na resolução do litigio" (id.). Dá-se mesmo o caso de poder ter *influência*, face à circunstância (legal) de o voto dissidente passar a fazer parte da *própria sentença*. Isto em fase de *recurso* (que a LAV, a nosso ver *mal*[41], admite).

É derrogável pelo consentimento de *todas* as partes, designadamente para publicação em revistas especializadas. É nesta linha que, por ex., o art. 27º da Convenção Internacional de 1989 sobre a Salvação (ou Assistência, na terminologia francesa) dispõe: "Os Estados parte (na Convenção) devem incentivar, na medida do possível *e obtido que seja o consentimento dos interessados*, a publicação das decisões arbitrais proferidas em casos de salvação". Realmente, a jurisprudência arbitral tem aqui um magno relevo: a determinação do direito a remuneração (e dos seus pressupostos) é feita a partir de princípios gerais e de usos – quase se diria de uma *lex mercatoria* "sui generis". Assim, *Cour de Cassation* 14.11.1997 (D.M.F., 1997, p. 1080), Jean-François Rebora, L'ASSISTANCE MARITIME, ed. *Presses Universitaires d'Aix-Marseille*, 2003, pp. 292 e segg. e Pierre Bonassies, *Analyse de la Convention (1989) sur l'assistance*, D.M.F., 2003, pp. 239 e segg., *maxime* p. 248. De qualquer modo, e não obstante este contexto favorável à divulgação da jurisprudência arbitral, "raras são as sentenças arbitrais *integralmente* publicadas…" (Bonassies, anotação à sentença de 5.11.2002 da Câmara Arbitral Marítima de Paris – D.M.F., 2003, p. 308).

[41] Para além da *anulação* da sentença, prevê a LAV que dela se interponha *recurso* para o tribunal da relação (arts. 28º e 29º). Não adoptou a LAV o regime previsto na *Lei-Modelo*, que expressamente dispõe que o único "recurso" contra a sentença arbitral é a *anulação* (art. 34º). Uma vez mais não adopta a LAV o regime da *Lei-Modelo*, hoje geralmente seguido. A *dualidade* de meios de impugnação tem sido severamente criticada na nossa doutrina. Assim, Paula Costa e Silva (est. cit. de 1996, pp 188-189) e Francisco Cortez (est. cit., pp. 579 e segg). Lima Pinheiro é mais moderado, embora reconheça que a regra é hoje a de ser *anulação* o único meio de impugnação da decisão arbitral (ob. cit. de 2005, pp. 166 e segg.). A violação do art. 22º LAV (julgarem os árbitros segundo a equidade, não aplicando *o direito constituído*, quando para tal não autorizadas pelas partes) será um fundamento adicional de *anulação* da sentença ? Não resta dúvida que *deveria ser*, por transgressão da convenção de arbitragem (Lima Pinheiro, DIREITO APLICÁVEL AO MÉRITO DA CAUSA NA ARBITRAGEM TRANSNACIONAL, R.O.A. 2003, pp 157-341, *maxime* p. 197) No entender de Lima Pinheiro "a arbitragem tem um fundamento contratual e, por isso, a violação da convenção de arbitragem não pode deixar de desencadear a invalidade da decisão arbitral". A sua ponderação é inteiramente exacta. Ao invés, os árbitros autorizados a julgar segundo a equidade podem aplicar o direito, embora na doutrina

Por outro lado, não impondo a lei que o voto dissidente deva ser *sucinto* não será sindicável a *extensão do voto*, que virtualmente poderá ser excessiva.

27. Questões há que nunca ficarão em definitivo arrumadas.

Dispõe o art. 31º, 1º da *Lei-Modelo*:

> No processo arbitral com mais de um árbitro serão suficientes as assinaturas da maioria dos membros, *desde que seja mencionada a razão da omissão dos restantes*.

Está o preceito reproduzido na generalidade das legislações que adoptaram como padrão a *Lei-Modelo*[42].

Assim, por exemplo, no § 1054, 1, do ZPO alemão.

Tendencialmente, aquela menção será feita pelo presidente do tribunal arbitral, constando da acta da sessão final.

Assim sendo, dificilmente se poderá entrever aqui o registo de um embrionário *voto dissidente*.

Só que numa perspectiva muito aberta o árbitro *não signatário* terá o direito de solicitar que seja *explicitado* o motivo da sua omissão, que poderá ser uma *dissidência* quanto aos votos que fizeram maioria.

Entretanto (pelo menos no rigor dos princípios) não deverá fazer parte da sentença e só por excessiva permissividade do presidente do tribunal arbitral deixará de ser sucinto.

Mas o comparatismo legislativo causa, por vezes, surpresas. E acontece, assim, que nas legislações de alguns Estados árabes, como o Iémene (Yémen) o árbitro apenas poderá recusar-se a assinar a sentença arbitral desde que nela explicite os motivos da sua discordância. É a consagração da *dissenting opinion*... obrigatória![43].

---

italiana se entenda ser necessário que os árbitros declarem expressamente a razão dessa opção (Francesco Galgano, *L'equità degli arbitri*, na *Riv. trim. dir. proc. civile*, 1991, p. 416, e Francesco P. Luiso, *L'impugnazione del lodo di equità*, na *Riv. dell' Arb.* 2002, pp. 449 e segg.).

[42] Que hoje são cerca de meia centena. Sobre a difusão nos países árabes, cfr. Nathalie Najjar, L'ARBITRAGE DANS LES PAYS ARABES..., ed. L.G.D.J., 2004, p. 45.

[43] Nathalie Najjar, ob. cit., p. 430.

28. De qualquer modo se a problemática do *voto dissidente* encontra quase invariavelmente uma solução negativa nas doutrina de *civil law*, autores há, para além de Claude Reymond, que, com alguma prudência, o legitimam. É o caso de Thomas Clay[44] que o tem como um direito do árbitro inconformado com a posição vencedora.

Só que Clay não deixa de nele ver os "clássicos" inconvenientes, pelo menos em virtualidade.

E diz:

"Infelizmente, é necessário considerar que a emissão de uma opinião dissidente não é em geral animada por nobres sentimentos. Ela permite sobretudo ao árbitro que a assina exprimir muito claramente à parte que o designou que ele serviu os seus interesses. Assim usada, a opinião dissidente torna-se reprovável e o seu autor não será merecedor de aplauso".

A esta crítica adita Clay uma outra, despontada da possível criação de um "arbitrator shopping". Ou seja: o seu autor faz saber publicamente que assume uma certa "jurisprudência" quanto a algumas questões.

Vistas assim as coisas Thomas Clay, que é um já experiente especialista, dá como uma mão o que tira com a outra.

E vai mesmo além de alguns dos tradicionais críticos das *dissenting opinions*.

Continuamos, entretanto, a pensar que desde que o voto de vencido não seja incluido na própria sentença (como *necessariamente* prevê o art. 23º, 2, LAV), mas sim na acta da sessão, poderá representar um exercício da liberdade de opinião, podendo mesmo ser mostra de rigor científico.

Mas será sempre difícil descortinar os propósitos – certos ou menos certos – que o determinaram.

29. Em diversa perspectiva, Elena d'Alessandro, anotando uma sentença arbitral de 30.8.1998[45] considera válida a sentença na qual seja inscrito um voto dissidente. E justifica-o por ele poder pôr a

---

[44] L'ARBITRE, ed. *Dalloz*, 2001, pp. 651-653.
[45] *Riv. dell' Arb.*, 2000, pp. 351 e segg., *maxime* pp. 356-364.

coberto o árbitro dissidente de responsabilização decorrente da anulação, por vício grave, da sentença arbitral.

Será, por exemplo, o caso de na sentença tiver sido transgredido o princípio do contraditório e que, por isso mesmo, venha a ser anulada.

A fundamentação invocada por Elena d'Alessandro não se afigura por inteiro de apoiar. Isto até porque, como ela própria reconhece, nos termos do art. 823º do C.P.C. italiano (na versão anterior e na actual) bastará a declaração que o árbitro não quis ou não pôde assinar a sentença. Ou seja, não é necessário expor quais as razões que motivaram a discordância[46].

7. O Prazo para a Sentença

30. Podem as partes (art. 19º, 1, LAV) fixar o prazo para a sentença arbitral. Na falta de estipulação o prazo é de seis meses (art. 19º, 2), podendo, por acordo escrito das partes, ser prorrogado até ao dobro da sua duração inicial (art. 19º, 3).

Lamenta Raul Ventura, com evidente pertinência, que a lei seja tão parcimoniosa no tocante à prorrogação.

E diz, designadamente: "se as partes estão de acordo na duração da prorrogação, não se vê motivo para a lei a limitar; os litígios devem ter um fim, mas também não devem ser forçados a um fim prematuro"[47].

Compreende-se a preocupação do legislador em obstar que o processo se alongue demasiado afectando-se, assim, uma das virtudes maiores da arbitragem. Só que para alcançar esse objectivo não será por certo adequado limitar-se em excesso a disponibilidade das partes.

---

[46] Neste sentido Elio Fazzalari, em LA NUOVA DISCIPLINA DELL'ARBITRATO, de Briguglio-Fazzalari-Marengo, cit., p. 161. Pondera Fazzalari que a recusa do árbitro em assinar a sentença é, essencialmente, a violação de um dever *ético*: somente a força maior poderá justificar *nesse plano* o incumprimento de tal dever. Será em qualquer caso suficiente a assinatura dos restantes árbitros, embora com menção dessa recusa ou impossibilidade.

[47] *Convenção de Arbitragem*, na R.O.A. 1986, pp. 289-413, *maxime* p. 407.

31. Nos termos do art. 1456º do NCPC (*francês*) se na convenção de arbitragem não fôr fixado o prazo este é de seis meses.

Entretanto:

"O prazo legal ou convencional pode ser prorrogado quer por acordo das partes, quer a pedido de qualquer delas ou do tribunal arbitral ao (tribunal judicial)"[48].

A lei não fixa qualquer limite para a prorrogação.

É usual a inclusão na convenção de arbitragem de uma cláusula que confere ao presidente do tribunal arbitral a faculdade de prorrogar o prazo inicial por um novo prazo determinado, desde logo previsto na convenção. Só que a *Cour de Cassation*, em 7.11.2002, considerou nula a cláusula.

Eric Loquin discorda frontalmente deste entendimento, que, para mais, diverge por inteiro de uma jurisprudência até então pacífica, designadamente na *Cour de Cassation*. Na sua anotação àquela decisão de 7.11.2002[49] observa Loquin que, ao invés do que acontece nalguns sistemas jurídicos, a lei francesa de certa forma interdita os árbitros de decidirem, eles, mesmos, a prorrogação. Com isso obsta-se a que a prorrogação seja feita por tempo indeterminado, arrastando indefinidamente o processo arbitral. Ora esse perigo não se verificaria no caso da cláusula anulada. O prazo seria prorrogado nos moldes de uma autorização conferida pelas partes e por um prazo *determinado*[50].

32. Na lei *italiana* (art. 820º CPCI) o prazo legal (subsidiário) para a sentença, que era de 180 dias na versão anterior, passou a ser de 240 dias. Por acordo das partes pode ser prorrogado. A lei "não

---

[48] Entende uma parte da doutrina que o regime do art. 1456º não se aplica à arbitragem *internacional*, a não ser que as partes tenham convencionado aplicar ao processo a lei francesa (assim Fouchard – Gaillard – Goldman, TRAITE... cit., p. 769, que invocam em seu apoio Oppetit e Viatte, e a *Cour de Cassation* – decisão de 15.6.1994, publicada na *Rev. Arb.*, 1995, p. 88). No mesmo sentido Poudret – Besson, DROIT COMPARÉ... cit., p. 399.

[49] *Rev. Arb.*, 2003, p. 116 – 122.

[50] Se a prorrogação fôr decidida pelas partes entendeu-se durante muito tempo em França que ela teria que constar de um acto *formal*. A mais recente corrente jurisprudencial é no sentido de ela poder ser *tácita*, embora *certa* (Thomas Clay, ob. cit., p. 732).

põe um limite máximo para o prazo de prorrogação nem exclui que as partes possam acordar em mais do que uma prorrogação"[51].

No direito *suíço* da *Concordata* de 1969 (arbitragem *interna*) as partes têm a *faculdade* de, na convenção de arbitragem ou por acordo ulterior, limitar o prazo para a sentença ("de limiter dans le temps la mission du tribunal arbitral" – art. 16º, 1). Neste caso o prazo pode ser prorrogado, de cada vez por um período determinado, ou por convenção das partes ou por decisão do juiz, a requerimento das partes ou do tribunal arbitral (art. 16º, 2).

Não há, pois, limitação legal (supletiva) para o prazo inicial.

Na hipótese de as partes o tiverem fixado, a prorrogação pode ser *expressa* ou *tácita*, "notamment par actes concluants en participant à la procèdure après son expiration"[52].

33. Não estabelece a *Lei-Modelo* um prazo para a conclusão do processo. Prevê, no entanto, que se um árbitro não cumpriu a sua missão em prazo razoável, as partes, por comum acordo, podem destitui-lo (art. 14º, 1). Na falta de acordo das partes qualquer delas pode requerer ao juiz a cessação do mandato. Em sentido análogo dispõe o ZPO *alemão* (§1038º). Esta a regra generalizada, dada a universal influência da *Lei-Modelo*.

34. No direito *sueco*, a lei de 1929 (alterada em 1984) previa um prazo de seis meses para a decisão. Na lei vigente, de 1999, não se prevê já qualquer prazo, embora do art. 34º, 2, resulte que as partes podem estabelecer um prazo, por acordo[53].

Mais liberal do que todas as restantes é a lei *holandesa* de 1986 (CPC – WBR). Com efeito, no art. 1048º dispõe que a data na qual a sentença deve ser dada é fixada discricionariamente *pelo tribunal arbitral*. Trata-se de um regime permissivo em excesso, embora controlável por aplicação dos princípios gerais de direito.

---

[51] Nicola Rascio, em DIRITTO DELL' ARBITRATO RITUALE, 2ª ed. cit, p. 249. Cfr. na íntegra o actual art. 820º.

[52] Lalive – Poudret – Reymond, LE DROIT DE L'ARBITRAGE... cit, p. 97.

[53] Cfr. Francesco Benigni – Giorgio Recchia, *Nuove norme sull'arbitrato in Svezia*, na *Riv. dell'Arb.*,2000, pp. 179 e segg., *maxime* p. 191. Entretanto, o Regulamento do Instituto Arbitral da Câmara de Comércio de Estocolmo (*SCC Institute*) estabelece como regra o prazo inicial de seis meses.

Por conter uma opção pouco usual, embora virtualmente sensata, é de citar o art. 23º da lei *brasileira* de 1996 (Lei 9.307):

"A sentença arbitral será proferida no prazo estipulado pelas partes. Nada tendo sido convencionado, o prazo para a apresentação da sentença é de seis meses, contado da instituição da arbitragem ou da substituição do árbitro § *único*. As partes e os árbitros, de comum acordo, poderão prorrogar o prazo estipulado".

8. Eficácia da Sentença Arbitral

35. Dispõe o art. 26º LAV:

"1. A decisão arbitral, notificada às partes e, se for caso disso, depositada no tribunal judicial (...), considera-se transitada em julgado logo que não seja susceptível de recurso ordinário.
2. A decisão arbitral tem a mesma força executiva que a sentença do tribunal judicial de 1ª instância".

Este preceito, redigido com grande sobriedade textual, traduz o intento, constitucionalmente legitimável, de que "o tribunal arbitral constitui um órgão participante na função jurisdicional", não obstante resultar de uma afirmação da *autonomia privada*[54].

A exequibilidade da sentença não depende, pois, de uma intervenção do tribunal judicial (*exequatur*), como acontece designadamente em França (art. 1477º NCPC) e na Alemanha (§1060 ZPO).

36. Em Itália, na redacção do CPC resultante da reforma de 1994 o art. 823º dispunha que a sentença é dotada de eficácia entre as partes ("il lodo ha efficacia vincolante tra le parti") desde a ultima assinatura (dos árbitros). Mas o art. 825º impunha o depósito da sentença na secretaria do tribunal judicial e a verificação pelo juiz da regularidade formal da sentença, para que ela fosse dotada de exequibilidade (o tribunal "acertata la regolarità formale del lodo lo dichiara *esecutivo*"). Para Fazzalari o "accertamento" do juiz estadual

---

[54] Cfr. sobre esta característica a síntese de Francisco Cortez, est. cit., pp. 555-556.

implica um *juízo*, que dota a sentença arbitral de *autoridade*. Trata-se de uma *homologação* que faz valer *erga omnes* a sentença arbitral[55].

37. A reforma do sistema italiano de arbitragem de 2006 – que o alterou substancialmente – introduziu no CPCI um art. 824º - bis que vai, por certo, dar causa a controvérsia doutrinal.

Dispõe este preceito:

"Salvo quanto disposto dall'articolo 825, il lodo ha (...) gli effecti della sentenza pronunciata dall'autorità giudiziaria".

Para Elio Fazzalari a inovação é inconstitucional: o exercício da *jurisdição*, como função do Estado, cabe aos juízes instituídos pelo Estado, munidos de *imperium* (art. 102º da Constituição)[56].

38. A lei espanhola de 2003, analogamente à LAV, atribui à sentença arbitral os efeitos de caso julgado (art. 43º), constituindo um título executivo nos mesmos termos que uma sentença judicial[57]. "A sentença definitiva goza de eficácia executiva directa e, portanto, não carece de homologação judicial (art. 45º, 1)"[58].

O juiz da execução não pode controlar os requisitos processuais que conduziram à sentença arbitral e nem sequer a eventual violação de princípios fundamentais do processo[59].

---

[55] Briguglio – Fazzalari – Marengo, LA NUOVA DISCIPLINA DELL'ARBITRATO cit., pp. 163 e 168 – 169. O comentário aos arts. 823º e 825º do CPCI é de Fazzalari.

[56] *Questione di legittimità costituzionale*, na *Riv. dell' Arb.*, 2005, p. 661. Cfr., no entanto, com uma perspectiva diversa, Carmine Punzi, *"Efficacia di sentenza" del lodo*, na mesma *Riv.*, p. 819.

[57] O que, aliás, mantem uma tradição no direito espanhol (Toribio Fuentes, em COMENTARIOS À LA LEY DE ARBITRAJE, direcção de Guilarte Gutiérrez, ed. *Lex Nova*, Valladolid, 2004, p. 705).

[58] Faustino Cordón Moreno, EL ARBITRAJE DE DERECHO PRIVADO, ed. *Thomson – Civitas*, Aranzadi (Navarra), 2005, p. 290.

[59] Cordón Moreno, id. id.

9. A Sentença Arbitral CCI

39. Como é sabido, uma das mais reputadas instituições de arbitragem é a *Cour Internationale d'Arbitrage* da CCI (Câmara de Comércio Internacional), criada em 1923 e que anualmente gere centenas de processos.

Não é dela que emana a sentença. Mas, na realidade, ela está presente em todo o processamento que à sentença definitiva conduz.

40. No que agora releva, prevê o *Regulamento de Arbitragem* da CCI que:

> "Antes de assinar qualquer sentença, o tribunal arbitral deve submeter o projecto à *Cour*. Esta pode determinar ("prescrire") modificações de forma. E pode, respeitando a liberdade de decisão do tribunal arbitral, chamar a sua atenção para aspectos que relevem para o fundo da questão. Nenhuma sentença pode ser dada pelo tribunal arbitral sem ter sido aprovada formalmente pela *Cour*" (art. 27° Reg. 1998).

41. O *exame prévio* da sentença, como se diz na epígrafe do preceito, não é adoptado pela generalidade das grandes instituições de arbitragem (como, designadamente, pela LCIA – *London Court of International Arbitration* ou pela AAA – *American Arbitration Association*) e tem sido, como é natural sede de uma densa controvérsia.

Antoine Kassis terá sido o seu mais persistente adversário[60].

---

[60] RÉFLEXIONS SUR LE RÈGLEMENT D'ARBITRAGE DE LA CHAMBRE DE COMMERCE INTERNATIONALE, ed. LGDJ, 1988, *maxime*, pp. 65 e segg. Para Kassis o exame prévio viola pelo menos quatro regras fundamentais da arbitragem: o segredo da deliberação, o princípio do contraditório, a independência dos árbitros e o carácter jurisdicional da arbitragem. Poudret-Besson (DROIT COMPARÉ... cit., 2002, p. 723) observam que o art. 27° do Regulamento da CCI, embora protegendo as partes contra "inadvertências ou erros grosseiros dos árbitros", apresenta um inarredável risco "de bloqueamento, se cada um (dos graus: tribunal arbitral e *Cour*) se obstinar nas suas posições ou, pelo menos, de retardamento se fôr necessário negociar para ultrapassar as divergências". Este risco afigura-se, no entanto, com pouca consistência. Na verdade, a *Cour* detem uma *força* muito maior que os árbitros e estes tendem a ceder perante qualquer "recomendação" dela.

Entretanto, autorizados autores avalizam o sistema. Assim, e como exemplo, Philippe Fouchard, Eric Loquin, Craig-Park-Paulsson[61] e Marc Henry[62].

Como é óbvio, o conceito de *forma* será por vezes difícil de delimitar, distinguindo-a da *substância*, ou seja do *fundo* ou do *mérito* do projecto de sentença. A falta de *fundamentação* será enquadrável no controlo da *forma* ou no da *substância* ?[63].

Por outro lado, a intervenção da *Cour* não poderá resvalar numa reapreciação da matéria de facto e muito menos num "vero e próprio esame della soluzione di merito". Não poderá, em síntese, transformar-se numa instância *jurisdicional* de grau superior. A sua intervenção resumir-se-á a uma mera *supervisão* e não num novo *julgamento*.

O certo, porém, é que a ingerência da *Cour* na actividade dos árbitros é, segundo reconheceu o seu próprio Secretário Geral Horácio Grigera Naón, susceptível de modificar, na realidade, o *projecto* de sentença arbitral que é submetido ao seu controlo.

"A *Cour* examina os *projectos* não datados nem assinados (...). Pode impor (sic) alterações de forma e pode, respeitando a liberdade de decisão do tribunal, chamar a atenção sobre aspectos de fundo (.... Se a sentença (*recte*, o projecto) não é alterada (como pretende a *Cour*) não é (por esta) aprovada"[64].

42. De qualquer modo, entende a CCI que a sua natureza meramente *administrativa* ou "organizativa", sem qualquer carácter jurisdicional, justifica que o art. 34º do seu *Regulamento* contenha uma cláusula de total *imunidade*:

---

[61] INTERNATIONAL CHAMBER OF COMMERCE ARBITRATION, 3ª e., Oceana, Nova Iorque, 2000, p. 379.

[62] LE DEVOIR D'INDÉPENDANCE DE L'ARBITRE, ed. LGDJ, 2001, p. 361: "... l'examen préalable nous paraît une bonne mesure destiné à optimiser la forme et le contenu des sentences arbitrales...".

[63] Filippo Danovi, em REGOLAMENTO DI ARBITRATO DELLA CCI – COMMENTARIO, organizado por Briguglio – Salvaneschi, ed. Giuffrè, 2005, p. 490.

[64] *Les pouvoirs de la Cour internationale d'arbitrage de la CCI...*, em ARBITRAGE: REGARD SUR LA PROCHAINE DECENNIE, suplem. especial do *Bulletin de la Cour...*, 1999, *maxime* p. 70. Certo é que o autor esclarece desde logo que as observações feitas pela *Cour* quanto ao *fundo* do projecto não são vinculativas e que ela aprová-lo-á mesmo que elas sejam adoptadas pelo tribunal arbitral. Tudo será relativo e daí que por ex. Pierre Lalive chame a atenção para a natureza *ambígua* das funções de intervenção e controlo da *Cour* (*Rev. Arb.*, 1990, *maxime* p. 115)

"Nem os árbitros, nem a *Cour*, nem a CCI ou o seu pessoal, nem os *Comités* nacionais da CCI, são responsáveis perante quem quer que seja por qualquer facto, acto ou omissão relacionado com a arbitragem".

Foi esta norma uma inovação do *Regulamento* de 1998 face aos anteriores. A justificá-la referiu-se o clima de crescente litigiosidade em relação aos árbitros e às instituições arbitrais, sobretudo nalguns ordenamentos e a necessidade de evitar que a responsabilização possa transformar-se num novo meio de recurso da sentença arbitral[65].

43. As reticências de Fouchard quanto a um entendimento demasiado "generoso" do novo art. 34° do Regulamento têm plena razão de ser. A redacção do art. 34° não terá sido a mais feliz. Como refere Marc Blessing nas Actas da conferência de apresentação desse Regulamento[66], "nenhum árbitro sensato poderá concluir que tem carta branca para actuar como entender".

E faz uma observação decisivamente importante:

"Nos casos em que fôr necessário determinar se um árbitro não cumpriu a sua missão ou se cometeu uma falta, qualquer que fôr a natureza que ela tiver, serão as leis nacionais que se aplicarão e só por ignorância se poderá fazer apelo ao art. 34° (...). Todos os que trabalharam na revisão do Regulamento compreenderam-no claramente. A formulação genérica do preceito terá essa justificação, como a terá a decisão de deixar ao juiz (estadual) a interpretação (...)"[67].

---

[65] Fouchard, que contribuiu decisivamente para a modelação do sistema de arbitragem CCI não deixou de levantar reticências ao art. 34° do *Regulamento*. Esse preceito constitui na sua opinião "une clause de style dont il aurait fallu faire l'économie" (Emmanuel Jolivet, *Rev. Arb.*, 2005, p. 279). Os ordenamentos jurídicos que mais relutância revelam em responsabilizar os árbitros serão os anglo-saxónicos. E assim o *Arbitration Act 1996* contem como regra a de que "o árbitro não incorre em qualquer responsabilidade pelos actos praticados ou que omitiu no exercício ou no exigível exercício da sua missão, salvo prova de má fé" (art. 29°, 1). No regime da LAV é, desde logo, responsável por aplicação do disposto no n° 5 do art. 19° e do n° 3 do art. 9°. Cfr., por ex., M. Henrique Mesquita, *Arbitragem. Competência do tribunal arbitral e responsabilidade civil do árbitro* cit..

[66] Em LE RÈGLEMENT D'ARBITRAGE DE LA CCI DE 1998, suplemento esp., do *Bulletin de la Cour...*, 1998, *maxime* p. 49.

[67] É esta a solução doutrinal pacificamente firmada. Cfr., Francesca Pietrangeli, em REGOLAMENTO..., organizado por Briguglio – Salvaneschi, cit., *maxime* p. 566 e autores aí referidos. Para uma análise aprofundada sobre a "imunidade" dos árbitros (com remissão para abundante bibliografia) cfr. Thomas Clay, L'ARBITRE cit., p. 452 e segg.

44. Entretanto, no que diz respeito à *imunidade* (total, aparentemente) da *Cour*, da CCI, do seu pessoal e dos *Comités* nacionais da CCI, registada nesse art. 34°, ela tem, do mesmo modo, o valor que tem. Trata-se de uma cláusula de irresponsabilidade que nem sequer desponta de uma actividade *jurisdicional* que os próprios rejeitam ter.

Pierre Lalive, que não é positivamente um fervoso apologista da arbitragem institucional[68], critica asperamente esta irresponsabilização absoluta: "aussi excessif, juridiquement erroné, voire contre-productif"[69].

45. A CCI, como qualquer instituição arbitral, não responde pelos danos provocados pela conduta negligente do árbitro.

Como, no entanto, diz Remo Caponi[70] "não é de excluir, no entanto, que essa conduta negligente ponha em causa a (obrigação de) diligência da instituição, *se for esta que o tiver nomeado*".

E por outro lado a instituição será responsabilizável "per colpa propria" se não exercer o seu poder de intervenção quanto à má conduta do árbitro.

---

[68] V., por ex., *Avantages et inconvenients de l'arbitrage ad hoc*, em ÉTUDES OFFERTES À PIERRE BELLET cit., pp. 301-321 e *Sur une "commercialisation" de l'arbitrage international*, em MÉLANGES (LIBER AMICORUM) CLAUDE REYMOND cit., pp. 167-172. Repare-se que Lalive assesta os seus reparos nos pequenos centros de arbitragem que tendem a proliferar. Será a chamada "americanização" da arbitragem. Ora isso não acontecerá, como unanimemente é reconhecido, com a CCI, que tem um prestígio e uma autoridade institucional consolidadas. O que não significa que noutras frentes ela não tenha sido asperamente criticada. Assim, Bruno Oppetit, na sua obra póstuma THÉORIE DE L'ARBITRAGE (ed. Puf, 1998, p. 118), discorda frontalmente do sistema do "exame prévio" dos projectos de sentenças"le présence dans son Règlement d'un disposition donnant à la Cour d'arbitrage un pouvoir discrétionnaire d'approbation des sentences est perçue par un spécialiste comme une *ingérence* dans la mission et le pouvoir de l'arbitre de trancher de litige, une modalité exorbitante invalidant le système et conduisant à douter qu'on soit en présence d'un véritable arbitrage (...)".

[69] Anotação à *Cour d'Appel* de Paris, 15.9.1998, na *Rev. Arb.*, 1999, p. 103 e seggs. A Reiner (*Le règlement d'arbitrage de la CCI...*, na *Rev. Arb.*, 1998, p. 70 e segg.) considerava já *inútil* e *ineficaz* a cláusula de irresponsabilidade contida no art. 34°. Esta solução parece de considerar unânime (Francesca Pietrangeli, em REGOLAMENTO... cit, p. 562). V., no entanto, o art. 74° do *Arbitration Act 1996*, quase equivalente ao art. 34° do *Regulamento*, apenas exceptuando a hipótese de *má-fé* ("bad faith").

[70] *L'arbitrato amministrato...*, na *Riv. dell'Arb.*, 2000, pp. 663-697.

A instituição arbitral não assume a obrigação de decidir o litígio. Essa obrigação cabe aos árbitros.

Entretanto, e recaindo especificamente no caso da CCI, vinculando-se esta (art. 27º) a verificar a regularidade formal do projecto de sentença, mas não o fazendo com "l'ordinaria diligenza" torna-se responsável pelos danos provocados[71].

46. De qualquer modo, numa arbitragem CCI que se arrastou por mais de 5 anos (!), embora com múltiplos incidentes intermédios, a *Cour d'Appel* de Paris (15.9.1998)[72] e a *Cour de Cassation* (20.2. 2001)[73], produziram duas sentenças que pouco adiantam quanto à substância da questão.

---

[71] Caponi, loc. cit., p.695. A irresponsabilização *total* de uma instituição de arbitragem – abrangendo, portanto, os factos intencionais ou resultantes de grave negligência - será ineficaz na generalidade dos ordenamentos jurídicos (cfr., no entanto, o cit. art. 74º do *Arbitration Act 1996*). Para o sistema francês, que é o mais comum e que alinha na solução mais generalizada, cfr. Jean-Louis Delvové – Jean Rouche – Gerald Pointon, FRENCH ARBITRATION..., ed. Kluwer Law, Haia – Londres – Nova Iorque, 2003, p. 96. O art. 21º, 1, da lei *espanhola* de 2003 dispõe que a instituição arbitral responderá por "mala fe, temeridad o dolo". E preceitua ainda que os lesados terão acção directa contra a instituição arbitral, independentemente das acções de regresso que aquela possa ter contra os árbitros (cfr. Célia Martínez Escribano, em COMENTARIOS... A LA LEY DE ARBITRAJE, direcção de Guilarte Gutiérrez, cit., p. 379).

[72] *Riv. dell'Arb.*, 2000, pp. 793-796.

[73] *id.*, 2001, pp. 489-490.

TRIBUNAIS ARBITRAIS
E MEDIDAS CAUTELARES

O Caso Português

1. Não se insere a LAV na linha recomendada pela *Lei Modelo* e não toma posição sobre a competência cautelar dos tribunais arbitrais[1].

Para Bento Soares - Moura Ramos do silêncio da LAV resulta que "o tribunal arbitral só terá competência para decretar tais medidas quando as partes lhe conferirem expressamente esse poder"[2].

Entretanto, mesmo em França – que é hoje um dos raros ordenamentos que também não toma posição (legislativa) sobre a questão – o entendimento prevalente é o de não ser necessário que as partes ou um regulamento arbitral confiram aos árbitros a competência cautelar[3]. Esta solução é a adoptada em Portugal por Lima Pinheiro[4].

---

[1] Dispõe o art. 17° da *Lei Modelo*: "Salvo convenção em contrário das partes pode o tribunal, a pedido de uma das partes, ordenar a qualquer delas que tome as medidas cautelares ("medidas provisórias ou conservatórias") que (ele, tribunal arbitral) considere necessárias quanto ao objecto do litígio. O tribunal arbitral pode, como consequência dessas medidas, exigir a qualquer das partes que preste uma garantia adequada".

[2] Em CONTRATOS INTERNACIONAIS...ARBITRAGEM, Almedina, 1986, p. 382. Neste sentido, Sébastien Besson, ARBITRAGE INTERNATIONAL ET MESURES PROVISOIRES..., Zurich, 1998, p. 92 e Poudret – Besson, DROIT COMPARÉ DE L'ARBITRAGE INTERNATIONAL, Bruylant – LGDJ – Schulthess, Bruxelas, 2002, p. 551, que argumentam que a competência do árbitro para ordenar uma medida cautelar distingue-se do seu poder para julgar o processo arbitral. Ela terá que resultar de lei expressa, da convenção de arbitragem ou de um regulamento de arbitragem.

[3] Fouchard – Gaillard – Goldman, TRAITÉ DE L'ARBITRAGE COMMERCIAL INTERNATIONAL, Litec, 1998, p. 729. O *Comité français de l'arbitrage*, agora presidido pelo Prof. Jean-Louis Delvolvé e do qual fazem parte alguns dos mais representativos juristas da arbitragem francesa (Matthieu de Boisséson, Thomas Clay, E. Gaillard, Charles Jarrosson, Eric Loquin, Pierre Mayer, B. Moreau, etc), elaborou um texto para uma possível

Entre nós a generalidade dos regulamentos arbitrais não confere aos árbitros competência cautelar[5] e só em casos bem contados as convenções de arbitragem atribuem aos árbitros essa competência.

Resulta daí que a não ser acolhida, nesta matéria, a doutrina dos poderes *implícitos* ou *inerentes* – ou seja da que reconhece no tribunal arbitral competência cautelar, independentemente de qualquer atribuição – tal competência não existirá, pura e simplesmente.

Ora, sem grande esforço exegético poderá dizer-se que a competência cautelar dos árbitros está implicitamente contida na função jurisdicional que exercem[6]. O que não significa que a LAV não deva conter um preceito inspirado no art. 17º da Lei-Modelo e, implicita-

---

reforma do direito francês da arbitragem (cfr. *Rev. Arb.*, 2006, p. 491 e segg.), Nessa "proposta" de projecto prevê-se que o tribunal arbitral possa ordenar, nas condições que determinar, as medidas "conservatórias ou provisórias" que julgar oportunas. Neste caso, o concurso das autoridades judiciárias poderá, se necessário, ser solicitado pelo tribunal arbitral ou por uma das partes (art. 1466º do C.P.C. para a arbitragem interna e art. 1510º para a arbitragem internacional).

[4] *Convenção de Arbitragem...*, na ROA, 2004, p. 125 e segg., *maxime* p. 130. No mesmo sentido, aparentemente, Dário Moura Vicente, *L'évolution recente du droit de l'arbitrage au Portugal*, em DIP. ENSAIOS. I, Almedina, 2002, p. 327 e segg., *maxime* p. 335.

[5] Cfr. , como excepção, o art. 26º do Regulamento do Centro de Arbitragem da Universidade Católica Portuguesa: "salvo convenção em contrário, o tribunal arbitral pode, a pedido de uma das partes, ordenar a qualquer delas que adopte as medidas conservatórias que o mesmo tribunal considere necessárias ou que preste uma garantia adequada". Sobre os regulamentos arbitrais mais significativos, cfr. Piero Bernardini – Andrea Girardina, CODICE DELL'ARBITRATO, 2ª ed., Giuffrè, 2000, pp. 862, 887, 940, 969 e 1031.

[6] Anteriormente ao actual §1041 do ZPO (reforma de Dez. de 1997), que atribui expressamente ao tribunal arbitral competência cautelar (salvo convenção em contrário das partes), a doutrina alemã dividia-se, embora fosse dominante a opinião negativa (cfr. Paula Costa e Silva, *A arbitrabilidade de medidas cautelares*, na ROA, 2003, p. 211 e segg.) Paula Costa e Silva propende para a solução dos poderes implícitos (p. 230). Não é entretanto esta a posição de Lebre de Freitas, exactamente com base na falta de competência *executiva* do tribunal arbitral: este apenas poderá decretar providências cautelares "expressamente previstas na convenção de arbitragem" (cfr. *Algumas implicações da natureza da convenção de arbitragem*, em ESTUDOS PROF. MAGALHÃES COLLAÇO, Almedina, II, 2002, p. 625). A falta de *ius imperii* dos tribunais arbitrais impedi-los-ia mesmo de decretar *providências cautelares* (Lebre de Freitas, INTRODUÇÃO AO PROCESSO CIVIL, Coimbra Editora, 1996, p. 66). Era essa a doutrina tradicional italiana (citada, aliás, por Lebre de Freitas), que conforma ainda o art. 818º CPCI, que persiste, irremovível, mesmo depois da reforma de 2006. V. *infra*.

mente, no seu art. 9º ("o pedido feito por uma das partes ao tribunal (judicial), antes ou durante o processo arbitral, de medidas cautelares, e a concessão de tais medidas pelo tribunal não são incompatíveis com uma convenção de arbitragem.

2. Poderão as partes estabelecer, na convenção de arbitragem, não ser admissível a qualquer delas requerer directamente ao tribunal (judicial) que decrete uma medida cautelar?

No *Arbitration Act 1996* a questão está expressamente resolvida no art. 44º, 1, no sentido de que tal convenção é operante.

No direito francês – que, como dissemos, é do mesmo modo que o nosso, omisso quanto à competência cautelar do tribunal arbitral – a doutrina e a jurisprudência durante largo tempo dominantes consideraram que a competência cautelar do juiz estadual era de *ordem pública*, não podendo, pois, ser excluída.

Hoje admite-se essa exclusão convencional. Assim, por exemplo, *Cour de Cassation*, em 18.11.1986[7].

Ou, como dizem Fouchard – Gaillard – Goldman:

"O princípio da competência concorrente (dos árbitros e do juiz) não é de ordem pública. Assim, as partes podem inteiramente convencionar a exclusão do recurso à jurisdição do tribunal estadual para aplicar medidas cautelares *durante a pendência do processo*"[8].

Sendo legalmente figurável não será essa exclusão a solução mais conveniente para o interesse das partes. Desde logo porque, possuindo o tribunal arbitral competência meramente *declarativa*, ele não dispõe de competência cautelar plena, uma vez que esta apenas se torna efectiva com a intervenção (coerciva) do tribunal judicial. Depois, porque mesmo que não ocorra essa exclusão pactícia, é sempre recomendável, num ponto de vista prático, que as partes

---

[7] Caso *Atlantic Triton* (*Rev. Arb.*, 1987, p. 315, com anotação de Georges Flécheux). Matthieu de Boisséson (LE DROIT FRANÇAIS DE L'ARBITRAGE INTERNE ET INTERNATIONAL, GLN *ed. Joly*, 2ª ed., 1990, p. 753) entendeu que o critério da *Cour de Cassation* era de aplicação geral.

[8] TRAITÉ *cit.*, p. 731.

utilizem o recurso directo ao tribunal judicial, que pode executar com celeridade (?) a medida cautelar[9].

Aliás, medidas cautelares há que apenas poderão ser decretadas por um juiz (estadual). É o caso típico do *arresto*. Excluir a competência cautelar dos tribunais judiciais nestes casos é impedir, de todo em todo, que seja tomada uma providência que as circunstâncias peremptoriamente poderão reclamar. Será como que uma zona de *não-direito*, de denegação de justiça, uma agressão consequencial ao princípio do art. 20º da Constituição[10]

Direito Comparado

3. As modernas leis de arbitragem tendem a atribuir competência cautelar ao tribunal arbitral.

Típico exemplo será o ZPO *alemão* de 22.12.1997 (entrado em vigor em 1.1.1998), que denota uma marcada influência da *Lei Modelo*.

Dispõe agora o seu § 1041, 1:

"Salvo convenção em contrário das partes, o tribunal arbitral pode, a pedido de uma das partes, aplicar as medidas (cautelares) que julgar necessárias no que diga respeito ao objecto do litígio. Com base nisso, o tribunal arbitral pode exigir a prestação da caução que julgar adequada"[11]

Entretanto o Código Judiciário *belga* (versão *de 1972* já reconhecia de igual modo ao tribunal arbitral competência para decretar medidas cautelares, à excepção do arresto (art. 1696º, 1).

---

[9] Morais Leitão – Moura Vicente, INTERNATIONAL HANDBOOK ON COMMERCIAL ARBITRATION – PORTUGAL, sep. INT. HANDBOOK ON COMM. ARB., suplem. 35, 2002.

[10] Neste sentido, com vista ao caso francês, Mohammad-Ali Bahmaei, L'INTERVENTION DU JUGE ÉTATIQUE DES MESURES PROVISOIRES ET CONSERVATOIRES EN PRÉSENCE D'UNE CONVENTION D'ARBITRAGE, ed. LGDJ, 2002, pp. 206 - 208.

[11] O nº 2 do § 1041 encara a cooperação entre o tribunal arbitral e o tribunal judicial. Este poderá, a pedido de uma das partes, permitir execução das medidas no nº 1. E pode-as alterar, se tal for necessário para a sua execução (judicial).

Em *Espanha*, a lei de arbitragem de 2003 (art. 23°, 1) preceitua que "salvo acordo das partes, os árbitros podem, a requerimento de qualquer delas, decretar as medidas cautelares que reputem necessárias, relacionadas com o objecto do litígio. Os árbitros podem exigir caução suficiente ao requerente"[12]. Como aliás se salienta na exposição de motivos dessa lei não dispõe os árbitros de poder executivo. Este cabe ao juiz, nos mesmos moldes que ocorreriam com uma sentença sobre o fundo da questão. O regime é idêntico ao ZPO e ao da *Lei Modelo*.

Na lei *sueca* de arbitragem de 1999, a competência cautelar dos árbitros é atribuída, salvo convenção em contrário das partes, para "qualquer medida adequada a conservar o objecto do processo", podendo os árbitros exigir ao requerente uma caução razoável para o dano que possa advir ao requerido (art. 25°, 4).

Ao invés, na Holanda o Cód. Proc. Civil (WBR), na redacção de Julho de 1986, terão que ser as partes a atribuir ao tribunal arbitral competência cautelar (art. 1051°, 1).

4. Os regimes *suíço* (o da Concordata) e *italiano* negam competência cautelar ao tribunal arbitral.

A *Concordata* suíça de 1969 é uma convenção de direito público estabelecida entre os cantões, que regula de forma exaustiva o sistema de arbitragem *interna*. Em conformidade com o art. 26°, "as autoridades judiciárias são as únicas competentes para ordenar medidas cautelares" (n° 1).

O n° 1 do art. 26° tem carácter imperativo[13].

---

[12] Para decretar as medidas cautelares os árbitros gozam de maior discricionariedade que os juízes (Frederic Munné Catarina, EL ARBITRAJE EN LA LEY 60/2003, ed. Experiencia, Barcelona, 2004, p. 131). Mas as medidas cautelares, como é óbvio, *terão que ser requeridas*, ou seja, não podem ser oficiosamente decretadas. Diversamente, no tocante à discricionariedade na apreciação das providências requeridas entende Coral Aranguena Fanego (em COMENTARIOS...A LA LEY DE ARBITRAJE, direcção de Guilarte Gutiérrez, ed. Lex Nova, Valladolid, 2004, p. 423) que, embora a lei seja omissa quanto a este aspecto, as medidas cautelares apenas poderão ser decretadas verificados que sejam os requisitos que limitam a discricionariedade do juiz estadual ("periculum in mora", "fumus boni júris").

[13] Lalive – Poudret – Reymond, LE DROIT DE L'ARBITRAGE INTERNE ET INTERNATIONAL EN SUISSE, Payot, Lausana, 1989, p. 145. Para Ruede – Hadenfeldt as partes não podem excluir antecipadamente a competência dos tribunais estaduais. Para Lalive – Poudret – Reymond (que os citam) eles são aqui "trop absoluts" (id.).

Entretanto, não sendo competente para decretar medidas cautelares o tribunal pode *propô-las* às partes, que são livres de as aceitar.
Trata-se de "medidas pactícias", não dotadas de força executiva.
Mais recente, a Lei federal suíça de 18.12.1987 sobre o D.I.P. atribui aos árbitros competência cautelar, salvo convenção em contrário das partes (art. 183°, 1). É visível a influência da *Lei Modelo*.
A nova lei de arbitragem *austríaca*, de 13.1.2006, que em geral se inspira carcaterizadamente na *Lei Modelo* contem uma disposição sobre medidas cautelares que, no entanto, em relação a esta é mais restritiva (art. 593°)[14]

5. Onde, porém, a persistência na posição adversa à atribuição de competência cautelar aos árbitros parece, na generalidade, irremovível é em *Itália*.
Não obstante a oposição da doutrina italiana actual o "velho" art. 818° do CPCI resistiu a todos os impulsos reformistas, quer em 1983, quer em 1994, quer, agora, em 2006.

Dizia esse art. 818°:

"Os árbitros não podem decretar arrestos, nem outras providências cautelares".

Dispõe agora (dec. leg. de 2.2.06):

"Os árbitros não podem decretar arrestos, nem outras providências cautelares, *salvo diversa disposição da lei*".

A ressalva final não altera a "soberania", como regra geral, do princípio.
Resulta (até agora) da excepção aberta pelo art. 35°, 5, do dec. leg. n° 5/2003, respeitante à arbitragem *societária* e aqui, concretamente, à suspensão da eficácia das deliberações sociais[15]

---

[14] Andreas Reiner, *La reforme du droit autrichien de l' arbitrage*..., na *Rev. Arb.*, 2006, p. 401 e segg. *maxime* p. 416.

[15] Cfr. Andrea Giardina, *L'ambito di applicazione della nuova disciplina dell'arbitrato societario*, na *Riv. dell'Arb.*, 2003, p. 233. A este propósito comenta Sérgio La China (L'ARBITRATO. IL SISTEMA E L'ESPERIENZA, 2ª ed., Giuffrè, 2004, p. 112) que não se pode considerar uma alteração de critério do legislador esta "modesta excepção".

O princípio determinante do art. 818º é, sem discrepância, criticado por todos os autores[16]

O legislador italiano de 2006 manteve ainda como referência a lição de Salvatore Satta, em 1971: "che gli arbitri non possano concedere o imporre provvedimenti cautelari è antico e universalmente riconosciuto principio"...[17]

A norma do art. 818º é *imperativa*.

A perspectiva de Roberto Marengo[18], adoptada também por Piero Bernardini, de que ela não impede que as partes possam autorizar os árbitros a emitir "disposições provisórias com finalidade cautelar, com eficácia (apenas) no plano privatistico (sic)" não será facilmente conciliável com a peremptoriedade do art. 818º[19].

Mas o certo é que a tradicional criatividade dos juristas italianos fez encontrar na linha da ideia de Marengo, fórmulas para "suavizar" a, como se viu, perdurável rigidez legislativa.

Esses "bons" expedientes são encontráveis, desde logo, em centros de arbitragem, como o da Associação Italiana para a Arbitragem e o da Câmara Arbitral Nacional e Internacional de Milão[20]

Dispõe, neste sentido, o nº 2 do art. 25º do Regulamento do Centro da Câmara Arbitral de Milão (em vigor desde 1.1.04):

> "O tribunal arbitral pode decretar todas as providências cautelares, urgentes e provisórias, ainda que de carácter *antecipatório*, que não sejam proibidas por normas inderrogáveis aplicáveis ao processo".

---

[16] Vittorio Pozzi, *Arbitrato e tutela cautelare...*, na *Riv. dell'Arb.*, 2005, pp. 17-44, que saúda a apontada excepção de 2003 em matéria de direito societário. Entretanto qualquer brecha, mesmo essa, no regime do art. 818º, foi tida pelo Conselho Superior da Magistratura (italiano) como *anómala* (parecer votado em 12.12.02).

[17] Cit. por Pozzi, est. cit., p. 17. Já em 1991 Francesco Paolo Luiso, na esteira, aliás, de Federico Carpi e de outros, referindo-se à lei de 26.11.1990 (que revira o regime dos procedimentos cautelares em processo civil), afirmar que a justificação tradicional para a negação da competência cautelar aos árbitros (a falta de "ius imperii") era *débil* (sic), contrariando a tendência por toda a parte verificada (*Arbitrato e tutela cautelare nella riforma del processo civile*, na *Riv. dell'Arb.*, 1991, pp. 253-265).

[18] Briguglio – Fazzalari – Marengo, LA NUOVA DISCIPLINA DELL'ARBITRATO, Giuffrè, 1994, p. 136.

[19] Poudret – Besson, ob. cit., p. 551.

[20] Cfr. Ferruccio Auletta, em DIRITTO DELL'ARBITRATO RITUALE, direc. de Giovanni Verde, 2ª ed., Giappichelli, Turim, 2000, p. 359.

O Regulamento da Associação Italiana para a Arbitragem (arbitragem internacional), na versão de 1994, usava uma metodologia verbal diversa. O art. 18º, sob a epígrafe *medidas cautelares*, regulava apenas a notificação às partes das medidas decretadas *pela autoridade judiciária*. Com a epígrafe de *providências urgentes* é que no art. 19º se previa a sua aplicabilidade pelos árbitros. Só que difícil seria distinguir, na prática, umas e outras providências.

Será um "expediente" (natural) para transpor a barreira legal, até porque em qualquer caso a execução da *medida* cautelar pertencerá aos tribunais judiciais.

6. Na América Latina o *Brasil* e a *Costa Rica* (lei de 1997) não autorizam os árbitros a decretar, eles mesmos, medidas cautelares. A lei brasileira de 23.9.1996 estabelece que "havendo necessidade de medidas coercitivas (sic) ou cautelares, os árbitros poderão solicitá-las ao órgão do Poder Judiciário que seria, originariamente, competente para julgar a causa" (art. 22º,§ 4).

A generalidade das outras leis sul e centro-americanas conferem aos árbitros a possibilidade de decretar essas medidas e de recorrer ao juiz (estadual) para concretizar a sua execução. Assim, a Bolívia (1997), a Colômbia (1989-1998), o Chile (2004), a Nicarágua (2005), o Panamá (1999), o Paraguai (2002), o Peru (1996) e a Venezuela (1998)[21]

7. Entre os países árabes, alguns há em que à *Lei Modelo* foi declaradamente assumida. Assim a Tunísia (1993), o Egipto (1994), Oman (1997), a Jordânia (2001) e o Bahrein (1994). Na lei *argelina* actua como fonte inspiradora a legislação francesa de 1980-81.

Todas elas, em maior ou menor grau, admitem a competência cautelar dos árbitros[22].

---

[21] Fernando Mantilla Serrano, *Le traitement législatif de l'arbitrage en Amérique Latine*, na *Rev. Arb.*, 2005, pp. 561-602.

[22] O CPC líbio (art. 758º) veda *expressamente* aos árbitros competência para decretar quaisquer medidas cautelares. Cfr. Nathalie Najjar, L'ARBITRAGE DANS LES PAYS ARABES..., LGDJ, 2004, p. 299 e segg., *maxime* p.303. Diga-se que o Código líbio data de 1953 e não beneficiou desde então de qualquer alteração significativa.

Aspectos Processuais

8. Dispõe o art. 9º da *Lei Modelo* que não é incompatível com uma convenção de arbitragem o pedido de medidas cautelares ("provisórias ou conservatórias") feito por uma das partes a um tribunal (judicial), antes ou durante o processo arbitral, bem como a concessão de tais medidas pelo tribunal".
Nada diz a LAV sobre a problemática cautelar.
Mas é evidente que, partindo do pressuposto (já aqui anteriormente resolvido) de que árbitros possuem – independentemente de qualquer expressa atribuição pela lei, pelas partes ou por um regulamento arbitral para o qual estas remetam – competência cautelar (*declarativa*) -, qual o destino de uma medida cautelar decretada *ante causam* por um tribunal judicial?
Afigura-se que o tribunal judicial que a decretou continua a ser o competente para decidir qualquer questão relativa à providência, *ela mesma*[23].

9. Decretada a medida (procedimento) cautelar *ante-causam* pelo juiz "judicial" a acção principal será o *processo arbitral*[24].
A providência caducará (art. 389º, 1, al.a) se a "acção" não for proposta dentro de 30 dias, contados da data em que lhe tiver sido notificada a decisão que a tenha ordenado.
Para este concreto efeito o início do processo não poderá ser o referido no nº 3 do art. 19º LAV, que foi pensado apenas para a contagem do prazo para a decisão.
Parece de adoptar para a situação em causa a notificação prevista no nº 3 do art. 11º, com a redacção em boa hora introduzida pelo Dec.-Lei 38/2003[25].

---

[23] Cfr. Cucarella Galiana, *La potestad de los árbitros para decretar medidas cautelares*, no ANUARIO JUSTICIA ALTERNATIVA. DERECHO ARBITRAL, Bosch ed., 2004, nº 5, *maxime* p. 99. Entretanto a competência cautelar do juiz confinar-se-á *à própria medida*, não interferindo na competência dos árbitros para julgar o *mérito* da causa (Poudret-Besson, ob. cit., p. 556).

[24] "A acção principal pode decorrer perante um tribunal estadual ou arbitral" (Miguel Teixeira de Sousa, ESTUDOS SOBRE O NOVO CÓDIGO DE PROC. CIVIL, Lex. ed., 1997, p. 245).

[25] Sobre a evolução legislativa operada cfr. Lebre de Freitas, *Alcance da determinação pelo tribunal judicial do objecto do litígio a submeter a arbitragem*, em O DIREITO, 2006, p. 61 e segg., *maxime* p. 62.

E assim poderá ser de aceitar este critério para a fixação do início do processo arbitral. É, aliás, em essência o do art. 21º da *Lei Modelo*: "salvo convenção em contrário das partes, o processo arbitral relativo a um determinado litígio começa na data em que o pedido de sujeição do litígio a arbitragem é recebido pela parte contrária"[26].

É, sem dúvida, o critério do ZPO *alemão* (§1044), que está mais próximo do art. 11º, 3, LAV, quando refere que a notificação deve conter o *objecto do litígio*.

As Astreintes

10. É ponto assente que a *sanção pecuniária compulsória* tal como foi configurada no Dec.-Lei 262/83, de 16 de Junho, adoptou o modelo francês da *astreinte*. Isso mesmo é reconhecido no preâmbulo do diploma, cuja autoria intelectual foi assumidamente de Mota Pinto e de Calvão da Silva.

Resulta evidente que com a sanção pecuniária compulsória não se pretendeu introduzir no nosso sistema uma nova providência cautelar: visou-se (a ter em conta o referido preâmbulo) "uma dupla finalidade de moralidade e de eficácia, pois com ela se reforça a soberania dos tribunais, o respeito pelas suas decisões e o prestígio da justiça".

Entretanto, pelo Dec.-Lei 329-A/95, de 12 de Dezembro, foi introduzida no nosso direito uma diferente valência da sanção pecuniária compulsória: a referida no nº 2 do art. 384º do Cód. Proc. Civil. Dispõe ele que "é sempre admissível a fixação, nos termos da lei civil, da sanção pecuniária compulsória que se mostre adequada a assegurar a efectividade da providência decretada". Esta nova modalidade de sanção pecuniária compulsória é, de certo modo, colocada em pé de igualdade (quanto à natureza) com a incriminação como desobediência qualificada prevista no art. 391º.

---

[26] Ao significado da determinação desta data referem-se Bento Soares – Moura Ramos, ob. cit., p. 390.

Dito isto, muito em síntese, tudo fez concluir que a *sanção pecuniária compulsória* justificará algumas das críticas deduzidas, com veemência, por Antunes Varela[27].

Não tem a sanção compulsória uma finalidade ressarcitória. Não é aferida pela extensão do dano causado pela falta de cumprimento pontual, e pode mesmo ser aplicada mesmo que não exista qualquer dano[28]. O que tem em vista é a autoridade dos tribunais. Pode não ser um acto de Justiça; é uma afirmação do *imperium* de que as decisões judiciais são dotadas. Está paredes meias com o anglo-americano *contempt of Court*. E, portanto, não pode ser substituida por caução.

Daí que Calvão da Silva conclua: "Nos termos da lei (art. 829º-A), a sanção pecuniária compulsória é judicial, só susceptível de ser pronunciada pelo tribunal. Consequentemente, afirmar a licitude e validade de uma cláusula fixando uma sanção pecuniária compulsória, com base na autonomia da vontade, *rectius*, da liberdade contratual, expressão daquela, é esquecer que esta só actua dentro dos limites da lei (art. 405º, 1, do Cód. Civil)"[29].

11. Em *França*, a doutrina e a jurisprudência hoje dominante propendem para a aplicabilidade pelos árbitros de uma *astreinte*. Assim Matthieu de Boisséson entende que ela não constitui um acto de *imperium*, "c'est à dire un acte faisant bénéficier la décision prononcée du dispositif de contrainte étatique"[30]. Charles Jarrosson

---

[27] Pires de Lima – Antunes Varela, CÓD. CIV. ANOTADO, II, 3ª ed., Coimbra Editora, 1986, *maxime* p. 107, e *Anotação* ao Ac. S.T.J. de 5.11.1983, na *REV. LEG. JURISPRUDÊNCIA*, 1988, 3772, *maxime* pp. 217-220. Até a circunstância de a lei (nº 3 do art. 829º-A do Cód. Civil) mandar reverter o montante da sanção compulsória em partes iguais para o Estado e para o credor revela a sua natureza *publicística*. Essa repartição, no parecer de Menezes Cordeiro, "acentua bem a sua natureza de pena derivada" (*Anotação* ao Ac. S.T.J. de 4.11.1998, na ROA, 1998, *maxime* p. 1229).

[28] Calvão da Silva, *Sanção pecuniária compulsória...* no B.M.J., 359 – Out. de 1986, *maxime* p. 69 e Pedro de Albuquerque, (…) *Providência cautelar. Sanção pecuniária compulsória e caução*, na ROA, 2005, p. 435 e segg., *maxime* p. 464. Sobre o caso específico do nº 4 do art. 829º-A cfr. sobretudo Antunes Varela, no CÓD. CIV. ANOTADO cit., id.

[29] em *Anotação* ao Ac. S.T.J. 3.11.1983, na ROA, 1987, *maxime* p. 149.

[30] ob. cit., p. 260. No mesmo sentido, Poudret – Besson (ob. cit., p. 494) que consideram que situando-se a *astreinte* na confluência da jurisdição e do *imperium*, a sua aplicabilidade possa ser controvertida. Assim também Luciana Laudisa, *Arbitrato internazionale e tutela cautelare*, Riv. dell'Arb., 2005, p. 455 e segg, *maxime* p. 467.

em 1987[31] ressaltava a falta de *imperium* do árbitro, que apenas possuía a *jurisdictio*. E restringia a faculdade de ele pronunciar uma *astreinte* "ao poder" que lhe advinha do art. 1460°, 3, do NCPC, ou seja o de poder impor a uma das partes que lhe facultasse algum elemento de prova que detivesse.

Em 1991 tinha mudado substancialmente de opinião (o que não é pecado capital e, ao invés, pode ser mostra de reflexão amadurecida) e entendia que ela era "une mesure de police juridique qui assure une meilleure efficacité à son (do árbitro) pouvoir juridictionnel". Releva daquilo que designou de *imperium mixtum*[32].

A *Cour d'Appel* de Paris, na linha de uma jurisprudência que se pode considerar dominante, entendeu, em 7.10.2004, que a aplicação de uma *astreinte* não ultrapassava a competência dos árbitros[33].

Certo é que, enquanto que na lei *sueca* de arbitragem de 1999 (art. 25°, 4) a possibilidade da *astreinte* arbitral está expressamente excluída, no Cód. Judiciário *belga* (VI parte, de 1972 o art. 1709° bis) e no Cód. Proc. Civil *holandês* (WBR) – art. 1056° - está, também expressamente, atribuida[34].

12. Que dizer, em conclusão, da aplicabilidade da sanção pecuniária compulsória pelo tribunal arbitral?

Desde logo, o regime português é diferente do francês.

Em *França*, se o juiz *judicial* não declarar o contrário, a *astreinte* considera-se *provisória*[35]. Em Portugal, a sanção compulsória, uma vez decretada, torna-se definitiva e não pode ser alterada, subsistindo até efectivo cumprimento[36].

---

[31] LA NOTION D'ARBITRAGE, LGDJ, 1987, p. 104.

[32] em *Réflexions sur l'imperium*, em ÉTUDES PIERRE BELLET, Litec, 1991, pp. 271-274.

[33] *Rev. Arb.*, 2005, p. 737 e segg., com anotação não muito entusiasta de Emmanuel Jeuland. Thomas Clay, L'ARBITRE cit., p. 192, de igual não é muito afoito quanto à admissibilidade da *astreinte* arbitral.

[34] O mesmo acontecendo na lei boliviana de 1997 (art. 57°, 2).

[35] Art. 6° da Lei de 5.7.1972, aqui não alterada no art. 34°, 2, da Lei de 9.7.1991. Cfr. Almedina, 2001, p. 999 e segg.

[36] Cfr. Pedro de Albuquerque, est. cit., p. 465, que remete para um Parecer elaborado por Menezes Cordeiro e por ele próprio.

Em *França* o montante da *astreinte* aproveita apenas *ao credor*. Em Portugal, esse montante reverte, em partes iguais, para o credor *e para o Estado*[37].

Acresce que nos termos do actual 384º, 2, do CPC passou a ser "sempre admissível a fixação, nos termos da lei civil, da sanção pecuniária compulsória que se mostre adequada a assegurar a efectividade da providência (cautelar) decretada"[38]

Desta inovação resulta ainda com maior concludência a similitude da sanção compulsória com o *contempt of Court*.

Está-se aqui, com mais nítida evidência, perante um acto de *imperium*, de força (coerciva), com tutela *penal* (art. 391º), igualmente oriunda da reforma de 1995.

Trata-se, na realidade, de uma subversão da *ideia* (mesmo essa discutível) que deu vida ao art. 829º-A.

13. Por tudo isto é de concluir que a sanção pecuniária compulsória não pode ser aplicada pelo tribunal arbitral, porque completamente inadaptável à sua natureza e compleição.

---

[37] "Solução esta verdadeiramente estranha e *deplorável*", na expressão de Antunes Varela (CÓD. CIVIL ANOT. cit., p. 107), que faz ainda mais avizinhá-la ao *contempt of Court* do direito inglês, como atrás já referimos.

[38] Introduzido pelo Dec.-Lei 329-A/95, de 12 de Dezembro. V. o que sobre esta *inovação* pondera, acertadamente, Pedro de Albuquerque, que, como diz, segue de perto o *Parecer* de Menezes Cordeiro e dele próprio. As consequências sintetizadas no cit., est. publicado na ROA são paradigmáticas e... preocupantes (pp. 482-483).

EQUIDADE, COMPOSIÇÃO AMIGÁVEL. LEX MERCATORIA*

O Artigo 35º Lav

1. Não continha a Proposta de Lei 34/IV o preceito que agora consta do art. 35º da Lei 31/86 (doravante LAV).

No capítulo respeitante à arbitragem *internacional*, a Assembleia da República (A.R.) – no âmbito da sua natural competência legislativa – introduziu dois novos preceitos: o art. 34º e esse art. 35º.

Pelo art. 34º em arbitragem internacional a decisão do tribunal não é recorrível, salvo se as partes tiverem acordado na possibilidade de recurso e regulado os seus termos.

Por seu turno, o art. 35º passou a dispor:

"Se as partes lhe tiverem confiado essa função, o tribunal poderá decidir o litígio por apelo à composição das partes na base do equilíbrio dos interesses em jogo".

No sistema da LAV podem os árbitros decidir segundo a *equidade* se para tal forem autorizados pelas partes "na convenção de arbitragem ou em documento subscrito até à aceitação do primeiro árbitro". Ou seja, tal autorização terá que ser *expressa*[1].

Isto quer na arbitragem *interna* (art. 22º), quer na *internacional* (art. 33º, 1).

Mas, uma vez que assim é, qual o critério de diferenciação existente entre a *equidade* e a *composição amigável*, que coabitam na arbitragem internacional?

---

* R.O.A, 2006, pp. 5-21. Fazem-se agora algumas alterações pontuais.

[1] Assim também, por ex., no direito alemão (§1051, 3, ZPO) e no direito espanhol (art. 34º, 1, da Lei 60/2003).

2. Isabel de Magalhães Collaço, que foi a determinante autora material da Proposta de Lei 34/IV, considera que esta e a LAV não se confundem.

E parece admitir que, com a inclusão dos arts. 34º e 35º e a criação (meramente formal) de um capítulo afectado à arbitragem internacional, poderá ter-se aberto a porta à remissão para a *lex mercatoria*. Só que do contexto do seu estudo[2] essa remissão decorreria do art. 33º, 1.

Não adviria, pois, do art. 35º, nem sequer da opção pelo julgamento de equidade (parte final do art. 33º, 1) mas da escolha do *direito* aplicável.

Certo é que esse preceito fala em *direito* e não em *regras de direito*. Mas não será de excluir que do preceito seja feita uma interpretação *objectiva* que abra as portas à *lex mercatoria*, "na medida em que ela contenha regras de direito"[3]. Esclarece, entretanto, Magalhães Collaço: "Esta posição não implica o reconhecimento (...) da *lex mercatoria* como uma ordem jurídica autónoma".

3. Por seu turno, Ferrer Correia, num texto sobre o *Direito aplicável pelo árbitro internacional ao fundo da causa* apenas *en passant* se refere à *composição amigável*.

E diz que, ao lado da arbitragem *ex aequo et bono*, a LAV admite, como instituto *autónomo*, a *composição amigável*. Mas não toma posição pessoal sobre o mérito de tal critério.

Toma, sim, posição, embora sumária, sobre a *equidade*:

"Quando as partes remetam os árbitros para o domínio da equidade, tem-se entendido (assim, Pierre Lalive) que elas não se limitam a autorizá-

---

[2] *L'arbitrage international dans la récente loi portugaise sur l'arbitrage volontaire*..., ed. da Fundação Calouste Gulbenkian, Centro Cultural de Paris, 1991, pp. 55-66. Referindo-se (p. 61) à *composição amigável*, colocada pela A.R. a par da *equidade* (decisão *ex aequo et bono*) diz Isabel de Magalhães Collaço: "Não se afigura fácil traçar a fronteira entre os dois institutos nem caracterizar as particularidades do regime de cada um deles: limitamo-nos a assinalar o problema, que não pretendemos resolver".

[3] A nosso ver, cotejando o art. 33º, 1, LAV com o art. 22º (este aplicável à arbitragem interna), mostra-se, que, no art. 33º, o legislador (e este foi a A.R.) diz que as partes podem escolher o *direito* a aplicar pelos árbitros, enquanto que no art. 22 se manda que "árbitros (julguem) segundo o direito *constituído*". Ora parece óbvio que o *direito* será um conceito mais amplo do que "direito constituído", este equivalente a direito *legislado*.

los a procurarem a justiça do caso concreto à luz de critérios extra-jurídicos, mas querem impor-lhes a obrigação de, quando eventualmente recorram a princípios jurídicos, verificar se estes princípios asseguram uma solução conforme à equidade"[4].

4. Viu-se que a Prof. Magalhães Collaço não demarcou concretamente a linha divisória entre *equidade* e *composição amigável*.

Foi Paula Costa e Silva[5] quem, com afoiteza, entendeu que a LAV "de forma verdadeiramente incompreensível" adoptou, na arbitragem internacional, a dualidade *equidade – composição amigável*.

Equidade e Composição Amigável

5. O próprio conceito de *equidade* é extremamente movediço. Entende Lima Pinheiro[6] que ela deve ser considerada numa acepção *forte*. Não sendo "uma decisão arbitrária ou à margem das concepções jurídicas gerais", permite ao árbitro "apreciar com considerável margem de liberdade todos os argumentos jurídicos ou extra-jurídicos que tenham um mínimo de relevância social objectiva".

E acrescenta: A LAV reporta-se claramente a uma *acepção forte* da equidade, uma vez que contrapõe o julgamento segundo a equidade ao julgamento segundo o Direito constituído (cfr. arts. 22º e 33º, 1)[7].

---

[4] No *Bol. Fac. Dir.* (Coimbra) vol. LXXVII, 2001, pp. 1-11, *maxime* p. 3. Adiante fará uma breve referência à *lex mercatoria*, sensivelmente no mesmo sentido da Prof. Magalhães Collaço.

[5] *Anulação e recursos da decisão arbitral*, na R.O.A., 1992 pp. 893 e segg, *maxime* p. 939. Não é de excluir, completamos nós, que a A.R. tenha concluído assim sem uma prévia análise aprofundada da questão e sem ter bem presentes os seus fundamentos e consequências. Num intento de encontrar uma justificação possível para a dualidade aventa Paula Costa e Silva a hipótese de a composição amigável implicar "a concessão aos árbitros de poderes para que forcem as partes a uma transacção" (ob. cit., p. 940). Lopes dos Reis considera que a *composição amigável* do art. 35º se distingue da equidade "e parece corresponder mais ao poder do *amicabilis compositor* da Idade Média do que à *amiable composition* do direito francês" (REPRESENTAÇÃO FORENSE E ARBITRAGEM, Coimbra Editora, 2001, p. 93).

[6] ARBITRAGEM TRANSNACIONAL..., Almedina, 2005, p. 160 e segg.

[7] O argumento não parece ter uma eficácia decisiva, pois, no sistema *italiano*, no qual Lima Pinheiro entende prevalecer uma acepção "fraca", a pronúncia dos árbitros "secondo equità" contrapõe-se à decisão "secondo le norme di diritto" (art. 822º C.P.C.).

Admite, porém, que na *composição amigável* releva uma acepção *fraca* de equidade, "em que o árbitro deve partir do Direito constituído, mas pode moderar os efeitos da aplicação deste Direito em função das circunstâncias do caso concreto"[8].

O que será de excluir é que ao atribuir-se ao arbitro a missão de actuar como compositor amigável se esteja com isso a conferir-lhe *especificamente* a missão de promover a composição das partes.

É que, na realidade, a justiça arbitral deve (mais talvez que a estadual) constituir, enquanto fôr possível, uma dignificada *tecnologia* de harmonização de conflitos[9].

---

[8] ob. cit., p. 164.

[9] Dizíamos em 1984: "(...) a meta de uma justiça *judicial* expedita não comportará soluções miraculosas. E daí o equacionar-se, com crescente actualidade, a problemática da *arbitragem* e a dos mecanismos de *conciliação*". Reflectimos então, com algum detalhe, sobre a difusão da arbitragem e dos meios alternativos da justiça judicial. (Mário Raposo, NOTA SUMÁRIA SOBRE O ART. 20º DA CONSTITUIÇÃO, na R.O.A., 1984, pp. 523-543). Cfr. ainda a nossa comunicação no 1º Simpósio Internacional de Processo Civil e de Organização Judiciária (Lisboa, 1983), publicada em 1986 pelo Centro de Publicações do Ministério da Justiça (ACESSO Á JUSTIÇA. OS MEIOS NÃO JUDICIAIS). A ideia de que a arbitragem está ao serviço da *paz social*, foi insistentemente defendida por René David (cfr. Thomas Clay, L'ARBITRE, ed. Dalloz, 2001, pp. 223-224). As relações entre a arbitragem e a conciliação são estreitas. A missão de qualquer árbitro é a de procurar harmonizar as partes (Fouchard – Gaillard – Goldman, TRAITÉ DE L'ARBITRAGE COMMERCIAL INTERNATIONAL, ed. Litec, 1996, p. 17). Expressão desta tendência (e necessidade) é a expansão das ADR (*Alternative Dispute Resolutions*). Cfr. , por ex., Carmine Punzi, *Relazioni fra l'arbitrato e le altre forme non giurisdizionali di soluzione delle liti*, na *Rivista. dell' Arbitrato* ("Riv. dell'Arb.") , 2003, pp. 385-410. Trata-se de uma síntese do Relatório Geral do autor no *XII Congresso Mundial de Direito Processual* (México, Set. 2003). Portugal esteve representado no Congresso pelo Prof. José Lebre de Freitas. Cfr. sobre a experiência italiana, Giuliana Romualdi, *La conciliazione amministrata: esperienze e tendenze in Itália*, na mesma revista, 2005, pp. 401-429. A diferenciação conceitual entre a *mediação* e a *conciliação* é essencialmente formal. Substancialmente, ambas visam o mesmo objectivo. É de aventar, no entanto, que a *mediação* constitua um procedimento mais *convencional*, mais *administrado*. Mas o que pretende o *mediador*? *Conciliar* as partes, como é óbvio. Parece significativo transcrever o que Fouchard escreveu sobre *mediação* e *conciliação*. "A mediação é o mecanismo-tipo do "règlement-amiable". Renunciaremos a distingui-la da conciliação, mesmo tendo em conta que alguns sugerem, sem insistir, em ver na mediação uma modalidade da conciliação, uma aplicação de um método amigável mais geral e outros uma conciliação com a intervenção necessária de um terceiro, e de um terceiro mais activo do que um simples conciliador. Em qualquer dos casos, as partes convêm em negociar uma solução amigável ("règlement amiable") com a assistência de um terceiro". (*Arbitrage et modes alternatifs de reglement*

Com vista a atribuir um sentido útil ao preceito, propende Lima Pinheiro para considerar que *composição amigável* corresponde a uma acepção *fraca* de *equidade*.

6. Em nosso entender, a *função* do conceito de *equidade* circunscreve-se a ela própria, sem necessidade de fazer apelo ao "instituto" da *composição amigável*. Este mais não terá sido do que um voluntarismo legiferante da A.R., sendo dispensáveis grandes esforços exegéticos para o "salvar", já que ele foi quase que um *nado-morto*.

A dualidade de acepções de ponta em que pode ser encarada a equidade está referida, por ex., por Menezes Cordeiro[10].

"Uma noção fraca, que partindo da lei positiva, permitiria corrigir injustiças ocasionadas pela natureza rígida das normas abstractas, aquando da aplicação concreta;

Uma noção forte, que prescinde do direito positivo e procura, para os problemas, soluções baseadas na denominada justiça do caso concreto"[11].

---

des litiges du commerce international em MÉLANGES PHILIPPE KAHN, *Souveraineté étatique et marches internationaux à la fin du 20 ème siècle*, ed. Litec, 2000, pp. 95 e segg., *maxime* p. 109) A problemática global das ADR, nesta e noutras modalidades, incluindo o tão controvertido *mini-trial*, será por nós tratada noutro estudo. Desde já, entretanto, podemos adiantar que em Direito Marítimo vai subindo de frequência a utilização das ADR, como já em fins de 2004 dava conta Jean-Serge Rohart, presidente do *Comité Maritime International* (*L'ADR: une alternative à l'arbitrage de la CAMP* ?, na *Gazette de la Chambre*, Out. de 2004, pp. 3-8). A CAMP (que é a sigla da Câmara Arbitral Marítima de Paris) dispõe, no entanto, de mecanismos *arbitrais* mais simples e menos onerosos do que os usados em Londres (designadamente na *London Maritime Arbitrator's Association*).

[10] Na *anotação* ao Acórdão do Tribunal Arbitral de 31.3.1993 (R.O.A., 1995, pp. 87-122). Diz-se nesse Acórdão: "(…) a Convenção de Arbitragem cometeu ao Tribunal o encargo de julgar este litígio segundo a equidade. Julgar conforme a equidade não significa, para o Tribunal, rejeitar o Direito positivo, muito menos decidir arbitrariamente: quer tão-somente dizer que ele deve ultrapassar os critérios abstractos e formais fornecidos pela norma positiva e encontrar a solução mais justa, mais razoável, mais proporcional e mais equilibrada para os interesses em disputa, extraindo todas as potencialidades do juízo *ex aequo et bono* (…)" – P. 100.

[11] est. cit., 156. Sintetiza depois o autor que "a equidade é, pois, *uma decisão tomada à luz do Direito e de acordo com as directrizes jurídicas dimanadas pelas normas positivas estritas*" (p. 161). Sensivelmente neste sentido cfr. Dário Moura Vicente, em DIREITO INTERNACIONAL PRIVADO. ENSAIOS, I. 2002, *maxime* p. 343, *in fine*.

Direito Comparado

7. A Convenção Europeia sobre a Arbitragem Comercial Internacional de 1961 e a *Lei-Modelo* da CNUDCI admitem a utilização das duas *designações*, assumindo claramente uma posição neutral.

No direito *italiano* (art. 822º do CPCI) é ponto quase assente que os árbitros não poderão perder de vista as regras gerais do direito constituído. Este provem de uma "minuziosa esperienza plurisecolare" de busca de soluções de equilíbrio, de um justo balancear de interesses contrapostos. É, portanto, difícil encontrar uma hipótese cuja solução segundo o direito seja por completo iníqua[12].

De qualquer modo os árbitros estarão sempre adstritos à observância das normas de ordem pública e as normas imperativas. Se o não fizerem a decisão será *anulável*[13]. Mas ficarão desvinculados de "uma *rigorosa* observância das normas de direito (legislado). Poderão, por ex., fixar juros de taxa superior à legal, aplicando critérios de equidade "substantiva".

O que devem é justificar e actuar segundo uma *regra*, dando dela conhecimento às partes *logo que possível* para evitar que elas participem no processo *às cegas* ("alla cieca"), sem possibilidade de

---

[12] Sergio La China, L'ARBITRATO..., 2ª ed., ed. Giuffrè, 2004, p. 159. Em sentido menos peremptório outros entendem apenas que os *valores* subjacentes à equidade deverão coincidir com os da ordem jurídica, não sendo, pois, figurável uma equidade "cerebrina". Assim já pensava Francesco Galgano (*L'equità degli arbitro*, na Riv. Trimestrale di Dir. e Procedura Civile, 1991, p. 409).

[13] Nicola Rascio, em DIRITTO DELL'ARBITRATO RITUALE, coordenado por Giovanni Verde, 2ª ed., G. Giappichelli, Turim, 2000, p. 279. Cfr. também Francesco Paolo Luiso, *L'impugnazione del lodo equitativo per violazione di norme inderogabili*, na Riv. dell'Arb., 1994, p. 500, e *L'impugnazione del lodo equitativo*, na mesma Riv., 2002, p. 449. O art. 822º CPCI não foi substancialmente alterado na reforma de 2006 (D.L. 40). Dispunha que "os árbitros decidem segundo as normas de direito (*le norme di diritto*), salvo se as partes os tiverem autorizado com quaisquer expressões (*com qualsiasi espressione*) a pronunciar-se segundo a equidade". Pela redacção de 2006 as partes não *autorizam* os árbitros a julgar segundo a equidade. *Estabelecem* que eles julguem segundo a equidade. A crítica de Fazzalari (em Briguglio - Fazzalari – Marengo. LA NUOVA DISCIPLINA DELL'ARBITRATO, ed. Giuffrè, 1994, p. 155) no sentido de que a fórmula "qualsiasi espressione" dá lugar (já dava anteriormente a 1994) a "dúvidas e controvérsias interpretativas" não foi tomada em conta pelo legislador.

intervenção útil, principalmente no tocante à defesa e à actividade instrutória[14].

Num acórdão arbitral de 2004 faz-se uma síntese do prevalente sistema italiano[15]. A equidade consiste na determinação de regras não necessariamente coincidentes com o direito positivo mas que se dirijam a uma melhor aplicação dos princípios da boa fé, bons costumes, racionalidade e eficácia do direito.

Em Itália nada impede que as partes, no âmbito da liberdade contratual de que dispõem, atribuam aos árbitros a missão de actuar como compositores amigáveis (*amichevoli compositori*). Só que a caracterização dessa figura por assim dizer *atípica* é difícil de precisar conceitualmente[16]. Depende, caso a caso, do que foi estabelecido na convenção de arbitragem.

8. No direito *suíço* – quer na *Concordata* de 1969 (arbitragem interna), quer na *Lei Federal* de 1987 sobre o D.I.P. (arbitragem internacional) fala-se apenas em equidade (art. 31º, 3, da *Concordata* e art. 187º, 2, da *Lei Federal*).

Reportando-se à arbitragem *interna* (a regida pela *Concordata*), Jean-François Poudret refere que embora muitas vezes se faça equivaler a equidade à composição amigável tal não acontece. Da equidade resultam poderes mais amplos para o árbitro[17]. Com maior prudência comenta Pierre Lalive o art. 187º da *Lei Federal*.

---

[14] Nicola Rascio, *ob. cit*, p. 281. Entende-se também que nada impede que os árbitros, se concluírem que uma norma de direito estrito coincide, em dado caso com a equidade, a apliquem. O que terão é que justificar no processo essa coincidência (Luiso, est. cit, p. 459).

[15] Na *Riv. dell'Arb.*, 2005, pp. 341, com anotação de Leo Piccininni.

[16] Cfr., sobretudo, a anotação de Valentina Bertoldi ao acórdão da *Corte d'Appello* de Milão (*Riv. dell'Arb.*, 2005, pp. 92 – 107). Dir-se-á, incidentalmente, que na lei *espanhola* (Lei 60/2003, de 23.12) apenas se prevê a alternativa arbitragem *de direito* – arbitragem *de equidade*. No entanto, como se mostra da *Exposição de Motivos*, a arbitragem de *equidade* pode ser escolhida com a designação de arbitragem *ex aequo et bono*, de *consciência* ou de *composição amigável*, o que nada tira ou acrescenta à qualificação como *equidade*.

[17] Cfr. Lalive – Poudret – Reymond, LE DROIT DE L'ARBITRAGE INTERNE ET INTERNATIONAL EN SUISSE, 1989, ed. Payot, Lausana, pp. 172 e 400. Coube a Poudret redigir na obra comum o capítulo respeitante à arbitragem interna (art. 31º, 3, Concordata) e a Lalive a parte que abrange o art. 187º da Lei Federal. Isto é expressamente assinalado no livro.

E acautela:

> "A noção de equidade, o seu conteúdo e limites, são e serão sempre controvertidos. É idêntica à de composição amigável, uma outra instituição envolvida em mistério".

A *equidade* será para Lalive uma realidade diversa da *composição amigável* do direito francês, que, em geral, permite somente ao árbitro, aplicando o direito, *moderar* os efeitos dessa aplicação.

9.1. Por assim dizer, a "pátria" da *composição amigável* é a *França*, pelo menos como *nomen juris*.

A *lei*, aí, não se refere à equidade. Mas a doutrina e a jurisprudência têm-na como necessária referência conceitual.

Diz o art. 1474º do Cod. Proc. Civil de 1980-81 (NCPC) para a arbitragem interna:

> "L'arbitre tranche le litige conformément aux règles de droit, à moins que, dans la convention d'arbitrage, les parties ne lui aient conféré mission de statuer comme amiable compositeur".

Dispõe, por seu turno, o art. 1497º (arbitragem *internacional*):

> "L' arbitre statue comme amiable compositeur si la convention des parties lui a conféré cette mission".

9.2. Entretanto, não existindo qualquer caracterização legal sobre o conceito de *amiable composition*, não se encontra em França uma opinião concordante sobre esse conceito.

> "Numerosas controvérsias persistem, em França e no estrangeiro, sobre o sentido exacto de composição amigável e sobre a necessidade de a distinguir das noções de equidade e do poder atribuído aos árbitros para decidir *ex aequo et bono*"[18].

---

[18] Fouchard – Gaillard – Goldman, TRAITÉ cit., p. 848, que referem ainda que não é raro que as partes "combinem" a cláusula de *amiable composition* com a escolha de um sistema legal. "Se as partes apenas convencionarem uma cláusula de *amiable composition* sem nada precisarem, os árbitros não ficarão de modo algum adstritos a aplicar um sistema legal ou regras transnacionais" (p.850).

9.3. Numa perspectiva diferente, para René David a composição amigável "não é o julgamento de pura equidade (...); o *amiable compositeur* considerará como seu dever, de modo geral, decidir segundo o direito, apenas usando dos seus poderes de equidade com circunspecção (...). Trata-se de uma faculdade que lhe é conferida"[19].

Face aos diversos critérios que têm sido propostos para alicerçar o conceito, o seu fundamento e os seus contornos não são fixáveis com nitidez[20].

Bredin, por ex., entendia em 1984 que a composição amigável é "um albergue espanhol onde se encaixa, como regra, aquilo que nele se pretende encontrar"[21]. E de algum modo dando mostra desta fluidez conceitual anos depois, ao caracterizar a *lex mercatoria*, conclui que ela é "a *equidade* específica do comércio internacional, que o compositor amigável deverá aplicar"[22].

Os conceitos, aqui, são um campo de imaginação. Eric Loquin sustentava, já em 1980, que "a missão do compositor amigável não será a de deduzir a solução do litígio de aplicação das regras de direito (...) mas a de restabelecer a harmonia nas relações comerciais"[23].

10. Temos, pois, que os eventuais traços distintivos, designadamente em França (onde a *equidade* assume o *nomen* de *composição amigável*) são meramente convencionais e flutuantes[24].

---

[19] L'ARBITRAGE DANS LE COMMERCE INTERNATIONAL, ed. Economica, 1982, p.446. Diz também René David que a *amiable composition* não constitui de modo algum, uma renúncia ao direito. " Menos ainda cai no domínio do *não – direito*". Aspira a ser um direito superior aos direitos constituídos, "parce que plus soucieux d'équité" (pp. 464-465).

[20] Eric Loquin, *Pouvoirs et devoirs de l'amiable compositeur*, na *Revue de l'Arbitrage* (Rev. Arb.), 1985, pp. 197 e segg., *maxime* p. 222.

[21] *L'amiable compositeur et le contrat*, na *Rev. Arb.*, 1984, p. 260.

[22] *A la recherche de l'aequitas mercatoria...*, em MÉLANGES EN L'HONNEUR DE YVON LOUSSOUARN, ed. Dalloz, 1994, p.115.

[23] L'AMIABLE COMPOSITION EN DROIT COMPARÉ ET INTERNATIONAL..., ed. Litec, 1980, p. 341. Explicitara, entretanto, que somente o compositor amigável pode recorrer à equidade, a fim de tornar aplicável esse *direito* em gestação que era a *lex mercatoria* (ob. cit., p. 334).

[24] Repare-se, por ex., que Pierre Mayer considera que na composição amigável o arbitro pode decidir sem o suporte de quaisquer normas de direito legislado, tendo poderes "para escolher por guia a regra moral, e a proceder à sua aplicação directa" (*La règle morale*

11. No tocante à LAV a razão estará, pois, com Paula Costa e Silva quando tem como "incompreensível" a inclusão, pela A.R., da figura (instituto?) da composição amigável[25].

12. Noutro lado não se vê como as alterações feitas pela A.R. à Proposta de Lei a alteraram drasticamente, como de algum modo entrevê Isabel Magalhães Collaço[26].

Os reparos deduzidos contra a LAV radicam, essencialmente, na sua *desactualização* em alguns aspectos.

O mesmo aconteceu, aliás, em relação à lei *espanhola* de 1988, substituída em 2003, e em relação à lei *inglesa* de 1979, que cedeu o lugar à de 1996. Muitas das principais leis europeias (e não só) são posteriores a 1990 e, em maior ou menor medida, tiveram em conta a *Lei-Modelo* (1985). Assim, e sobretudo as da *Alemanha* (1997) e da *Finlândia* (1992). Mas, embora mais "independentes", as da *Itália* (1994), *Irlanda* (1998), *Grécia* (1999) e *Suécia* (1999). Curiosamente o Decreto - Lei 55/98/M, de 23 de Novembro, que criou para

---

dans *l'arbitrage international*, em ÉTUDES OFFERTES À PIERRE BELLET, ed. Litec, 1991, p. 388). É curioso referir que na nova lei de arbitragem de Madagascar (Lei 98-019, de 15.12.1998), integrada no Cód. Proc. Civil, dispõe-se (art. 449°): "L'arbitre tranche le litige conformément aux règles de droit, a moins que, dans la convention d'arbitrage, les parties ne lui aient conféré mission de statuer en amiable compositeur, *c'est-à-dire selon les règles de l'equité*" (cfr. o texto completo da lei na Rev. Arb., 2003, pp. 555-583). O direito de Madagascar é determinantemente influenciado pelo francês. Daí que a frase final do preceito tenha quase que um valor *interpretativo*, no sentido da equivalência dos dois conceitos.

[25] Como dissemos, é visível que Lima Pinheiro apenas para "atribuir um sentido útil" ao art. 35° nela admite ver uma acepção "fraca" de equidade (ob. cit. p. 165).

[26] Est. cit., p. 62, *in fine*. Meritória, foi, sim, a inclusão do actual art. 34° cujo regime deveria valer, aliás, para os dois tipos de arbitragem: interna e internacional. Isto, claro está mantendo-se a irrenunciabilidade do direito a requerer a *anulação*. Diga-se, entretanto, que Philippe Fouchard propôs a supressão da acção de anulação das sentenças *internacionais*. E interrogava: "pourquoi annuler une sentence elle n'a pas à être exécutée dans ce pays ?" (cfr. *La portée internationale de l'annulation de la sentence arbitrale dans son pays d'origine* ?, na Rev. Arb., 1997, pp. 351 – 352). A ideia de Fouchard não parece, no entanto, exequível. Fouchard, reconhecendo as previsíveis dificuldades, sugeriu a criação de um Tribunal Internacional a cargo do qual ficasse o controle das sentenças arbitrais internacionais (*Suggestions pour accroître l'efficacité internationale des sentences arbitrales*, na Rev. Arb., 1998, pp. 653 e segg.). Mas o próprio Fouchard admitiu a impraticabilidade, a prazo avistável, do projecto.

Macau um regime específico para a arbitragem comercial *externa* "corresponde quase integralmente à *Lei-Modelo*" (como se assinala no preâmbulo). É, porém, excessivo dizer (como já foi dito) que constitui a única versão *oficial* da *Lei-Modelo* em língua portuguesa. *Oficial*, porquê ? Trata-se de qualquer modo, de um texto bem elaborado e de uma excelente tradução[27].

Lex Mercatoria

13. Com as vozes dissonantes ou reticentes que persistem[28] não resta dúvida que *lex mercatoria*, pelo menos com carácter subsidiário ou complementar, vai ganhando presença pelo menos doutrinal.

---

[27] A lei *inglesa* de 1979 fora já precedida pela de 1950. O *Arbitration Act* 1996, como os anteriores, é apenas aplicável à Inglaterra, País de Gales e Irlanda do Norte. A Escócia tem um sistema jurídico próprio e, significativamente, adoptou de perto a *Lei-Modelo*. Aliás, a lei *inglesa* (que não é, portanto, a da Grã-Bretanha) foi essencialmente intencionalizada a aproximar o mais possível o direito inglês em matéria de arbitragem do resultante da *Lei-Modelo* (cfr. Lord Mustill, *Vers une nouvelle loi anglaise sur l'arbitrage*, na *Rev. Arb.*, 1991, p. 383). A lei espanhola de 1988 fora, por sua vez, precedida pela de 1953. Entretanto, muito recentemente, a lei *italiana* de 1994 foi quase na totalidade alterada em Fevereiro de 2006 (alterações ao CPCI introduzidas pelo Dec. Leg. nº 40, de 2.2.06, publicado na *Gazzetta Ufficiale* nº 38, de 15 do mesmo mês). Foram revogados todos os preceitos respeitantes à arbitragem *internacional*, que assim se passa a reger pelas disposições aplicáveis à arbitragem *interna*. À arbitragem *institucionalizada* passou a aplicar-se o disposto no modificado art. 832º: o estabelecido na convenção de arbitragem passa a sobrepor-se ao regulamento arbitral, mesmo quando para ele remeta. Isto como exemplo. Mas poderá dizer-se que há um *novo* direito italiano da arbitragem.

[28] Referidas, designadamente, por Poudret – Besson, DROIT COMPARÉ DE L'ARBITRAGE INTERNATIONAL, ed. Bruylant – L.G.D.J. – Schulthess, Bruxelas, 2002, p. 631 e segg.. Por exemplo, Lord Mustill fala da *pobreza* do seu conteúdo, quase circunscrito aos princípios gerais de direito, que para ele serão como que uma *micro lex mercatoria*. (em *The new lex mercatoria: the first twenty – five years*, em LIBER AMICORUM LORD WILBERFORCE, Oxford, Clarendon Press, 1987, pp.149 – 182). O confronto entre os nº 1, a, e 1, b do art. 46º do *Arbitration Act* mostra com nitidez a sua relutância em considerar a *lex mercatoria* como fazendo parte da ordem jurídica estadual. Esta está prevista na alínea a) desse nº 1 (*direito aplicável*) e a *lex mercatoria* é relegada para a alínea b), que se refere a *outras normas* que as partes tenham escolhido, ou sejam as inseridas no âmbito da *equidade*, desde então reconhecida no direito inglês (V.V. Veeder, *La nouvelle loi anglaise sur l'arbitrage de 1996...*, na *Rev. Arb.*, 1997, *maxime* p. 16 e Claude Reymond, *L'Arbitration Act 1996...*, na cit. *Rev*, *maxime* p. 63).

Em *França*, com o suporte do art. 1496º do NCPC – que dispõe que o árbitro decide em conformidade com as *regras de direito* que as partes tenham escolhido e que, na falta dessa escolha, o arbitro decide em conformidade com as regras que julgue apropriadas, tomando em conta, em qualquer dos casos, os usos do comércio - foi admitido por alguma jurisprudência o recurso à *lex mercatoria*. O art. 17º, 1 e 2, do Regulamento CCI (1998) robusteceria esse entendimento[29].

Na *Suíça*, face ao art. 187º da lei federal de 1987 sobre o DIP propende a doutrina para a invocabilidade da *lex mercatoria*[30].

E em *Itália*, o art. 834º, do CPC, ao referir-se a *norme* e não a *legge* e ao aludir aos "usi di commercio" poderia servir de esteio a uma certa *lex mercatoria* [31]o mesmo acontecendo com a lei *espanhola* de 2003 (arts. 17º, 1 e 2)[32].

14. Berthold Goldman – o mais representativo "propulsor" da *lex mercatoria* – quando iniciaticamente a propôs assimilou-a à *equidade*.

"É legítimo admitir que a referência à equidade (…) deve conduzir o árbitro, compositor amigável, a ter em conta os princípios gerais do direito e as práticas do comércio internacional. Assim encarada, a cláusula de composição amigável pode ser entendida como designando implicitamente a lex mercatoria"[33].

Seja como fôr temos como contestável que a *lex mercatoria* constitua hoje uma ordem jurídica *autónoma*.

---

[29] A nosso ver pelo simples facto de reproduzir, quase na íntegra, aquele art. 1496º. O mesmo aconteceu com o art. 1054º, 2, do C.P.C. holandês (WBR) de 1986, que também diz mais ou menos a mesma coisa. E a própria exposição de motivos do regime holandês esclarece que as regras de direito não são necessariamente estaduais, podendo ser as da *lex mercatoria* (Poudret – Besson, ob. cit., pp. 640-641).

[30] Lalive – Poudret – Reymond, ob. cit., pp. 399-403.

[31] Roberto Marengo, em Briguglio – Fazzalari – Marengo, LA NUOVA DISCIPLINA DELL'ARBITRATO, cit. p. 243. Entretanto, como atrás foi dito, o art. 834º do CPCI foi revogado pelo D.L. nº 40, de 2.2.06.

[32] Frederic Munné Catarina, EL ARBITRAJE EN LA LEY 60/2003, ed. Experiencia, 2004, p. 198.

[33] *Lex mercatoria dans les contrats et l'arbitrage international: réalité et perspectives*, no *Journal du Droit International* (Clunet), 1979, p. 481. É evidente que Goldman usa como sinónimas a *equidade* e a *composição amigável*.

Realmente, ela não é "formada por um conjunto completo, preciso e exaustivo de regras e princípios"[34].

Existem alguns *princípios transnacionais de direito*, comuns à comunidade jurídica em geral, e *usos do comércio* tendencialmente característicos de ramos de actividade específicos[35].

15. Goldman viu na *lex mercatoria* um *direito espontâneo*, surgido à revelia dos direitos estaduais. Só que hoje já não se pensará assim. Essa *espontaneidade* inicial não seria apta a criar um direito que a partir de si próprio ganhasse aplicabilidade. Como diz Eric Loquin[36] a nova *lex mercatoria* vai absorvendo normas provindas de fontes convencionais. A *lex mercatoria* "é menos uma *lista* de regras que uma *selecção* de regras"[37]. E muitas dessas regras provêm de *outras* fontes que o mero *direito espontâneo* gerado pelos operadores de comércio internacional.

Há por certo, em determinadas áreas do comércio internacional, um direito material unificado, que não será já um direito espontâneo.

---

[34] Cfr. neste sentido, Maria Helena Brito, DIREITO DO COMÉRCIO INTERNACIONAL, ed. Almedina, 2004, p. 198.

[35] Sobre a distinção entre os *princípios gerais do direito* e os *usos do comércio internacional* cfr., Emmanuel Gaillard, *La distinction des príncipes généraux du droit et des usages du commerce international*, em ÉTUDES PIERRE BELLET, cit., pp. 203 e segg. Os "princípios gerais" serão as regras retiradas das várias ordens *jurídicas* nacionais e das fontes *jurídicas* internacionais. Os "usos" serão *práticas* contratuais habitualmente seguidas num certo ramo de comércio. Mas nem sempre as duas "fontes" serão por completo estanques. Uma área em que os *usos do comércio* assumem um fundamental relevo é a do comércio marítimo (cfr. François Arradon, *Arbitrage international à Paris...* em *Le Droit Maritime Français*, 2004, pp. 231 e segg., *maxime* p. 236). Para a generalidade dos autores a arbitragem *marítima* é a raiz histórica de uma certa *lex mercatoria* (Fabrizio Marrella, *Unità e diversità dell'arbitrato internazionale: l'arbitrato marittimo*, em *Il Diritto Marittimo*, 2005, pp. 787 e segg). Essa realidade fora, de resto, já evidenciada por Gondra Romero em 1973 (*La moderna lex mercatoria*, na *Revista de Derecho Mercantil*, nº 127, p. 8 e segg.). Cfr. ainda, além de outros, Eliseo Sierra Noguero, *El contrato de fletamento por viaje*, (ed. Real Colégio de España, Bolonha, 2002, p. 55): "en cuanto a sua naturaleza jurídica, las pólizas-tipo (cartas partidas) son una manifestación de la *lex mercatoria*". O mesmo acontece, por ex., com as *Voyage Charter – Party Laytime Interpretation Rules 1993*.

[36] *Où en est la lex mercatoria ?*, em MÉLANGES PHILIPPE KAHN, cit., pp.23 e segg., *maxime* p. 25.

[37] Emmanuel Gaillard, cit. por Loquin (est. cit., p. 26).

Exemplos típicos deste *direito material uniforme* serão a *Convenção de Viena sobre a Venda Internacional de Mercadorias* de 1980[38] e os *Incoterms*, publicados, com as respectivas regras de interpretação, pela Câmara de Comércio Internacional desde 1936[39].

Entretanto, o mais decisivo impulso para a *positivação* de uma possível *lex mercatoria* adveio da publicação dos *Princípios Unidroit* (1994-2004). Só que tendo contribuído para a "credibilização" da *lex mercatoria*, "fizeram-lhe perder de todo o carácter de *direito espontâneo*"[40]. Deram-lhe, porém, uma nova dimensão, um mais realístico suporte.

Declara-se no preâmbulo dos *Princípios*: "Os *Princípios* (...) enunciam as regras gerais adequadas a reger os contratos do comércio internacional". Mas essas regras não são apenas as captáveis das *realidades* já existentes. "Nalguns pontos (...) propõem-se soluções consideradas pelos seus autores como as melhores, mesmo que não sejam as mais praticadas"[41]. É um normativo não apenas *descritivo*, mas um normativo elaborado. E terão de ser as partes a optar pela sua aplicação. Não se *impõem*: propõem-se. Mas a verdade é que esta *proposta* não tem sido acolhido com geral entusiasmo.

---

[38] Bento Soares – Moura Ramos, CONTRATOS INTERNACIONAIS. *Compra e Venda*, 1986, pp. 9 e segg. Com o tradicional pendor para retardar (ou omitir) a ratificação das principais convenções internacionais. Portugal ainda não o fez relativamente a esta.

[39] A última revisão é de 2000. Cfr. Lima Pinheiro, *Incoterms...*, na R.O.A., 2005, pp. 387-406, e em ESTUDOS DE DIREITO CIVIL, DIREITO COMERCIAL e DIREITO COMERCIAL INTERNACIONAL, ed. Almedina, 2006, pp. 315-333.

[40] Fouchard, *Arbitrage et modes alternatifs de réglement des litiges du commerce international*, em MÉLANGES PHILIPPE KAHN, cit., pp. 95 e segg., *maxime* p. 99.

[41] Christophe Seraglini, *Du bom usage des príncipes Unidroit dans l'arbitrage international*, na *Rev.Arb.*, 2003, pp. 1101-1166 "Um autor – refere Seraglini – constatou que relativamente a cerca de 1320 sentenças CCI proferidas entre 1996 e 2000 menos de 40 aludiam, mais ou menos directamente, aos *Princípios Unidroit*". É, incidentalmente, de notar que até hoje um único Estado referiu no seu sistema legal os *Princípios*. Com efeito, apenas a lei de arbitragem do *Panamá* (Dec.-Lei 5, de 8.7.1999) dispõe no art. 27° que o tribunal arbitral aprecia as estipulações contratuais para a aplicação do direito que deverá reger a relação contratual, e toma em conta os usos e práticas comerciais bem como os princípios dos contratos de comércio internacional do *Unidroit*". Entretanto, a mesma lei dirá no art. 43°, 3°, que na arbitragem de direito, o tribunal decide em conformidade com a lei designada pelas partes. Na falta dessa designação o tribunal aplica a lei escolhida pelos árbitros, tendo em conta os usos do comércio. Na falta destes, os árbitros terão em conta as estipulações do contrato e as regras dos contratos privados internacionais.

Conclusões

16. A *lex mercatoria*, objectivada como está hoje em princípios, usos "quase-codificados" e regras internacionais[42], tem cada vez mais um papel a tomar em conta na *mundialização* das relações comerciais. Será um instrumento decisivo para melhor *compreensibilidade* e *completamento* das ordens jurídicas nacionais.

17. Considerada realisticamente, numa perspectiva depurada de "entusiasmos" dogmáticos, é a *lex mercatoria*, desde logo, um sistema *interpretativo* e *integrador* que responde a evidentes carências do direito por assim dizer *legislado*.

Obviamente que não é uma ordem jurídica autónoma, que a si própria se baste. Mas, como argutamente lembra Maria Helena Brito[43], "também os sistemas jurídicos nacionais são incompletos e contêm lacunas".

Não poderá, pois, ser simplisticamente recusada.

Usando da imagem de Elio Fazzalari (que a foi buscar a Shakespeare) "an acre in Middlesex is better than a principality in Utopia"[44].

18. As ordens jurídicas nacionais ficarão enriquecidas com o *apport* da *lex mercatoria*, numa função interpretativa e integradora. E não já apenas no plano *arbitral*[45].

---

[42] Tendo sido um relevante passo na afirmação, como possível, da *lex mercatoria*, os *Princípios* UNIDROIT não se confundem necessariamente com ela: "o árbitro continuará livre de decidir, caso por caso, se uma disposição dos *Princípios* pode ser tida como relevando da *lex mercatoria*" (Seraglini, est. cit., p.1115). Aliás, isso mesmo acontece com os instrumentos jurídicos internacionais, quer a nível universal, quer regional (como, por exemplo, europeu). A menos que tenham sido tornados vinculativos face à ordem jurídica portuguesa.

[43] DIREITO DO COMÉRCIO INTERNACIONAL, cit., p. 118.

[44] *L'arbitrato nell'era della mondializzazioni*, in Riv.dell'Arb., 2000, pp. 227-233, *maxime* p. 231.

[45] No seu último estudo – tido como um "testamento intelectual" (*Nouvelles réflexions sur la lex mercatoria*, em ÉTUDES PIERRE LALIVE, ed. Helbing & Lichtenhahn, Basileia, 1993, pp. 241-255) - Berthold Goldman escusa-se a fazer uma síntese definitiva, porque duvida que esta alguma vez possa vir a ser feita. Mas diz que a

19. Outra vertente – e de algum modo mais relevante – será a de saber se as partes poderão remeter os árbitros para a aplicação da *lex mercatoria*. Obviamente que poderão, com base na autonomia de que dispõem[46].

20. Entretanto se o fizerem dando à *lex mercatoria* o carácter de lei *principal* (e não como elemento *integrador* ou *subsidiário*), essa remissão valerá como uma autorização para os árbitros decidirem segundo a *equidade*.Realmente, a aplicabilidade por assim dizer *directa* e *exclusiva* da *lex mercatoria* numa arbitragem de *direito* dependerá da ordem jurídica nacional onde seja invocada[47]. Ora isso não acontece no sistema da LAV (art. 33º)[48].

---

coabitação entre a *sua* "ordem arbitral" (*lex mercatoria*) e as ordens jurídicas nacionais é praticável e necessária, traduzindo um esforço de *universalização* do direito das relações económicas internacionais. Bruno Oppetit comenta, numa perspectiva talvez profética, exactamente a propósito da *lex mercatoria*: "l' autonomie des divers modes de création du droit, et donc leur égale aptitude à conférer la juridicité, impliquent non le cloisonnement ni la subordination des divers corps de règles les uns par rapport aux autres, mais plutôt leur harmonie et leur cohérence, ce qui n'interdit nullement de reconnaître la prééminence de certaines normes ou de certains príncipes (…)", em THÉORIE DE L'ARBITRAGE, ed. Puf, 1998, p. 94 (trata-se da sua obra póstuma).

[46] O que será duvidoso é, como dissemos, que o façam com frequência. E. Jolivet (cit. por Jean – Baptiste Racine, *Réflexions sur l'autonomie de l'arbitrage commercial international*, na Rev. Arb., 2005, pp. 305-360) lembra que, num total de 1228 sentenças CCI proferidas entre 1995 e 1999 apenas 2,5% aplicaram a *lex mercatoria* (p. 319). Diversa é a indicação transmitida por Maria Helena Brito (ob. cit., p.48) no sentido de que num inquérito alemão (CENTRAL) foi apurado que "a nova *lex mercatoria* é efectivamente utilizada na prática comercial em todo o mundo".

[47] Filip de Ly, INTERNATIONAL BUSINESS LAW AND LEX MERCATORIA, North Holland, Amsterdão, 1992, p. 320. Diversamente, Fouchard não estabelecia qualquer condicionamento: para que a *lex mercatoria* seja aplicada pelos árbitros bastará que as partes para ela remetam. Já o dizia na sua primeira obra de vulto: L'ARBITRAGE COMMERCIAL INTERNATIONAL, ed. Dalloz, 1965, p. 381. Viria depois a evidenciar uma declarada propensão para a *realidade* duma "lex mercatoria" *a se*, segundo ele (e bem) cada vez mais justificada pela *mundialização* das relações de comércio. Cfr., por ex., Fouchard, *L'arbitrage et la mondialisation de l'économie*, em MÉLANGES GERARD FARJAT, ed. Frison – Roche, 1999, p. 381.

[48] Cfr. neste sentido, Lima Pinheiro (DIREITO INTERNACIONAL PRIVADO, II, 2ª ed., Almedina, 2002, p. 330): "As partes poderão remeter para regras e princípios jurídicos da *lex mercatoria* que efectivamente vigorem. Já não será de aceitar que valha como designação de um Direito, no sentido do art. 33º LAV, uma escolha da *lex mercatoria*

21. Mas então, a ser assim, nada ficará para justificar o art. 35º LAV.

A *composição amigável* nada mais será do que a *equidade* com uma designação "francesa".

E o mal (de boa técnica legislativa) é que as duas expressões coexistem no mesmo texto, criando evidentes dificuldades de entendimento[49].

---

que em mais não se traduza, perante a natureza da relação controvertida e as características do sector do comércio internacional em causa, que no recurso a "princípios gerais" ou a modelos de regulação. Em todo o caso, uma exclusiva designação da *lex mercatoria*, quando esta não disponha de Direito objectivo aplicável à decisão do caso, poderá, em princípio, ser convertida numa autorização, dada aos árbitros, para julgarem segundo a equidade (prevista nos arts. 22º e 33º/1 in fine LAV). O mesmo se diga de uma remissão das partes para princípios gerais de Direito". O mesmo autor, ESTUDOS... (2006), lembra: "Esta liberdade de escolha da *lex mercatoria* é frequentemente fundamentada na admissibilidade do julgamento da equidade na arbitragem comercial internacional" (p. 101).

[49] A modificação dos contratos por alteração anormal (e grave) das circunstâncias, com a consequente onerosidade excessiva (art. 437, 1, do Cód. Civil) impõe a aplicação de *juízos de equidade* (cfr. Oliveira Ascenção, *Onerosidade excessiva por alteração de circunstâncias*, na R.O.A., 2005, pp. 625 e segg., *maxime* p. 644; cfr., no entanto, Menezes Cordeiro, DA BOA FÉ NO DIREITO CIVIL, ed. Almedina, II, 1984, *maxime* pp. 1106 e segg. e também Pinto Monteiro – Júlio Gomes, A *"Hardship Clause" e o Problema da Alteração das Circunstâncias*, in JURIS ET DE JURE, Porto, 1998, pp. 17 e segg.). As partes poderão incluir logo no contrato uma cláusula de *hardship*, nela prevendo que o caso de não chegarem a acordo sobre os moldes da *modificação* recorrerão à intervenção de um *terceiro*. A problemática em causa está descrita em Charles Jarrosson, LA NOTION D'ARBITRAGE, L.G.D.J., 1987, pp. 321 e segg. e autores aí citados (FOUCHARD, Oppetit, Kahn, etc). O *terceiro* pode ser ou não ser um árbitro, actuando jurisdicionalmente. Deu-se mesmo o caso de a CCI, quando em 1978 criou um *Regulamento de adaptação dos contratos* através de uma *Comissão Permanente*, ter previsto apenas a intervenção de um *terceiro*. Significativamente o *Regulamento* foi revogado em 1994, porque... nunca havia sido utilizado (Fouchard – Gaillard – Goldman, TRAITÉ... cit, p. 30). A A.R., com análogo voluntarismo, introduziu um novo nº 3 do art. 1º LAV (não previsto na Proposta de Lei 34/IV) que para além das "competências" para integração das lacunas e para modificação do contrato introduz outras (com carácter exemplificativo) que claramente (e desnecessariamente) afrontam o direito dos contraentes a formar e a modelar a sua vontade contratual (Raul Ventura, *Convenção de Arbitragem*, na R.O.A., 1986, *maxime* pp. 330-336). A única legislação de arbitragem que enfrenta a questão é a holandesa (al. c) do nº 4 do art. 1020º do Cód. Proc. Civil – WBR, lei de Julho de 1986) e confina-se à arbitrabilidade das lacunas (originárias) e da modificação das relações jurídicas consideradas. A adaptação do contrato em caso de *hardship* e a integração das lacunas do contrato é encarada com detalhe em *L'intervention du tribunal dans de contrat. Convergence entre les Príncipes Unidroit et le Droit suisse*, em LIBER AMICORUM CLAUDE REYMOND, ed. Litec, 2004, pp. 53 e segs., *maxime* p. 57.

ARBITRAGEM MARÍTIMA

Carta-partida e conhecimento de carga

(nota breve)

1. Em 1984, num estudo que então publicámos, demarcámos com nitidez as fronteiras entre o fretamento e o transporte marítimo de mercadorias[1].

Referimos então que no conhecimento de carga o (que titula o contrato de transporte) se faz por vezes menção de cláusulas contidas na carta-partida (respeitante ao fretamento). Isto no fretamento por viagem, que é a modalidade de fretamento mais próxima do transporte.

É, no entanto, óbvio que as relações internas do fretamento continuarão a ser reguladas pela carta-partida. E o terceiro portador do conhecimento continuará a ter neste o seu estatuto contratual. A Convenção de Bruxelas de 1924 sobre conhecimentos de carga encarou a questão e preceituou:

> "Nenhuma disposição da presente Convenção se aplica às cartas-partidas; mas, se no caso de um navio regido por uma carta-partida forem emitidos conhecimentos, ficarão sujeitos aos termos da presente Convenção" (art. 5º, 2)[2].

---

[1] FRETAMENTO E TRANSPORTE MARÍTIMO..., no B.M.J., pp. 17-52. O estudo foi depois incluído ao nosso ESTUDOS SOBRE O NOVO DIREITO MARÍTIMO..., Coimbra Editora, 1999, p. 303 e segg.

[2] Mário Raposo, ob. cit. (1999), pp. 318-319. Cfr. com especial interesse Manuel Januário da Costa Gomes, O ENSINO DO DIREITO MARÍTIMO..., Almedina, 2005, pp. 241-245. V. art. 29º, (b), do Dec.-Lei 352/86, de 21 de Outubro.

2. A cláusula do contrato de fretamento incorporada no contrato de transporte marítimo de mercadorias tem a ver com a problemática das chamadas cláusulas arbitrais *por referência*.

Desde logo, na *Lei-Modelo* diz-se (art. 7º, 2): "a referência num contrato a um documento que contenha uma cláusula compromissória vale como uma convenção de arbitragem, desde que esse contrato tenha a forma escrita e a referência seja feita de modo que a cláusula passe a fazer parte do contrato". Entende-se por forma escrita a que conste de documento assinado pelas partes ou de uma troca de cartas, *telex*, telegramas ou de qualquer outro meio de telecomunicações que prove a sua existência[3].

3. O § 1031 do ZPO (Cód. Proc. Civil alemão, reforma de Dez. de 1997) para além de na al. 3 acolher a regra geral do art. 7º, 2, da *Lei-Modelo* explicita na al. 4 que "uma convenção de arbitragem pode igualmente efectivar-se pela transmissão de um conhecimento que faça *expressa* referência a uma cláusula compromissória constante de um contrato de fretamento". A transmissão do conhecimento torna a cláusula oponível a todos os sucessivos portadores (do conhecimento), sem que seja necessário fazer a prova de que eles tiveram conhecimento dela, e sobretudo que eles tiveram conhecimento da carta-partida[4].

Recentemente, o Cód. Proc. Civil *austríaco*, depois da reforma da lei de 13.1.2006 (que o alterou substancialmente, no tocante à arbitragem), passou a seguir também, como o ZPO alemão, a *Lei--Modelo*.

É, entretanto, menos explícito, quanto ao caso actual.

E assim dispõe apenas, no art. 583º, 2:

"Se um contrato que cumprir os requisitos de forma previstas na alínea fizer referência a um documento que contenha uma convenção de

---

[3] Considera Fouchard (cit. por Bruno Opettit, *La clause arbitrale par référence*, em *Revue de l'Arbitrage*, 1990, p.551 e segg., maxime p. 560) que o requisito de "a referência ser feita de modo a que a cláusula passe a fazer parte do contrato" de *misterioso*, dado que não se justifica bem em que condições exactas a remissão operada pelo contrato de base a documentos *externos* deve ser feita.

[4] Poudret – Besson, DROIT COMPARÉ DE L'ARBITRAGE INTERNATIONAL, Bruylant – L.G. D. J., Schulthess, 2002, p. 188.

arbitragem, esta referência equivale a uma convenção de arbitragem, se a referência fôr feita de modo que a convenção de arbitragem passe a fazer parte do contrato".

Quanto aos requisitos de forma previstos no nº 1 do mesmo art. 583º são os usuais (documento escrito, troca de cartas, telecópias ou qualquer outro modo de transmissão que faça prova do acordo alcançado). Ou seja, *brevitatis causa*, os previstos no art. II da Convenção de Nova Iorque[5].

O *Arbitration Act* de 1996 de igual modo estabelece que "uma convenção que faça referência a uma cláusula compromissória estipulada sob a forma escrita, ou a um documento contendo uma cláusula compromissória, constitui uma convenção de arbitragem se a referência fôr de molde a fazer da cláusula parte da convenção" (art. 6º, 1)[6].

Entre as "novedades" (sic) introduzidas pela lei "espanhola 60/2003, de 23 de Dezembro, está a consagração da cláusula arbitral por referência, isto é, "da que não consta do documento arbitral principal, mas de um documento separado, que, no entanto, se entende incorporado no conteúdo do primeiro pela referência que nele se faz ao segundo" (exposição de motivos). E a Lei diz isto mesmo no art. 9º, 4[7].

4. Em *Itália* o anterior art. 833º do CPCI (resultante da reforma de 1994), que dizia respeito à arbitragem *internacional*, admitia a

---

[5] Andreas Reiner, *La réforme du droit autrichien de l'arbitrage...*, na Rev. de l'Arbitrage, 2006, p. 401 e segg., maxime p. 406. Lembra Reiner que, face ao novo preceito, o documento referenciado não terá que ser anexado, como ainda em 24.5.2005 o Supremo Tribunal exigia (p. 407).

[6] É necessária uma *"specific* reference to the arbitration clause as a pre-requisite to incorporation"?. Ou basta uma referência mais genérica ao documento que contem a cláusula arbitral ? Segundo Harris – Planterose – Tecks, THE ARBITRATION ACT 1996 – A COMMENTARY, Oxford, 1996, p. 64 esta ultima solução parece a melhor. Mas para Claire Ambrose – Karen Maxwell, LONDON MARITIME ARBITRATION, ed. LLP, 1996, p. 25, "a reference to all terms and exceptions of the charterparty will not is itself suffice to incorporate an arbitration clause" (p. 25). É necessária, pois, uma "specific reference" à cláusula arbitral.

[7] Cfr. Carlos J. Maluquer de Motes i Bernet, em COMENTARIOS A LA LEY... de Guilarte Gutiérrez – Mateo Sanz, ed. Lex Nova, Valladolid, 2004, p. 182.

estipulação da cláusula contratual *por referência* ("per relationem") desde que as partes a conhecessem ou estivessem em condições de a conhecer, usando de normal diligência. Esta seria naturalmente aferida caso por caso[8]. Todavia, para a arbitragem *interna*, face ao art. 807º, considerava-se válida a incorporação *per relationem perfecta*, ou seja, em que a referência não fosse genérica e resultasse *expressamente* da vontade das partes[9].

Reportando-se concretamente à arbitragem *marítima* regista Francesco Berlingieri que é doutrina consolidada em Itália que a referência deve ser *específica*. Entende ainda que deve ocorrer uma aceitação *expressa* do *destinatário* das mercadorias até ao momento em que estas lhe forem entregues[10].

Aconteceu, no entanto, que o Dec. Legisl. 40/2006, de 2 de Fevereiro de 2006, revogou todos os preceitos do CPCI respeitantes à arbitragem *internacional* e, portanto, o art. 833º.

Aplicar-se-á assim à arbitragem internacional o regime que vale para a arbitragem interna. E esta parece evoluir para uma abertura que seria insuspeitada designadamente para Nicola Balestra. Este em 1968 entendia que deveria constar *literalmente* no conhecimento a cláusula transposta da carta-partida[11].

Em *França*, o art. 1443º, 1, do NCPC admite expressamente a validade da cláusula compromissória por referência na arbitragem interna[12]. Mas nada dispõe no tocante à arbitragem *internacional*.

---

[8] Briguglio – Fazzalari – Marengo, LA NUOVA DISCIPLINA DELL'ARBITRATO, Giuffrè, 1994, p. 241.

[9] id., p. 15. No mesmo sentido, Sérgio La China, L'ARBITRATO..., 2ª ed., Giuffrè, 2004, p. 48.

[10] *Trasporto marittimo e arbitrato*, em *Il Diritto Marittimo*, 2004, p. 423 e segg., *maxime* p. 431. Apenas na sentença de 15.11.2000 (mesma *Rev.*, 2002, p. 1283) a *Corte di Cassazione* entendeu não se impor uma referência *específica*, bastando uma estipulação *per relationem imperfectam*. Isto, pelo menos, quanto aos *contratos-tipo*, nos quais as clássicas cartas-partida se integram. No mesmo sentido de Berlingieri as sentenças da *Corte de Cassazione* de 14.11.1981 e de 22.12.2000 (em *Il Diritto Marittimo*, respectivamente 1982, p.391, e 2002, p. 225) e Fabrizio Marrella, *Unità e diversità dell'arbitrato internazionale*, na mesma *Rev.*, 2005, p. 787 e segg, *maxime* p. 829.

[11] Balestra, LA POLIZZA DI CARICO NEL TRASPORTO DI CARICO E NEL NOLEGGIO A VIAGGIO, Giuffrè, 1968, p. 89. Sobre a lei de 2006 cfr. a menção feita por Briguglio, *La dimensione transnazionale dell'arbitrato*, na *Rivista dell'Arbitrato*, 2005 (nº 4), p. 679 e segg.

[12] Poudret – Besson, ob. cit., p. 182.

A solução encontrada pela jurisprudência dominante e pela doutrina tem evoluído e será caso de dar conta de algumas decisões.

Assim, a *Cour d'Appel* d'Aix-en-Provence de 14.2.1984 (DMF, 1985, p. 542) decidiu que a cláusula teria que estar reproduzida no conhecimento ou a carta-partida, toda ela, a este anexa . Era então essa jurisprudência da *Chambre Arbitrale Maritime de Paris*.

A *aceitação* da cláusula teria que ser inequívoca (*Cour de Cassation*, 4.6.1985, DMF, 1986, p. 106). Esta doutrina foi mantida pelo *Cour d'Appel* de Ruão em 14.10.1993 (DMF, 1994, p. 381): o portador do conhecimento não está vinculado à cláusula se nele não se encontrar reproduzida e não tiver sido objecto da aceitação do portador do conhecimento (*maxime* do *destinatário*). Em 29.11.1994 a *Cour de Cassation* (*Il Diritto Marittimo*, 1996, pp. 1138-1142, com anotação de Paolo Burlo) decidiu que a cláusula arbitral contida numa carta-partida referida genericamente no conhecimento apenas é oponível ao destinatário se for levada ao seu conhecimento e por ele aceite até ao momento da entrega da mercadoria. Não é suficiente para esse efeito o facto de no conhecimento vir declarado que uma cópia da carta-partida poderá ser obtida através do carregador ou do transportador.

Encarando o estado da jurisprudência francesa em 2004[13] Philippe Delebecque aponta a sentença da *Cour d'Appel* de Ruão de 8.10.2002 (DMF, 2003, p. 547) que condiciona a oponibilidade da cláusula ao destinatário a uma aceitação específica deste, dada até ao momento da entrega da mercadoria.

Em artigo doutrinal publicado na *Gazette de la Chambre* (Arbitrale de Paris) em 2003 o seu presidente, François Arradon, propende para a não obrigatoriedade da reprodução integral da cláusula, desde que no conhecimento se faça alusão a ela. Aconselha, entretanto, vivamente, que "pour éviter toute contestation", a transcrição da integralidade do texto da cláusula no conhecimento[14].

---

[13] *L'arbitrage maritime: un point de vue français*, em *Il Diritto Marittimo*, 2004, pp. 435 e segg., *maxime* p. 440.

[14] *Vues sur mer: Charte-partie et connaissement*, n° 2 da *Gazette*.

Num estudo posterior[15] Arradon critica a posição da *Cour de Cassation*[16] ponderando:

"A posição da Câmara (Secção) Comercial (da *Cour de Cassation*) que continua a exigir a aceitação expressa do destinatário não corresponde ao espírito das partes no momento em que contratam. Ela estará isolada no mundo marítimo (...)".

Ora, diz mais adiante, "a arbitragem marítima em França é em mais de nove casos sobre dez uma arbitragem internacional".

6. Nos Estados Unidos, realmente, a tendência será para admitir uma incorporação *per relationem imperfectam*, ou seja, uma referência meramente *implícita* ou *indirecta* ("constructive notice"). Assim *United States Court of Appeals* em 21.5.1998 e em 8.10.2003[17].

7. A lei portuguesa de 1986 (LAV) considera válida a cláusula de remissão para qualquer documento em que a convenção de arbitragem (art. 2°, 2[18]. A interpretação operante do preceito (em que condições é eficaz a "remissão") será feita pela jurisprudência. O que até agora, que saibamos, não aconteceu.

---

[15] *L'incorporation des clauses de charte-partie dans les connaissements* (DMF, Nov. de 2004, p. 883 e segg).

[16] DMF., 2004, p. 339 e DMF, 2004, p. 423.

[17] em *Il Diritto Marittimo*, respectivamente 2000, p. 1015 (com anotação de Alberto Frondoni), e 2004, p. 633. De certo modo neste sentido cfr. Tetley, MARINE CARGO CLAIMS, 1988, p. 601.

[18] Lima Pinheiro, *Convenção de Arbitragem*..., na ROA, 2004, p. 125 e segg., *maxime* p. 114.

IMPARCIALIDADE
DOS ÁRBITROS*

Princípios Gerais

1. A lei *sueca* de 1999 (art. 8º) manda, explicitamente, que os árbitros sejam *imparciais*. Na mesma linha diz a lei *espanhola* de 2003 (art. 17º, 1) que "todos os árbitros devem ser e permanecer, durante toda a arbitragem, *independentes* e *imparciais*". O *Arbitration Act 1996* põe a tónica da imparcialidade no próprio *tribunal*. Com efeito, logo no art. 1º, (a), estatui que "the object of arbitration is to obtain the fair resolution of disputes by an *impartial* tribunal". E esta regra, que para Lord Mustill[1] implica "uma reavaliação do processo arbitral pelo legislador", é reiterada no art. 33º, 1 (a), ao exigir que o *tribunal* se deva mostrar *justo* e *imparcial* perante as partes.

Outras leis vão ainda mais além nesta "pedagogia" de base. Por exemplo, a *brasileira* (Lei 9307, de 23.9.96) dispõe que "no desempenho das suas funções, o árbitro deverá proceder com *imparcialidade, independência, competência, diligência* e *discrição*"(art. 13º, § 6º).

2. Mas distinguir-se-á a *imparcialidade* da *independência*? Pierre Lalive e Giorgio Bernini[2] integram a *imparcialidade* (ou *neutralidade*) num conceito amplo de *independência*, que se desdobraria numa vertente *objectiva* e numa vertente *subjectiva*. Haveria uma independência de *situação* (a independência "propriamente dita") e uma independência de *espírito* (a imparcialidade e a neutralidade).

---

* R.O.A., 2006, pp. 23-36.
[1] *La nouvelle loi anglaise sur l'arbitrage*, na Revue de l'Arbitrage ("Rev. Arb."), 1997, p. 37.
[2] Citados por Marc Henry, em LE DEVOIR D'INDÉPENDANCE DE L'ARBITRE, ed. L.G.D.J., 2001, p. 151.

Retomando a perspectiva de Lalive e de Bernini considera Marc Henry que "l'arbitre doit être indépendant, c'est à dire, neutre, impartial et objectif"[3].

Pensamos, no entanto, serem figuráveis hipóteses em que o árbitro poderá ser inteiramente independente e, no entanto, ser parcial. Ou seja, poderá não existir qualquer vínculo de sujeição (*material*) entre o árbitro e a parte e haver, por parte dele, um estado subjectivo de *predisposição* favorável ou desfavorável[4].

De qualquer modo, os dois conceitos completam-se. Mas a *imparcialidade* será, no plano dos *princípios* de uma arbitragem pura (nem sempre concretizada, como se verá), a "virtude" maior. No dizer de Sérgio La China é "il sale, l'anima, della procedura arbitrale"[5].

3. Um árbitro não imparcial (ou não independente) poderá ser *recusado*.

E, assim, dispõe a LAV (n° 1 do art. 10°): "aos árbitros *não nomeados por acordo das partes* é aplicável o regime de impedimentos e *escusas* [6]estabelecidas na lei de processo civil *para os juízes*".

4.1. Nas leis de arbitragem posteriores à LAV apenas o CPC italiano (reforma de 1994) previa tal remissão (art. 815°). No entanto, o regime do art. 815° podia ser alterado por vontade das partes na arbitragem *internacional* (art. 836°). Só que o regime – regra (o da equiparação às causas de recusa dos juízes) era contestado na doutrina. Por exemplo, Giovanni Verde assinala:

---

[3] ob. cit. p. 152.

[4] Patrick Courbe (L'INDÉPENDANCE ET IMPARTIALITÉ DE L'ARBITRE, em Recueil Dalloz-Sirey, 1999, p. 937) propõe, realmente, que a independência corresponderá a uma situação de facto, *objectivamente verificável* e a imparcialidade pressuporá um *estado* subjectivo de neutralidade. Comentando a recente doutrina alemã Valério Sangiovanni equipara a imparcialidade à neutralidade e a independência à não vinculação a quaisquer instruções externas (*Costituzione del tribunale arbitrale nel diritto tedesco*, na *Rivista dell'Arbitrato* ("Riv. dell'Arb.") 2001, pp. 581-601, *maxime* 583.

[5] L'ARBITRATO. IL SISTEMA E L'ESPERIENZA, ed. Giuffrè, 2ª ed., 2004, p. 76.

[6] Da Proposta de Lei 34/IV constava "recusas". O texto não foi alterado na votação na especialidade da AR. Aliás, da própria LAV, tal como foi publicada no DR, ressalta o lapso. Com efeito, na epígrafe do art. 10° diz-se "impedimentos e *recusas*". E no n° 2 dispõe-se que "a parte não pode *recusar* o árbitro por ela indicado".

"La situazione è (...) diversa (...). Infatti, per il giudice ordinario il dovere di imparzialità discende della natura pubblica della funzione esercitata; per gli arbitri è collegato alla violazione di un obbligo privatistico fondato sulla fiducia, di cui garanti sono in primo luogo le stesse parti che hanno proceduto alla nomina"[7].

Entretanto, o D.L. nº 40, de 2.2.2006, alterou substancialmente a redacção anterior.

4.2. Da fase anterior à LAV remanesce a *Concordata* suíça de 1969 (para a arbitragem interna) que no art. 18º remete para as causas de recusa *dos juízes*. Mas *todos* os árbitros podem ser recusados, e não apenas, como na LAV, "os não nomeados por acordo das partes". A lei coloca "à juste titre" todos os árbitros em pé de igualdade[8].

Distanciando-se do regime de remissão para as causas de recusa dos juízes, a lei *suíça* sobre o D.I.P. (18.12.1987), que rege a arbitragem internacional, aponta como causa *imperativa* de recusa a existência de circunstâncias que permitam duvidar legitimamente da independência do árbitro(art.180º, 1, al. c).

4.3. O NCPC *francês* (reforma de 1980-81) é omisso quanto às causas da recusa. Entendeu de início a *Cour de Cassation* que este silêncio seria suprível pela remissão para o art. 341º, referente aos *juízes*. Mas está a propender agora para fundar a recusa do árbitro em

---

[7] Em DIRITTO DELL'ARBITRATO RITUALE, AAVV, coordenação de G. Verde, ed. G. Giappichelli, 2ª ed, Turim, 2000, p. 112. É de ressalvar que o argumento de Verde terá que ser entendido *com reserva*. Não é a parte que designa o árbitro a garante da sua imparcialidade, ou, pelo menos, a *necessária* garante. A imparcialidade advirá, essencialmente, do estatuto *ético* assumido pelo árbitro. E será assegurada pelo correcto funcionamento do instituto da *recusa*. Os árbitros designados pelas partes estão, pois, adstritos ao *dever de revelação*. Refere, no entanto, Peter Schlosser (*L'impartialité et l'indépendance de l'arbitre*, em *Riv. dell'Arb.*, 2005, pp. 1 – 15) que a teoria da "igualdade de estatuto" de *todos* os árbitros, embora preponderante, é uma teoria *ingénua*. É para ele evidente que o arbitro designado por uma parte está mais ligado, mesmo que insensivelmente, a essa parte (p.7).

[8] Lalive – Poudret – Reymond, LE DROIT DE L'ARBITRAGE INTERNE ET INTERNATIONAL EN SUISSE, ed. Payot, Lausana, 1989, p. 104.

circunstâncias susceptíveis de criar uma dúvida legítima sobre a sua independência ou imparcialidade[9].

4.4. E se as partes apenas tiverem conhecimento da violação do *dever de revelação* depois de proferida a sentença arbitral? Informa Schlosser que o Supremo Tribunal alemão é avesso a considerar motivo de anulação da sentença a simples violação do dever de revelação e só em casos extremos alterará este critério. O mesmo não acontece nos Estados Unidos. E um tribunal superior do Cairo anulou uma sentença em que interviera um árbitro designado por uma das partes, por ele ter aceite tal designação sem revelar a sua qualidade de associado do advogado da parte contrária[10].

A Lei-Modelo da CNUDCI e a LAV

5.1. Emanada da CNUDCI, a Lei-Modelo[11] (21.6.1985) sobre a arbitragem comercial *internacional* esteve, quando ainda em projecto, desde logo vocacionada para numa fase ulterior servir também de *modelo* à arbitragem *interna*, "o que permitiria evitar qualquer dualidade" na legislação dos Estados que a adoptassem[12].

E, efectivamente, isto mesmo veio a acontecer, sobretudo nos anos 90.

No tocante às mais operantes garantias de imparcialidade e de independência dos árbitros, o art.12º da Lei-Modelo prevê no nº 1 o *dever de revelação* por quem tenha sido contactado para uma eventual designação como árbitro de quaisquer circunstâncias susceptíveis de criar dúvidas legítimas sobre a sua imparcialidade ou a sua

---

[9] Poudret-Besson, DROIT COMPARÉ DE L'ARBITRAGE INTERNATIONAL, ed Bruylant-L.G.D.J.-Schulthess, 2002, p. 368. Sobre a distinção da *fonte* dos estatutos do juiz e do árbitro cfr.Serge Lazareff, *L'arbitre est-il juge*? em LIBER AMICORUM CLAUDE REYMOND, ed. Litec, 2004, *maxime* p.177. Reforçando a ideia, já atrás referida, da força *deontológica* da "missão do árbitro" cfr. ainda Matthieu de Boisséson, LE DROIT FRANÇAIS DE L'ARBITRAGE, 2ª ed., GLN ed. Joly, 1990, p.780.

[10] Nathalie Najjar, L'ARBITRAGE DANS LES PAYS ARABES..., ed. L.G.D.J., 2004, pp. 396 e segg.

[11] Em França e nos países francófonos usa-se a expressão "Lei-Tipo" (*Loi-Type*).

[12] "Comentário analítico" referido por Marc Henry, ob. cit. (2001), p. 98.

independência. Depois da sua nomeação e *durante todo o processo arbitral* o árbitro deve dar conhecimento às partes de tais circunstâncias, se não o tiver já feito.

E o mesmo art. 12º dispõe ainda, no nº 2, que o árbitro apenas pode ser *recusado* se existirem circunstâncias susceptíveis de criar dúvidas legítimas sobre a sua imparcialidade ou a sua independência. Uma parte não pode recusar o árbitro que tenha nomeado ou na nomeação do qual tenha participado a não ser com base numa causa de que apenas tenha tido *conhecimento* depois dessa nomeação.

Não consagra a LAV, pelo menos explicitamente, o *dever de revelação*, geralmente tido como de essencial relevo para o bom funcionamento da arbitragem[13].

---

[13] Outros sistemas legislativos são omissos quanto à consagração *expressa* do dever de revelação. Assim, designadamente, o suíço ou o belga. A sua preterição pelo árbitro não apenas é uma violação da obrigação de *transparência* a que os árbitros estão adstritos como poderá dar causa à eventual *anulação* da sentença arbitral, que seria evitável com uma atempada *recusa* do árbitro designado (v. supra 4.4). Daí que as mais modernas leis de arbitragem, seguindo o exemplo da *Lei-Modelo* (art. 12º, 1), consagrem explicitamente o *dever de revelação*. Estes os casos, por exemplo, do ZPO alemão (1036), da lei sueca de 1999 (art. 9º) e da lei espanhola de 2003 (art. 17º, 2). Aliás, a generalidade dos regulamentos de arbitragem mais significativos, como o da CCI (art. 7º, 2) ou o da LCIA (*London Court of International Arbitration*) de 1998 (art. 3º), igualmente incluem no estatuto do árbitro o dever de revelação. Na versão revista do *Revised Uniform Arbitration Act* norte-americano de 2000 (RUAA), que constitui como que uma *Lei-Modelo* tendente a uniformizar as leis estaduais aplicáveis à arbitragem *interna*, foi pela primeira vez incluída uma norma sobre o *dever de revelação* (art. 12º). Está o texto completo publicado em Thomas Carbonneau, *Cases and Materials on the Law and Practice of Arbitration*, Juris Publishing, 3ª ed., 2002, pp. 112 e segg. Mas quais as consequências da não observância, pelo árbitro, do *dever de revelação*? Como é óbvio, o arbitro incorrerá em responsabilidade civil (contratual) pelo prejuízo que causar. E o prejuízo advirá, desde logo, por essa omissão impedir que a parte de forme uma opinião *esclarecida* sobre a relação de confiança a que tem direito relativamente a *todos* os árbitros. Bastará uma omissão *culposa* do dever de revelação, desde que *grave*. Esta solução deve valer para os direitos continentais. Para os direitos anglo-saxónicos (Inglaterra e Estados-Unidos) e mesmo indo para além da opinião de Domke, que absolutiza o princípio da *imunidade* dos árbitros e, portanto, o da sua total irresponsabilidade, apenas em caso de *má fé*, de fraude particularmente grave, haverá responsabilidade (Cfr. Marc Henry, ob. cit, pp. 263-264). Esta a doutrina consagrada no *Arbitration Act 1996*, art. 29º, 1: "An arbitrator is not liable for anything done or omitted in the discharge or pruported discharge of his functions as arbitrator unless the act or omission is shown to have been in bad faith" (o arbitro não incorre em responsabilidade por quaisquer actos praticados ou omitidos no cumprimento ou no exigível cumprimento das

5.2. Como diz o art. 10°, 2, LAV "a parte não pode recusar o árbitro por ela designado, salvo ocorrência de *causa* superveniente de impedimento ou *escusa*, nos termos do número anterior"[14].

Em todas as demais leis actuais a *superveniência* motivadora da recusa não é a da *ocorrência* da causa, mas a do seu *conhecimento* pela parte. Ou seja, o facto ou circunstância que deu causa à recusa pode ter ocorrido *antes* mas apenas ser conhecido *depois*.

6. Teve a LAV na época em que foi feita (1986) um decisivo efeito propulsor na difusão, entre nós, da arbitragem. Acolhida com geral aplauso na AR, teve desde logo o mérito de vir dignificar o esquecido instituto, o que por certo não aconteceria com o Dec.-Lei 243/84, de 17 de Julho[15].

É, porém, visível que a *Lei-Modelo* não exerceu nela a decisiva influência que desde então teve em praticamente todas as leis de arbitragem. Embora referida na *exposição de motivos* da Proposta da Lei 34/IV, não resta dúvida que nela não está presente, em muitos aspectos[16].

---

suas funções a não ser que seja provada a sua má fé). Apurado que seja *após a decisão final* que houve violação do *dever de revelação* com consequências danosas, ou com ânimo de lhes dar causa, a sentença poderá ser *anulada*, com base na alínea b) do art. 27° LAV (tribunal irregularmente constituído) ou na alínea a) do art. 16°. Refere Thomas Clay (L'ARBITRE, Dalloz, 2001, p. 337) que a tendência dominante na doutrina e na jurisprudência francesas é a da anulação da sentença. Só que, em seu entender, esta sanção fragiliza em demasia as sentenças. Sustenta – e a nosso ver com razão – que não é legítimo anular uma sentença cujo sentido e fundamentação não tenham sido "contaminados" pela omissão do árbitro (*id.*). Sobre a violação do *dever de revelação* cfr. entre nós Bento Soares – Moura Ramos, CONTRATOS INTERNACIONAIS. *Arbitragem*, Almedina, 1986, p. 366 e Lima Pinheiro, ARBITRAGEM TRANSNACIONAL..., Almedina, 2005, p. 132. Lopes dos Reis, embora registando que a LAV não faz qualquer referência ao *dever de revelação*, admite que ele se filia nos deveres de lealdade e de boa fé a que o árbitro está adstrito (*Questões de arbitragem ad-hoc*, na R.O.A., 1999, maxime p. 279). Lopes dos Reis, embora aduzindo razões diversas das nossas, igualmente faz reparo ao critério subjacente ao n° 1 do art. 10° LAV.

[14] Da Proposta de Lei 34/IV, aqui também não alterada na AR, constava também "recusa". O que era óbvio. O regime da *escusa* está no art. 9°.

[15] Cfr. sobre o debate na generalidade da Proposta de Lei 34/IV Francisco Cortez, *A arbitragem voluntária em Portugal*, em *O Direito*, 1992, maxime pp. 548 e segg.

[16] O próprio ministro da Justiça (que éramos nós) referiu, no debate parlamentar, que "um novo direito da arbitragem" se divisava com a *Lei-Modelo* (resposta ao Deputado Cavaleiro Brandão, DAR, I Série, n° 98, de 18.7.1986, p. 3689).

A Lei-Modelo não influenciou somente de forma determinante a legislação europeia, como designadamente a lei *finlandesa* de 1992[17] e o ZPO *alemão* de 1997. É encontrável a sua decisiva marca na lei *mexicana* de 1993[18], na lei *egípcia* de 1994[19] ou na *lei tailandesa* de 2002[20]. Isto como um dos muitos exemplos apontáveis.

Foi o reconhecido propósito de operar uma recepção material da *Lei-Modelo* que levou à substituição da lei *espanhola* de 1988 pela de 2003 (Lei 60/2003, de 23.12). Como se observa na *exposição de motivos* desta última, a *Lei-Modelo* embora concebida especificamente para a arbitragem comercial *internacional*, contem, como dissemos, soluções perfeitamente válidas para a arbitragem *interna*[21].

Autores de prestígio, como Goldman, Pierre Lalive et Fouchard[22] defenderam a especificidade da arbitragem *internacional*. A lei *holan-*

---

[17] "Presque mot à mot calquée sur la loi type" (Risto Kurki-Suorio, *L'influence sur la nouvelle loi finlandaise de la loi-type CNUDCI*, na *Rev. Arb.*, 1994, pp. 499 e segg.).

[18] Isabel Zivy, *La nouvelle loi sur l'arbitrage au Mexique*, na *Rev.Arb.* 1994, pp. 296 e segg..

[19] Bernard Fillion Dufouleur – Philippe Leboulanger, *Le nouveau droit égypcien de l'arbitrage*, na *Rev. Arb.*, 1999, pp. 665 e segg.

[20] Teresa Iranzo Rouro, em *Anuário Justicia Alternativa*, *Evolución del arbitraje y ADR en el Mundo*, ed. Bosch, Barcelona, 2003, pp. 277 e segg.

[21] Sobre o confronto entre as duas leis espanholas (a de 1988 e a de 2003) cfr. Frederic Munné Catarina, EL ARBITRAJE EN LA LEY 60/2003, ed. Experiencia, Barcelona, 2004, pp. 19 e segg.. Sobre a lei de 1988 cfr. Calvo Caravaca – Fernandez de la Gandara, EL ARBITRAJE COMERCIAL INTERNACIONAL, ed. Tecnos, Madrid, 1989. Aliás, já em 1986 era geralmente reconhecido que a *Lei-Modelo*, embora preparada para a arbitragem internacional, funcionaria determinantemente para "a aproximação dos sistemas jurídicos nacionais em sede da própria arbitragem interna" (M. Ângela Soares-Moura Ramos, *ob. cit.*, p. 327).

[22] Cfr., por todos, Philippe Fouchard (*La spécifité de l' arbitrage international*, em *Rev. Arb.*, 1981, pp 467 – 499). Já em 1965 Fouchard, que tinha então apenas 28 anos, escrevia na *Rev. Arb.* sobre "L'autonomie de l'arbitrage commercial international" (p. 99). É de crer que os partidários da autonomia da arbitragem *internacional* tenham fundamentalmente em vista a autonomização uma ordem arbitral específica, de igual passo autónoma, como seja a *lex mercatoria*. Mas não apenas quanto ao direito aplicável ao fundo da causa. Alguns autores consideram ainda uma autonomia processual (para além de Fouchard – Gaillard – Goldman, em TRAITÉ DE L'ARBITRAGE COMMERCIAL INTERNATIONAL, ed. Litec, 1996, p. 650, cfr. Jean-Baptiste Racine, *Réflexions sur l' autonomie de l'arbitrage commercial international*, na *Rev. Arb.*, 2005, pp. 305 e segg., *maxime* p. 321). Este nº da *Revue* é consagrado, precisamente, a Philippe Fouchard, falecido em 3.1.04, num desastre de aviação.

desa (1986), a *inglesa* (1996) e a *alemã* (1997) encarregaram-se de os contraditar. E de algum modo também o fizeram, de certo modo, a *italiana* (1994) e a *sueca* (1999). Dissonantes desta linha terão sido apenas a *Irlanda* (1998) e a *Grécia* (1999), que optaram por uma regulamentação específica da arbitragem internacional. Entretanto o já referido D.L. *italiano* n° 40, de 2.2.06, revogou todos os preceitos relativos à arbitragem *internacional*, unificando esta com a arbitragem *interna*.

Os Arbitros de Parte

7. Os árbitros indicados pelas partes não serão necessariamente árbitros *partidários*, no sentido de *deliberadamente* "não-neutrais". Mas a realidade é que, desde logo, terão a *humana* propensão para encarar com maior receptividade a posição da parte que os indicou[23].

8. A pureza dos princípios da imparcialidade e da neutralidade dos árbitros levaria a que, em nenhuma perspectiva, se pudesse reconhecer a verificação e a *legitimidade* dessa realidade.

E uma solução para a ultrapassar estaria na generalização da figura do *árbitro-partidário*, como tal reconhecido e sujeito a um estatuto próprio, como acontece no direito inglês.

O sistema desenvolve-se assim: cada parte designa um *arbitrator-advocate*, seu verdadeiro representante. Em caso de discordância irremissível entre os dois árbitros *de parte*, intervirá então um *umpire*, que julgará o litígio[24]

---

[23] Como refere Jean-Denis Bredin (*Retour au delibéré arbitral*, em LIBER AMICORUM CLAUDE REYMOND cit., p. 49): "Dois árbitros, mesmo quando se esforcem por ser imparciais, (...) arriscam-se a ser encarados como actuando com o preconceito (...) de defenderem os interesses da "sua" parte". Esta ideia justifica que Lebre de Freitas tenha entendido que "a imparcialidade dos árbitros, tal como a sua independência relativamente às partes (...) não é, pois, pelo modo da sua escolha, exigida com o mesmo rigor que para os juízes" (em INTRODUÇÃO AO PROCESSO CIVIL, ed. Coimbra Editora, 1996, p. 67).

[24] Sobre o sistema inglês cfr. Poudret-Besson, DROIT COMPARÉ... cit, p. 703., e Mustill – Boyd, THE LAW AND PRACTICE OF COMMERCIAL ARBITRATION IN ENGLAND, ed, Butterworth, 1982, pp. 222 e segg. Este sistema, aparentemente dissonante do princípio nuclear que nos regimes anglo-saxónicos é adoptado, ou seja o da

Os árbitros de parte, embora isentos do dever de neutralidade, serão, no entanto, responsabilizáveis se, em qualquer fase do processo, o seu comportamento se revelar "dishonest" ou "unfair".

A jurisprudência norte-americana tem-se predominantemente manifestado no sentido de sobre o árbitro "não neutro" não poder recair um incidente de recusa. Segundo o "Code of Ethics" aprovado conjuntamente em 1977, pela *American Arbitration Association* (AAA) e pela *American Bar Association* (ABA) se as partes não dispuserem em sentido contrário na convenção de arbitragem, os árbitros "partidários" ficam dispensados do dever de neutralidade[25].

Entretanto, na prática europeia não é, como regra, configurável a "institucionalização" de árbitros formalmente *não neutrais*. É, por exemplo, o que resulta das *Rules of Ethics* da *International Bar Association* de 1987[26].

Aliás, e de qualquer modo, aquela "solução" de recurso alteraria em decisiva medida os pressupostos *clássicos* da *arbitragem*.

O Caso Português

9. No tocante à consagração da figura do arbitro *não neutral* a resposta da LAV é negativa.

Com todas as ressalvas que na prática possam ser figuradas, qualquer árbitro está adstrito ao dever de imparcialidade e de neutralidade[27].

---

imparcialidade dos árbitros, tem geral aceitação e aplauso na doutrina e na prática. Mustill-Boyd consideram-na "the most striking feature of English commercial arbitration" (ob. cit., p. 223). Para eles dele decorre um mais nítido reconhecimento das *realidades* da arbitragem.

[25] Os árbitros *de parte* ("party-appointed arbitrators") serão, pois, *partidários* mas não desonestos ("partisan, but not dishonest").

[26] Fouchard – Gaillard – Goldman, TRAITÉ... cit, p. 591. Cfr.ainda Thomas Clay, L'ARBITRE cit., p. 296-297.

[27] Pierre Lalive, talvez com alguma ironia, escrevia em 1996 que "la conception de *l'arbitre de partie* comme intermédiaire ou médiateur ne souleverait guère d'objections fondamentales si elle était, d'entrée en cause, connue, et surtout, commune aux deux arbitres choisis par les parties, le príncipe d'égalité étant ainsi respecté" (cit. por Cláudio Consolo, *Arbitri di parte non "neutrali"*, na *Riv. dell' Arb.* 2001, pp 9 e segg., *maxime* p. 11).

10. Entretanto, e como é óbvio, a imparcialidade *absoluta* será quase inatingível. Realmente, ou como propósito deliberado, ou como reflexo de uma propensão pessoal ou doutrinal de que o próprio arbitro não se aperceberá racionalizadamente, o princípio será não raramente vulnerado.

O propósito *deliberado*, não em relação a um só caso, mas a uma sucessão de casos, surgirá, por exemplo, na hipótese figurada por Schlosser[28]. É a seguinte: os advogados especializados em arbitragem membros de uma grande sociedade de advogados separam-se *formalmente* dessa sociedade e instalam um centro de arbitragem institucionalizada. Isso não os impedirá de continuar *de facto* a actuar em comunidade de interesses com os seus antigos colegas.

Situação diversa será a de um árbitro cujas posições doutrinais publicadas se tornaram conhecidas sobre certa matéria ser solicitado a intervir numa arbitragem em que, precisamente, esteja em causa essa matéria[29].

A designação repetida do mesmo árbitro pela mesma parte constituirá uma circunstância justificativa da sua recusa ou, a final, da anulação da sentença? Mas a partir de que *frequência* na designação tal circunstância será *significativa* ? As *guidelines* (*directivas*) da IBA apontam para critérios relativamente estritos[30]. Acontece, porém, que em determinadas matérias o mesmo árbitro é frequentemente indicado por nelas ser especialmente competente. Trata-se de uma situação já considerada jurisprudencialmente[31].

---

[28] est. cit., p. 15.

[29] Cfr. Manuel Botelho da Silva, *Pluralidade das partes em arbitragens voluntárias*, em ESTUDOS PROFª MAGALHÃES COLLAÇO, II, ed. Almedina, pp. 499 e segg., *maxime* p. 509.

[30] Sobre as *guidelines* cfr. Thomas Clay, *Présentations des directives de l'International Bar Association sur les conflits d'intérêt dans l'arbitrage international*, na *Rev. Arb.*, 2004, p. 991.

[31] *Cour d'Appel* de Paris em 17.2.2005 (*Rev. Arb.*, 2005, p. 716, com anotação de Marc Henry).

As Listas de Árbitros

11. Afectarão as listas de árbitros dos centros de arbitragem a regra da independência e imparcialidade dos árbitros?

Quanto às listas *fechadas*, nas quais as partes terão de escolher, *imperativamente*, um árbitro, é quase geral a sua reprovação.

No tocante às listas *abertas*, que funcionam como que um catálogo de árbitros *recomendados*, que deixam às partes a sua *clássica* faculdade de designar os árbitros[32], a situação é inversa.

Uma solução intermédia será a de as partes poderem, em princípio, designar os árbitros, mas não abrindo o centro de arbitragem mão do poder de os *confirmar*[33].

12. Declarado crítico das listas de árbitros é Thomas Clay:

"O sistema (...) não satisfaz porque a escolha das partes deixa de ser inteiramente livre e nada justifica uma tal limitação. Para mais as listas estão desacreditadas porque são na maior parte dos casos organizadas sem método, incompletamente e, sobretudo, sem critério[34].

E acrescenta:

"Les recensements sont plus souvent opérés en fonction des liens qui unissent ceux qui font les listes et ceux qui y figurent (...)".

Os organizadores das listas poderão não ter em conta, determinantemente, a *aptidão* dos árbitros escolhidos que escolhem para cumprir a sua natural função, que é a arbitragem[35].

---

[32] Marc Henry, LE DEVOIR D'INDÉPENDANCE DE L'ARBITRE cit., p.358 e Fouchard – Gaillard – Goldman, TRAITÉ cit., p. 573, por ex.

[33] Na CCI o regime é mais complexo, mas até certo ponto assimilável ao das listas *abertas* (ou, melhor dizendo, *semi-abertas*). Cfr. o *Regulamento* de 1998 (arts. 8º e 9º) e Stephen R. Bond, *La constitution du tribunal arbitral*, no *Bull. de la Cour Internationale d'Arbitrage de la CCI*, Dez. de 1997, p. 22.

[34] L'ARBITRE cit, p. 399.

[35] Clay, loc. cit., que invoca Pierre Bellet: "não bastará estar inscrito numa lista de árbitros para ser competente" (id.). Realmente é uma prática defeituosíssima *impor* uma lista de árbitros *obrigatória* ou *fechada* num centro de arbitragem "corporativo" (i.e. criado por uma associação profissional para dirimir conflitos entre os seus membros) mas que também realiza "por acréscimo" arbitragens em matéria administrativa ou comercial. Isto tanto mais

Ora um árbitro incluído numa lista por razões de "cumplicidade" profissional ou afectiva com quem a organiza vê necessariamente afectada a sua independência e imparcialidade.

13. Em síntese, é de pensar que parte do cortejo de inconvenientes que Pierre Lalive (e não só) aponta aos centros de arbitragem[36] radica em grande medida nas *listas de árbitros* "fechadas" ou "entre-abertas" de *alguns* desses centros.

Nos regulamentos dos *clássicos* centros de arbitragem, às partes raramente é expropriado por completo o direito de escolher os árbitros. Assim o da *American Arbitration Association* – AAA (de 1997) – art. 6°, o do *Instituto Alemão de Arbitragem* (de 1998 – art. 2°) e o da *Associação Italiana de Arbitragem* (de 1994 – art. 12°)[37].

14. O exemplo mais usual de centros de arbitragem que na generalidade dos casos funcionam com inteira idoneidade são os das

---

anómalo é quando se sabe que na arbitragem se operam de dia para dia novos ou renovados rumos. Designadamente no domínio das *sociedades comerciais* uma significativa área dos litígios é hoje já resolvida por arbitragem (ou mediação). Em Itália, sobretudo depois do Dec. Legislativo 5, de 17.1.2003 (cfr. *Riv. dell'Arb.*, 2002, p. 605), têm sido publicados importantes estudos sobre o tema (assim, por ex., mesma *Riv.*, 2003, p. 1, p. 51 e p. 233, 2005, p. 311). E logo em Novembro de 2002 realizou-se em Roma, por iniciativa de *Associação Italiana da Arbitragem*, uma conferência sobre "Conciliazione e arbitrato nelle controversie societarie". Sobre alguns dos problemas suscitados pela arbitragem societária cfr. Daniel Cohen, ARBITRAGE ET SOCIÉTÉ, ed. L.G.D.J., 1993 e Bernard Hanotiau, *L'arbitrabilité des litiges en matière de droit des sociétés*, LIBER AMICORUM CLAUDE REYMOND cit., pp. 97-109 e obras aí citadas. É necessário lembrar que em 1986 (*Convenção de Arbitragem*, na R.O.A., pp. 289 e segg., *maxime* p. 340) Raul Ventura encarara já com algum detalhe a *arbitrabilidade* dos litígios relativos a sociedades.

[36] A *desconfiança* de Lalive em relação a alguns centros de arbitragem está à vista, designadamente em *Avantages et inconvenients de l'arbitrage "ad hoc"*, ÉTUDES P. BELLET cit, pp. 301 – 321, e em *Sur une "commercialisation" de l'arbitrage international*, LIBER AMICORUM C. REYMOND cit, pp. 167-172. Para suprir o apoio logístico dos centros de arbitragem recomenda Lalive o *secretário arbitral*. E daí que a ele seja de atribuir a sua inclusão na *Concordata* suíça de 1969 (art. 15°). Thomas Clay (*Le Secrétaire Arbitral*, na Rev. Arb., 2005, pp. 931-957) refere que Lalive "ne manque pas une occasion d'en souligner les incontestables bienfaits" (do secretário arbitral) – (p. 932).

[37] Exceptuar-se-á a *London Court of International Arbitration* (LCIA) – de 1998 – mantendo uma tradição que remonta a 1892. O Regulamento da AAA foi alterado em 2001 para a arbitragem internacional.

Câmaras de Comércio, que desde fins do século XIX se institucionalizaram. Por regra, sem dispensarem um *controlo prévio* sobre a qualificação técnica dos árbitros escolhidos pelas partes, adoptam listas meramente *facultativas*[38].

Conclusões

15. Parece necessário rever a LAV no que toca ao sistema de impedimentos e recusas nela configurado. Muitas leis de arbitragem foram completamente modificadas na totalidade depois de alguns anos de vigência. Assim a inglesa (1950-1975-1996) e a espanhola (1988-2003). E na LAV não repercutem ainda os critérios adoptados na Lei-Modelo (1985), ao invés do que acontece na generalidade das leis de arbitragem modernas.

16. As soluções contidas nos artigos 14º e 20º LAV parecem de aceitar. É deixado à vontade das partes o conformarem a figura do presidente do tribunal arbitral na sua natural função de árbitro *inquestionavelmente* "super-partes", com uma acrescida intervenção no processo arbitral[39].

17. As *listas de árbitros* fechadas ou imperativas, são, como regra, de molde a suscitar reserva. Na sua origem a arbitragem tem um carácter marcadamente *contratual*, que se irá progressivamente esbatendo durante o seu desenvolvimento *processual* e se perderá quase que por completo no seu desfecho *jurisdicional*. Dificilmente se poderá justificar que às partes se possa subtrair *por completo* a faculdade de escolher os árbitros.

---

[38] Sobre a realidade italiana cfr. Romeo Caproni, *L'arbitrato amministrato delle camere di commercio in Itália*, na *Riv. dell'Arb.*, 2000, pp. 663 e segg., *maxime* p. 671. O *novo* (completamente novo) art. 832º do CPCI (versão de 2006) prevê a hipótese de na convenção de arbitragem se remeter para um regulamento arbitral preconstituido. Em caso de contradição entre o disposto na convenção e o previsto no regulamento arbitral prevalece o disposto na convenção. Trata-se de uma importante brecha aberta na *soberania* (delegada) dos centros de arbitragem

[39] O texto de Claude Reymond, *Le président du tribunal arbitral* (ÉTUDES PIERRE BELLET, ed. *Litec*, 1991, pp. 468-482) é, a este respeito, paradigmático.

ARRESTO DE NAVIOS

1. O Arresto da Carga

1.1. Obviamente que será possível arrestar (ou penhorar) mercadorias carregadas num navio se o proprietário (delas) for devedor do requerente do arresto.

E não menos óbvio é que a circunstância de as mercadorias estarem carregadas num navio não impedirá, em princípio, a concretização de um arresto.

Só que ao arresto de mercadorias *carregadas num navio* não se aplica, em qualquer legislação moderna, o regime do arresto de navios.

Realmente, nenhuma dúvida poderá haver sobre a *não* unidade constitutiva ou *pertinencial* entre um navio e a carga nele transportada com base num contrato de transporte celebrado com o armador e não pertencente, portanto, a este.

Já Ripert salientava, categoricamente:

> "Quant à la saisie des marchandises, elle ne sera de nos jours pratiquée que par les créanciers des (chargeurs), l' armateur n'étant propriétaire des marchandises"[1].

---

[1] DROIT MARITIME, 4ª ed., 1º vol., *Rousseau* ed., 1950, p. 795. Refere Ripert que o direito inglês consagra uma providência próxima do arresto: o *right to stop in transitu* (cit. p. 795, em nota). Só que ela tem uma natureza diversa da do arresto. Não é um direito sobre *o carregador* e (evidentemente) sobre *o armador*. É um direito do carregador (*the original shipper*) em caso de insolvência do destinatário. Tem como finalidade "congelar" as mercadorias "by the seller" (Payne & Ivamy's, CARRIAGE OF GOODS BY SEA, 13ª ed., *Butterworths* ed., Londres, 1989, p. 125).

Ulteriormente, Martine Remond-Gouilloud explicitaria:

"On aura garde (...) de confondre avec la saisie der navire la saisie de la cargaison. Cette dernière ne fait l'objet d'aucune disposition spéciale, sauf quant aux immunités reconnues aux cargaisons d' Etat (...). Pour le reste elle relève du droit commun"[2].

Sobre o regime legal aplicável ao arresto de mercadorias Gérard Tantin, reportando-se ao sistema francês – que é idêntico a todos os que relevam em direito comparado – diz expressamente que

"au contraire (do que se passa com o arresto de navios) la saisie des *marchandises* à bord d'un navire n'est régie par aucune convention internationale et, en droit interne, il n'y a pas de texte spécifique qui règle la question en matière maritime"[3]

Ou seja, a legislação aplicável é a que internamente rege, *em geral*, o arresto.

Neste domínio o problema que se poderá suscitar é o de saber quem deverá ser requerido: se o carregador ou o destinatário, sobretudo no caso de venda no embarque.

Tratar-se-á, entretanto, de um problema que transcende a presente indagação[4].

---

[2] DROIT MARITIME, 2ª ed., *Pedone* ed., 1993, p. 179. Em 24.5.1995 a *Cour d'Appel* de Ruão decidiu exactamente neste sentido. E manteve esta posição em 20.12.1995 (D.M.F., respectivamente 1996, p. 717, e 1997, p. 20). Cfr. ainda Antoine Vialard, LA SAISIE CONSERVATOIRE DES NAVIRES AFFRETÉS, em D. M. F., 1994, pp. 305 e segs, *maxime* p. 313.

[3] LA SAISIE DES MARCHANDISES EN COURS DE TRANSPORT, em D.M.F., 1994, P. 295. Entendemos, ao invés do que ensinava Ripert, que mesmo que a carga *pertença ao armador*, o regime que lhe será aplicável será o do direito comum.

[4] Cfr., sobre esse problema, Gérard Tantin, est. cit., pp. 297-304. V. ainda Cour de Cassation, 3.4.2001, em D.M.F., 2002, p. 38 e *Cour d'Appel* de Ruão, 6.5.2003, em D.M.F., 2003, p. 779. Decidiu este Tribunal no sentido de que o comprador das mercadorias, na modalidade C&F, poderia ser demandado para efeitos de arresto, mesmo se um conhecimento à ordem tivesse sido emitido. Na anotação a esta decisão Philippe Delebecque (D.M.F., 2003, pp. 784-787) discorda peremptoriamente da solução, dizendo estar ela ao arrepio da jurisprudência dominante. Com o maior interesse para o enfoque geral da questão cfr. Francisco Costeira da Rocha, O CONTRATO DE TRANSPORTE DE MERCADORIAS, Almedina, 2000, *maxime* pp. 159 e segs..

Nos termos do art. 491º do Código Comercial (1888) o navio despachado para viagem não poderia, em regra, ser arrestado.

Reportando-se ao arresto ou penhora *sobre géneros ou mercadorias* já carregadas em navio despachado para viagem o § único desse artigo não autorizava a sua descarga, "senão nos termos em que o próprio carregador (tivesse) ainda direito de a exigir, pagando o interessado o frete, as despesas de carga, descarga e desarrumação e prestando caução ao valor (dos géneros ou mercadorias)".

Em 1932, ao interpretar o preceito na sua globalidade dizia Viegas Calçada que o Código "(permitia) o arresto ou mercadorias já carregadas em navio despachado para viagem". O que não acontecia quando se tratasse de arresto do próprio navio. Entretanto "estes actos não (tinham) como consequência o embaraço do navio". Só que, como claramente advinha do preceito, "quando muito pode acontecer que a carga arrestada tenha de ser descarregada, se o dono dela ainda tiver direito a exigir essa descarga, pagando no entanto o frete, as despesas de carga, descarga e arrumação, prestando além disso caução (...)".

Para Viegas Calçada as dívidas que poderiam justificar o arresto ou a penhora da carga eram todas e quaisquer dívidas dos respectivos donos, e não apenas as respeitantes à carga embarcada[5].

Ou seja, o arresto não teria que provir de créditos *marítimos* mas de *quaisquer* créditos.

1.2. Reproduziu o Código de Processo Civil, em parte, o regime daquele art. 491º.

E assim, mesmo depois da revisão de 1995-96, dispunha o nº 1 do seu art. 829º que o navio despachado para viagem não poderia, em regra, ser penhorado (e, portanto, arrestado).

No entanto, quanto à penhora ou arresto da carga, o nº 3 desse mesmo artigo acolheu uma solução *sui generis*.

Ou seja: as mercadorias já carregadas em navio despachado para viagem não poderiam ser penhoradas. Mas poderiam sê-lo se todas pertencessem a um único carregador e o navio não transportasse passageiros.

---

[5] Viegas Calçada, DAS CAUÇÕES MARÍTIMAS, Lisboa, 1932, p. 111.

Dispunha, porém, o n° 1 do art. 830°:

"Ainda que o navio já esteja despachado para viagem, efectuada a penhora das mercadorias carregadas, pode ser autorizada a sua descarga se o credor satisfizer por inteiro o frete em dívida, as despesas de carga, estiva, desarrumação, sobredemora e descarga ou prestar caução ao pagamento dessas despesas".

Era detectável uma evidente colisão de regimes entre o n° 3 do art. 829° e n° 1 do art. 830°.

Realmente, da leitura daquele n° 3 resultava que as mercadorias carregadas em navio despachado para viagem *só* poderiam ser penhoradas se todas pertencessem *a um único carregador* e se *o navio não transportasse passageiros*.

No entanto o n° 1 do art. 830° autorizava a penhora em quaisquer mercadorias carregadas em navio despachado para viagem, pertencessem ou não a um único carregador fossem ou não transportados passageiros no navio. Para ser autorizada a sua descarga teria o credor que pagar o frete em dívida, as despesas de carga, estiva, desarrumação, sobredemora, ou de prestar caução a esse pagamento.[6]

Com algum esforço de "imaginação" exegética somente se poderiam conciliar o n° 3 do art. 829° e o n° 1 do art. 830° se entendido fosse que as mercadorias penhoradas ao abrigo daquele n° 3 (ou seja, as pertencentes a um único carregador e não transportando o navio passageiros) *apenas* poderiam ser penhoradas verificado que fosse o condicionalismo exigido no n° 1 do art. 830°.

Ficaria assim reduzido o âmbito de aplicação deste n° 1, mas salvar-se-ia a coerência (?) do confuso sistema processual.

1.3. Revogando o art. 829° o Decreto-Lei 38/2003, de 8 de Março, fez convalescer (dentro dos pressupostos de todo o regime) a anterior contradição de regime.

---

[6] A quem cabe dar essa autorização ? É de supor que ao juiz do Tribunal Marítimo. Martine Remond-Gouilloud (ob. cit., p. 179) entende que o capitão, para evitar a imobilização do navio em decorrência do arresto da carga, poderá fazê-la descarregar e consigná-la em depósito. O que mais se justifica – acrescentaremos nós – se estiverem em causas (directa ou indirectamente) mercadorias perecíveis.

1.4. A Lei 35/86, de 4 de Setembro, que instituiu os tribunais marítimos cometeu-lhes competência para conhecer, em matéria cível, das questões relativas a "hipotecas e privilégios sobre navios e embarcações, bem como quaisquer garantias reais sobre engenhos flutuantes e *suas cargas*" (art. 4º, al.g). E passou a caber-lhes, de igual passo, e dentro o mesmo espírito, o "decretamento de providências cautelares sobre navios, embarcações e outros engenhos flutuantes, respectiva carga e bancas (...)" – al.i) do mesmo artigo.

No art. 12º estabelece-se um regime processual mais expedito para a efectivação desses procedimentos cautelares dispondo-se que os actos judiciais a praticar o poderão ser nos dias em que os tribunais estiverem encerrados, por se presumir que se destinam a evitar dano irreparável (art. 143º do Código de Processo Civil).

No essencial este regime mantem-se em vigor.

Trata-se, de qualquer modo, de matéria processual, embora tendo subjacente a mesma indevida parificação entre o arresto do navio e o arresto da carga.

1.5. Num tentame de superação das deficiências globais do sistema poder-se-á *salvar* o sentido útil do nº 2 do art. 9 do Decreto-Lei 201/98, de 10 de Julho.

O nº 1 desse art. 9º está impecavelmente certo ("o *navio* pode ser arrestado ou penhorado mesmo que se encontre despachado para a viagem"). A solução contrária – a de impedir o arresto de *navios* despachados para viagem – foi a que prevaleceu durante o século XIX e na 1ª parte do século XX, na esteira do Código Comercial francês de 1808 (art. 215º). Curiosamente, encarando os ordenamen-os internos dos Estados mais significativos, apenas no *italiano* se mantém a norma da al.d) do art. 645º do *Código da Navegação* de 1942. Por ela, não podem ser arrestados os navios "pronti a partire o in corso di navigazione"[7].

Quanto ao nº 2 do mesmo art. 9º ("o disposto (no nº 1) é aplicável aos géneros ou mercadorias carregados em navio que se achar nas circunstâncias previstas no número anterior") ele comporta

---

[7] Berlingieri considera, entretanto, que as "disposições contidas no art. 645º (...) são um resíduo histórico e devem ser revogadas porque injustas e de difícil e limitada aplicação" (em *Il Diritto Marittimo*, 2005, p. 215).

O entendimento de que a carga do navio pode ser arrestada mesmo que este se encontre despachado para viagem.

E então fará sentido a alteração introduzida no art. 830º do Código de Processo Civil pelo Decreto-Lei nº 38/2003[8].

1.6. Como resulta do exposto, ao arresto da carga aplica-se o regime geral desse procedimento cautelar, nos termos previstos nos arts. 619º a 622º do Código Civil e 406º e segs. do Código de Processo Civil. Há que ter em conta os arts. 409º e 830º deste ultimo Código. Só no quadro dispositivo deste preceito poderão advir do arresto ou da penhora da carga imobilização do navio, necessariamente temporária.

---

[8] Revemos assim, num melhor exame, a posição quanto a este aspecto anteriormente assumida (R.O.A., 2003, p. 5 e segs.). As leis, enquanto não forem alteradas, devem ser encaradas para *valer*, tanto quanto seja possível. Certo é que do *preâmbulo* do Decreto-Lei nº 201/98 decorre que a Convenção de Bruxelas de 1952 é aplicável à *carga*, o que é inexoravelmente *errado*. Mas um preâmbulo não tem eficácia normativa. E o nº 2 do art. 1º do Dec.-Lei em causa explicita expressamente o que é parte integrante de um *navio*. E aí não se inclui (como é óbvio) a carga. Já no que toca aos *combustíveis* ("soutes") indispensáveis à *operacionalidade* do navio não serão de considerar como constituindo parte da carga. Dir-se-á, incidentalmente, que os destroços de um navio (*épaves, relitti*) não susceptíveis de navegar deixaram de poder ser tidos como um *navio*. Cfr., Cécile Navarre-Laroche, LA SAISIE CONSERVATOIRE DES NAVIRES EN DROIT FRANÇAIS, *Moreux* ed., Paris, 2001, p.12 (que cita Pierre Bonassies e Emmanuel du Pontavice). Para Lefebvre d'Ovidio – Pescatore – Tullio não são arrestáveis, segundo o regime aplicável aos navios, aqueles navios que, embora podendo navegar, estejam afectados a uma instalação fixa, como um restaurante ou um hotel. (MANUALE DI DIRITTO DELLA NAVIGAZIONE, 9ª ed., *Giuffrè* ed. Milão, 2000, p. 261). Ao invés, Francesco Berlingieri, ARREST OF SHIPS, 3ª ed., *L.L.P.* ed., Londres, 2000, p. 15, entende que são susceptíveis de arresto *marítimo* "drilling platforms, storage, tanks, floating factories, floatings dry-docks, floating hotels, barges and dredges". O que relevará é o *registo* da embarcação como tal. Daí que mesmo uma *épave* possa ser arrestada em termos de D.M. se ainda continuar *registada* como navio. Frontalmente contra era Emmanuel du Pontavice, LE STATUT DES NAVIRES, *Litec* ed., Paris, 1976, p.11. Cfr. ainda Rodière, DROIT MARITIME. LE NAVIRE. *Dalloz* ed., Paris, 1980, p. 255. O Supremo Tribunal da Irlanda, em 22.1.98, decidiu que uma draga mesmo que não munida de auto propulsão ou de leme e usualmente sem tripulação é um navio, já que destinada a desenvolver a sua actividade no mar, nele se deslocando (*Il Diritto Marittimo*, 1998, p. 876). Poderá, pois, ser arrestada. Cfr. sobre o conceito de navio, Mário Raposo, DIREITO MARÍTIMO..., na *Rev. Ordem Advogados* 1983, pp. 346 e segs, *maxime* pp. 390-393.

A imobilização temporária do navio implicará necessariamente prejuízos *vultuosíssimos*, o que, na generalidade dos casos, tornará a aplicação do preceito impraticável, num critério realístico[9].

O que se deve ter como apurado é que a regra determinante nesta área é a de que a apreensão judicial implicada pelo arresto recai unicamente sobre os bens do devedor, *dono da carga* (arts. 406º do CPC e 619º do C.C.). A sua *contaminação* ao *navio* é, por isso mesmo, de evitar até ao possível.

2. Quando se Aplica a Convenção

2.1. Diz o art. 8º da Convenção de 1952:

"1. As disposições da presente Convenção são aplicáveis em qualquer dos Estados Contratantes a todo o navio que arvore a bandeira de um Estado Contratante.

2. Um navio que arvore a bandeira de um Estado não Contratante pode ser arrestado num Estado Contratante, em virtude de um dos créditos enumerados no art. 1º ou de qualquer outro crédito que autorize o arresto segundo a lei desse Estado.

3. Todavia, qualquer Estado Contratante pode recusar todas ou parte das vantagens da presente Convenção a qualquer Estado não contratante ou a qualquer pessoa que à data do arresto não tenha a sua residência habitual ou o seu principal estabelecimento num Estado Contratante.

4......

5...... ".

Subjacente a este preceito está a consideração da lei da bandeira, sendo irrelevante a nacionalidade do proprietário do navio, ou a do seu estabelecimento principal ou domicilio. A lei da bandeira é, natu-

---

[9] Como refere Marta Zabaleta Díaz, em NOTAS SOBRE LA COMPETENCIA JURISDICCIONAL EM EL EMBARGO PREVENTIVO DE BUQUES, no *Anuário de Derecho Marítimo* (A.D.M.). vol. XXI, 2004, p.2009 (estudo que, obviamente, não se refere ao arresto da carga) a imobilização, mesmo que por curto prazo, de um navio é "la mayor desgracia que puede acontecer a un armador". E recorda o clássico aforismo" barco parado no gana flete".

ralmente, a lei do registo. Mas poderão surgir aí problemas, embora não frequentes[10].

No tocante ao nº 2, surgiram dúvidas de entendimento, resultantes da versão francesa, quando na parte final do preceito fala em "cet État". No que foi seguida pela versão (oficiosa) portuguesa ("nesse Estado"). Este Estado será o Estado *não contratante* ou o do *forum arresti*?

A versão (oficial) inglesa do preceito esbate a maior dúvida ao referir expressamente "the law of the Convention State". Ou seja, não se aplicará, pura e simplesmente, a Convenção se o crédito não constar da *closed list* do art. 1º.

Quanto ao nº 3 quem poderá recusar a aplicação da Convenção a qualquer Estado não contratante?

O juiz da causa onde a questão se suscitar? Sustenta Cécile Navarre-Laroche que essa recusa pertence a quem detiver competência legislativa. Mas, a ser assim, em que momento poderá tal competência ser exercida?

Sendo certo que tal recusa não figura entre as reservas que podem ser apostas à Convenção quando da ratificação ou da adesão ter-se-á que concluir que o poderá ser em qualquer acto legislativo posterior ao ingresso na Convenção[11].

Aliás, o art. 8º, nº 2, da Convenção é fonte de diversos entendimentos. Por exemplo, a *Corte di Cassazione* italiana, em 25.5.1993, decidiu que o credor de um navio de um Estado não contratante podia requerer o arresto com base num dos créditos do art. 1º da

---

[10] Belén Mora Capitán, EL EMBARGO PREVENTIVO DE BUQUES, Bosch ed., Barcelona, 2000, p.69. De qualquer modo, com sublinha F. Berlingieri (ARREST OF SHIPS cit, p. 16), "the scope of application of the Convention is established on the basis of the flag of the ship". "The flag is the symbol of the nationality". E "the nationality of a ship is that of the State in whose register of ships the ship is entered". Certo é que o navio pode ter um registo duplo ("dual registration"). Mas essa e outras são situações a encarar caso por caso.

[11] ob. cit. , p. 32. No mesmo sentido, Antoine Vialard, LA SAISIE CONSERVATOIRE DU NAVIRE POUR DETTES DE L'AFFRÉTEUR À TEMPS, em D.M.F., 1985, p. 582. Entretanto, Antoine Vialard parece ter alterado a sua primitiva posição, atribuindo agora ao Juiz competência para a recusa.

Convenção. Só os demais preceitos desta não seriam aplicáveis pelo tribunal do Estado contratante[12].

2.2. Dispõe o nº 4 deste art. 8º que "nenhuma disposição da presente Convenção modificará ou afectará a lei interna dos Estados Contratantes no respeitante ao arresto de um navio na jurisdição do Estado cuja bandeira ele arvora, por pessoa com residência habitual ou principal estabelecimento nesse Estado".

Significa isto que o regime da Convenção não se aplica ao arresto em Portugal de um *navio* português por um residente português[13].

Ou seja, a Convenção apenas se aplicará quando um dos três elementos (local do arresto, bandeira do navio a arrestar e requerente do arresto) for estranho ao Estado onde tem lugar o arresto[14].

3. O Sistema da Convenção

3.1. Nos termos da *Convenção* para que um navio possa ser arrestado bastará *alegar* a existência de um dos créditos constantes da lista exaustiva, e de aplicação restritiva, do seu art. 1º, nº 1. Não há que justificar o receio de perda da garantia patrimonial.

Os acórdãos do S.T.J. e da Relação de Lisboa respectivamente de 21.5.1996 (*Colectânea-S.T.J.*, ano IV, II, p. 84) e de 19.3.1998 (*Colectânea* – ano XXIII, II, p. 96) decidiram, qualquer deles, que há que *alegar* e que *provar* o correspondente crédito marítimo.

Segundo a doutrina e a jurisprudência internacionalmente prevalecentes bastará a mera *alegação*, não tendo que ser feita a *prova* do crédito.

---

[12] Cfr. Maurizio Orione, BREVE RASSEGNA DI ORIENTAMENTI GIURISPRUDENZIALE SUL ALCUNI ASPETTI DEL SEQUESTRO CONSERVATIVO, em *Il Diritto Marittimo*, 1995, pp. 1076-1086.

[13] Antoine Vialard, DROIT MARITIME, ed. *Puf*, Paris, 1997, p. 315.

[14] Não se atribui relevo à residência habitual ou principal do arrestado. A razão de ser deste "desinteresse" resulta de o arresto ter como o alvo o próprio *navio*. É, de certo modo, uma *actio in rem*, por efeito da forte influência do direito inglês na estrutura da Convenção. Cfr. Cécile Navarre-Laroche, ob. cit., p. 34.

É assim em Espanha, na Holanda, em Itália e na Bélgica, sem sombra de dissonância[15].

Em França, não obstante o peso da quase unanimidade das vozes mais autorizadas no sentido de ser suficiente a *alegação* de um crédito (E. du Pontavice, Rodière, Villeneau, Vialard, etc), uma ou outra *Cour d'Appel* ainda adopta posições não concordantes. Assim a de Poitiers (em 13.11.1985) ao exigir a prova de que o crédito marítimo tinha um carácter *sério* e *certo*. A *Cour de Cassation*, em 26.5.1987 (D.M.F., 1987, p. 645) rectificou o erro. Propendeu para o exacto sentido a *Cour d'Appel* d'Aix-en-Provence em 24.9.1992, mas dele já divergira a *Cour d'Appel* de Ruão em 2.4.1992[16].

3.2. Face à lista do nº 1 do art. 1º da Convenção tem sido entendido não serem créditos marítimos os resultantes de prémios de seguros e de encargos de corretagem[17].

As omissões foram corrigidas na Convenção de 1999 (alíneas q) e r) do nº 1 do art. 1º).

De qualquer modo, créditos marítimos há cujo enquadramento na listagem taxativa e de interpretação restritiva do nº 1 do art. 1º da Convenção de 1952 é duvidoso. Subsiste sempre, com efeito, uma certa margem de interpretação, caso a caso.

Assim, e como exemplo, a *Cour d'Appel* de Ruão decidiu, em 27.4.1990, que se enquadrava no âmbito da "closed list" da Convenção o arresto de um navio com base nas operações de descarga do

---

[15] Relativamente à Bélgica, por exemplo, cfr. Léo Delwaide, SAISIE CONSERVATOIRE DES NAVIRES DE MER EN BELGIQUE, em D.M.F., 1984, p. 249. A alegação de um *crédito marítimo* contido na listagem do art. 1º, nº 1, da Convenção é suficiente. Mas a alegação de um crédito *inverosímil* ("invraisemblable") não é aceitar. Cfr. ainda do mesmo autor CHRONIQUE DE DROIT MARITIME BELGE (III – 1983/88), também em D.M.F., 1990, *maxime* p. 123.

[16] Cfr., com anotação de Yves Tassel, em D.M.F., 1993, p.245 e Pierre Bonassies, D.M.F., 1994, p. 84. Entretanto, um tribunal judicial grego em 2.3.2001 exigiu que o requerente fizesse a prova *prima facie* do seu crédito e da necessidade de uma medida cautelar (*Il Diritto Marittimo*, 2004, p. 62).

[17] Em contrapartida, Rodière cita uma decisão de um tribunal belga considerando como crédito marítimo o fornecimento de uma quantidade *normal* de cigarros para a tripulação, só deixando de o ser se a quantidade fôr anormal (DROIT MARITIME. LE NAVIRE cit, p. 248, em nota).

mesmo navio, por se tratar de um desembolso do capitão por conta do navio (alínea n) do nº 1 do art. 1º)[18].

E a locação de um conjunto de contentores por um armador para a exploração da sua frota de navios porta-contentores ? Entende a Câmara dos Lordes que sim se a locação for feita para a utilização de contentores destinados a ser carregados precisamente no navio que o locador do contentor pretende arrestar[19]. Entretanto um tribunal de Roterdão autorizou o arresto de todos os contentores locados destinados à exploração dos navios do armador, sem precisar quais[20].

O S.T.J. no Acórdão de 14.4.1997 (B.M.J., 486, p. 246) decidiu, e bem, que as despesas feitas com o fornecimento de combustível a um navio constituem um crédito marítimo, face ao que dispõe a alínea k) do nº 1 do art. 1º da Convenção.

A *Cour d'Appel d'Aix-en-Provence* decidiu, em 13.04.2004 (D.M.F., 2004, p. 1012) que, não apenas os salários do capitão, oficiais ou tripulantes constituem créditos marítimos (al. m) do nº 1 do art. 1º da *Convenção*) mas que também se integram no preceito os complementos dos salários e as indemnizações devidas em caso de cessação do contrato de trabalho.

Será caso, entretanto, de lembrar que a operação interpretativa do juiz nacional no entendimento a dar à listagem do referido nº 1 do art. 1º deverá ter sempre em conta o carácter *limitativo* dessa listagem. Neste sentido, *Cour d'Appel* de Aix-en-Provence em 26.10.2001 e em 30.10.2002 (D.M.F., respectivamente, 2002, p.265, e 2003, p. 78).

---

[18] D.M.F., 1992, p. 362. A *Cour d'Appel* de Aix-en-Provence decidiu que o crédito resultante da locação de um conjunto de contentores à sociedade proprietária dos navios arrestados não era um *crédito marítimo* no sentido do nº 1 do art. 1º (alínea K) da Convenção porque o contrato de locação não fazia qualquer referência a um navio em concreto, designadamente ao arrestado (anotação em D.M.F., 2003, p. 78).

[19] *Lloyd's Law Report*, 1998, p. 193.

[20] Taco Van der Valk, CLAIMS FOR CONTAINER HIRE RECOVERABLE IN THE NETHERLANDS, na mesma *LLR* de 6.9.1995.

4. Que Navios Podem Ser Arrestados?

4.1. Dispõe o art. 3º da Convenção:

"1. (...) qualquer autor pode fazer arrestar, tanto o navio a que o crédito se reporta, como qualquer outro pertencente àquele que na data da constituição do crédito marítimo era proprietário do navio a que este crédito se refere (excepto nos casos previstos nas alíneas o), p) ou q) do nº 1 do art. 1º, ou seja, em casos relativos a questões de propriedade ou a hipotecas sobre o navio, pois então apenas pode ser arrestado o navio a que respeita a reclamação).

2. Reputar-se-á terem o mesmo proprietário os navios cujas quotas-partes pertençam, em propriedade, à mesma ou mesmas pessoas.

3.....

4. No caso de fretamento de navio, com transferência de gestão náutica, quando só o afretador responder por um crédito marítimo relativo a esse navio, o autor poderá fazer arrestar o mesmo navio ou outro pertencente ao afretador, com observância das disposições da presente Convenção, mas nenhum outro navio pertencente ao proprietário poderá ser arrestado por tal crédito marítimo. A precedente alínea aplica-se igualmente a todos os casos em que pessoa diversa do proprietário é devedora de um crédito marítimo".

4.2. É o nº 1 do preceito de fácil entendimento. Como regra, pode ser arrestado não apenas o navio a que o crédito se reporta (*offending ship*) como qualquer outro do mesmo proprietário. Exceptuam-se os casos previstos nas alíneas o), p) e q) daquele nº 1. Isto é: quando estiver em causa uma questão relacionada com a propriedade ou com a sua compropriedade ou, ainda, com uma garantia hipotecária (ou *mortgage*). Nestas três hipóteses-tipo poderá apenas ser arrestado o navio a que tais questões disserem respeito.

4.3. Permite o nº 4 do mesmo art. 3º o arresto de um navio com base num crédito a que deu causa pessoa diferente do seu proprietário. Assim, no caso de uma dívida contraída por um afretador para a qual tenha sido transferida a gestão náutica[21].

---

[21] Cfr. mais detalhadas considerações em Antoine Vialard, LA SAISIE DES NAVIRES POUR DETTES DE L'AFFRÉTEUR À TEMPS, cit. est. de 1984, p. 579 e cit. est. de 1994.

Em decorrência directa do regime previsto no Decreto-Lei 191/87, de 29 de Abril, apenas o fretamento em casco nu estaria abrangido por aquele nº 4 do art. 3º, o que seria contrário ao espírito do preceito. Só que uma interpretação rígida e restritiva está hoje praticamente abandonada, como já acentuava Emmanuel du Pontavice[22].

Neste sentido, diz Francesco Berlingieri que o arresto poderá recair sobre um navio em relação ao qual tenha sido contratado um fretamento em casco nu (*bareboat charter*), ou mesmo em regime de *time charter* "and, even if in a more limited number of cases, against a voyage charter"[23].

4.4. A 2ª parte do nº 4 do art. 3º suscita outro problema largamente controvertido. O crédito marítimo que permita o arresto deverá ser um crédito privilegiado, ou poderá ser um crédito "comum"?

Parece de reconhecer um direito de arresto incondicionado, sem qualquer dependência do carácter privilegiado do crédito. E neste sentido são de apontar numerosas decisões judiciais francesas e italianas recentes (sobretudo da 2ª metade dos anos 90)[24].

E, na realidade, parece que o art. 9º da Convenção não conduz à doutrina que coloca no nº 4 do art. 3º o requisito da natureza privilegiada do crédito. Bem ao contrário[25].

---

[22] LE STATUT DES NAVIRES cit., p. 352. "Le créancier d'un affreteur à temps peut saisir le navire". Du Pontavice suscita, entretanto, o problema inverso: em caso de fretamento "with demise of the ship" os credores do fretador podem requerer arresto sobre o navio que ele, fretador, deu de fretamento ? A resposta parece estar na *origem* da dívida: será afirmativa se ela tiver sido contraída com referência ("em proveito", *hoc sensu*) do navio arrestado.

[23] ARREST OF SHIPS, 3ª ed. cit., p. 131. Mas o navio sobre que recaia o arresto será apenas o que deu causa ao crédito, e nenhum outro do proprietário desse navio. O que poderá ser arrestado será outro navio pertencente *ao afretador*.

[24] Cfr., no entanto, Berlingieri, ANCORA SUL SEQUESTRO DI NAVE NON APPARTENENTE AL DEBITORE, em *Il Diritto Marittimo*, 1999, pp 439 e segs. O estudo constitui a anotação à decisão do Tribunal de Veneza de 5.6.1998, que, em síntese, estabelece: "o art. 3º, nº 4, da Convenção (...) deve ser interpretado à luz do art. 9º e, por conseguinte, não pode ser consentido o arresto de um navio para garantia de um crédito sobre o *afretador a tempo* não dotado de privilégio".

[25] O certo porém é que continuam a surgir decisões em sentido oposto. Assim a do Tribunal de Ravena de 23.3.2000, em *Il Diritto Marittimo*, 2002, p. 1372. Mas, ao que se vê da anotação (não assinada) desta Revista sem fundamentação válida.

4.5. Suscita o nº 2 do art. 3º ("reputar-se-á terem o mesmo proprietário os navios cujas quotas-partes pertençam, em propriedade, à mesma pessoa"), na sua linearidade formal, complexas dúvidas de exegese.

Surgiram estas, desde logo, com a proliferação das "single ship companies", que correspondem a uma técnica jurídica que leva a constituir tantas sociedades distintas quantos os navios a armar e explorar. Em teoria, cada *single ship*, tendo património diverso do das outras, com elas não se poderá confundir. E pelas dívidas de cada um não poderão responder as demais.

Só que, tendo sobretudo em vista as frotas das grandes empresas de navegação, repartidas em *single ship companies* (o que em si mesmo não é uma prática ilegal[26]) a doutrina e a jurisprudência francesa levaram a um ponto extremo a transposição para o D.M. da *teoria da aparência*. Os "laços de parentesco" entre dois navios são, por vezes, extremamente frágeis. A "teoria" não se limita a permitir o arresto de um navio pertencente a uma "single ship" com base nas dívidas de um outro navio pertencente a uma "single ship" cujos sócios são diversos. É o caso, apontado por Antoine Vialard[27], de pelas dívidas de uma sociedade de gestão (*management*), que não é proprietária de nenhum navio, responderem os navios das *single ship companies* que ela gere.

A *Cour d'Appel* de Ruão em 6.1.1994 decidiu que o nº 2 do art. 3º se ajustava ao caso em que ocorria uma unidade financeira entre as sociedades proprietárias dos navios e a existência de administradores comuns[28].

E a mesma *Cour d'Appel* entendeu, em 14.9.2000, que é válido o arresto quando entre as duas sociedades existe uma dependência financeira tão significativa que seja de considerar que têm um só património.

---

[26] Isabelle Corbier, LA NOTION JURIDIQUE D'ARMATEUR, ed. *Puf*, 1999, p. 115. Lembra Isabelle Corbier que na Grã-Bretanha se distingue tradicionalmente entre as sociedades proprietárias de navios que surgem como *registered owners*, as que são *true owners* e as que se poderão identificar como sendo as *beneficial owners*. Essencialmente, o que será de indagar é a existência de uma *fraude* ou, pelo menos, de um *expediente enganatório* (pp 131-132).

[27] DROIT MARITIME cit., p. 317.

[28] D.M.F., 1994, p. 559, com anotação de Yves Tassel.

No entanto, se a existência de um património *real* comum continua a ser aceite pela *Cour de Cassation*, a coincidência entre as administrações das sociedades, pelo menos em parte, não será suficiente[29].

4.6. A jurisprudência inglesa é, pois, mais prudente e conservadora do que a francesa. Com base no nº 21(4) do *Supreme Court Act* 1981, cuja finalidade foi, como salientou Lord Diplock, "to bring the right of arrest *in rem* in the English Courts" em consonância com a Convenção de 1952, podem ser arrestados os navios alienados simuladamente a outrem, embora mantendo o anterior proprietário. As doutrinas construídas com base na realidade "single ship companies" não prosperaram[30].

4.7. No nosso País, além de qualquer outra perspectiva específica, são de considerar as sociedades coligadas, "expressão que num sentido muito amplo podemos equiparar à de grupos de sociedades"[31].

Como se sabe, face ao Código das Sociedades Comerciais de 1986, são três os *modelos* nele previstos: as sociedades em relação de participação, as sociedades em relação de participações recíprocas e as sociedades em relação de domínio. Em qualquer das hipóteses-tipo mantem-se a *autonomia jurídica* das diversas sociedades, permitindo-se uma direcção económica com independência jurídica. Como é óbvio, esta estrutura, com autonomia jurídica das sociedades componentes do *grupo*, não só proporciona vantagens de natureza fiscal, como sinergias de organização, como – e é isso que agora releva – *uma diversificação dos riscos*.

---

[29] *Cour de Cassation*, 3.1.1998, em D.M.F., 1999, p.123. Em Espanha as decisões são, por vezes, contraditórias. Assim, a *Audiência Provincial de Barcelona* considerou, em 27.11.2001, que a circunstância de dois navios, registados em nome de diferentes proprietários, terem a mesma gestão, era insuficiente para justificar o arresto dos dois. Mas o mesmo Tribunal, em 16.5.2002, julgou que um navio pode ser arrestado por créditos relacionados com outro navio pertencente a uma diferente sociedade, quando as duas sociedades têm os mesmos presidentes e vice-presidentes e são geridos pela mesma administração (em *Il Diritto Marittimo*, 2003, p. 69).
[30] Berlingieri, SISTER SHIPS E NAVI "APPARENTÉS", em *Il Diritto Marittimo*, 1998, pp. 315 e segs., *maxime* p. 332-335.
[31] Maria da Graça Trigo, GRUPOS DE SOCIEDADES, em *O Direito*, 1991, pp. 41 e segs. e António Pereira de Almeida, SOCIEDADES COMERCIAIS, 3ª ed., 2003, pp. 439 e segs.

5. O Arresto Injustificado

5.1. Tem vindo a ocorrer como que uma "banalização" do arresto, como se este não correspondesse a uma providência *agressiva*, para mais decretada sem audiência da parte contrária. A imobilização do navio ou os encargos (cada vez mais onerosos) da prestação de caução por parte do arrestado serão, como o revela a realidade, de elevado montante.

E é patente que, para ele poderão advir, em caso de um arresto injustificado, indevidos prejuízos.

Desde logo, como já assinalava Ripert, "il peut être condamné à indemniser les chargeurs au cas de retard dans l'arrivée ou de non arrivée de la marchandise, car cette saisie n'est pas pour l' armateur un cas de force majeure"[32].

Para além deste dano (que, como os demais, terá que ser alegado e provado, embora sumariamente) poderão existir outros.

Assim outros prejuízos económicos, como os directamente decorrentes da imobilização do navio. Tais prejuízos ascenderão quase sempre a alguns milhares de euros por dia, sobretudo se o navio já estiver armado e despachado para viagem[33].

A pertinência da responsabilização do requerente do arresto pelo prejuízo não patrimonial tem sido apenas considerada quando afecta a reputação no mercado do armador. Mas não será então um prejuízo com equivalência patrimonial? Trata-se de uma questão a enquadrar no âmbito do direito privado[34].

---

[32] Ob. cit., p. 804. Esta advertência de Ripert revela bem a sua posição – que é a geral – de que o arresto *marítimo* não pode incidir sobre a carga. É evidente que esta pode ser autonomamente arrestada nos termos gerais de direito civil *e de direito processual civil*, como atrás referimos com detalhe. Exceptuar-se-á deste regime, segundo Simon Baughen (SHIPPING LAW, *Cavendish* ed., Londres, 1998, p. 287), o credito do salvador, que constitui um *maritime lien*, que poderá dar lugar ao arresto marítimo do navio, da carga e do frete (arts. 20º, nº 1, e 21º, nº 2, da Convenção de 1989 sobre Salvação). Entretanto, Berlingieri (ARREST OF SHIPS cit., p. 80) pronuncia-se pela negativa.

[33] O armador, tendencialmente, terá de continuar a suportar os salários e encargos sociais da tripulação enquanto se mantiver o arresto. Cfr. Cécile Navarre-Laroche, LA SAISIE CONSERVATOIRE DES NAVIRES... cit., p. 217.

[34] Da imobilização do navio podem advir prejuízos adicionais no caso de as autoridades portuárias entenderem que dela resulta uma afectação à normalidade do serviço

O beneficiário da indemnização tanto pode ser o proprietário como o afretador que detenha a gestão do navio, nos termos já anteriormente explicitados. Este direito está de modo concludente consagrado na Convenção de 1999, mas resulta já do sistema da Convenção de 1952, congregado com os princípios gerais de direito.

5.2. Dispõe, realmente, o art. 6º da Convenção de 1952 que "todas as questões relativas à responsabilidade do autor, por prejuízos causados pelo arresto ou por despesas de caução ou de garantia, prestados para o levantar ou impedir, serão reguladas pela lei do Estado Contratante em cuja jurisdição o arresto for efectuado ou pedido".

Ora estabelece o art. 621º do Código Civil (port.) que "se o arresto for julgado injustificado ou caducar, o requerente é responsável pelos danos causados ao arrestado, quando não tenha agido com a prudência normal". Como referimos já, essa responsabilização terá uma eficácia de "boomerang" em relação ao arresto e contribuirá, decisivamente, para levar o arrestante a "pensar duas vezes" antes de requerer tão drástica providência.

Os tribunais competentes para estabelecer as regras substantivas e de processo quanto a um arresto decretado em Portugal são, nesta área (cit. art. 6º da Convenção), os portugueses, isto é, os tribunais marítimos.

A competência para impor a prestação de uma caução ao requerente do arresto cabe ao juiz: "o requerente do arresto é obrigado a prestar caução, se esta lhe for exigida pelo tribunal" (art. 620º do Código Civil).

Parece, entretanto, evidente que, embora dificilmente o critério do tribunal seja sindicável, este tem um verdadeiro "direito-dever" de exigir uma caução ao requerente do arresto quando este não possua quaisquer bens em Portugal ou esteja domiciliado em países aos quais a justiça portuguesa dificilmente poderá aceder. Sabido como é que o arresto é sempre, directa ou indirectamente, uma forma de pressão sobre o arrestado e que ele poderá, pois, funcionar,

---

portuário. Tem sido entendido que, mesmo sem autorização judicial, elas podem fazer deslocar o navio no *interior* do porto. É o que determina o art. R. 311-7 do Código francês dos portos marítimos. Entretanto a deslocação, do navio, por esta razão, para *fora do porto* carece já de autorização judicial. Cfr. Navarre-Laroche, ob. cit., p. 135.

a coberto da extrema facilidade que a Convenção confere ao credor marítimo para o requerer, como uma verdadeira "chantagem" em relação ao arrestado. E o requerente do arresto que não preste caução, goza da privilegiada situação de "dar e fugir".

5.3. Como refere Castro Mendes[35]:

"Normalmente só é causa de indemnização (e multa) a litigância de má fé, *dolosa*, como se vê do art. 456º, nº 20 (do Código de Processo Civil). Neste caso basta a actuação infundada por *negligência* para dar origem a indemnização".

Concludente era a posição de Rodière:

"Un pareil système ne peut être valable que par la menace de lourdes indemnités en cas d'abus du droit de saisir (...) Si l'on exige pour la mainlevée une *caution solide*, IL FAUDRAIT COMMENCER PAR EN DEMANDER UNE AU DEMANDEUR DE SAISIE"[36].

E, realmente, na Conferência do CMI que teve lugar em Nápoles para a preparação de uma nova Convenção (a de 1999) algumas Associações Nacionais com peso no *shipping*, como designadamente as escandinavas, propuseram, insistentemente, que a futura Convenção contivesse um preceito *expresso* que impusesse ao tribunal condicionar o arresto à prévia prestação de uma garantia por possíveis danos[37].

O certo, no entanto, é que a Convenção de 1999, embora reforçando a necessidade de caução, não chegou ao ponto de a tornar obrigatória.

Entretanto, ao que informa Berlingieri[38], em três da legislações escandinavas (Dinamarca, Finlândia e Suécia) há sempre que prestar caução. O mesmo acontece na Alemanha, Espanha e Nigéria. Na

---

[35] DIREITO PROCESSUAL CIVIL, lições de 1967-68, p. 91, em nota. Sintetizando a situação actual da doutrina diz, neste mesmo sentido, Rita Barbosa da Cruz, O ARRESTO, em O DIREITO, ano 132º (2000) I-II, 107 e segs. *maxime* p. 140, que não é de exigir que o requerente do arresto actue com dolo ou má fé, mas apenas sem a *prudência normal*.

[36] DROIT MARITIME. LE NAVIRE, cit. pp. 248-249.

[37] José Luís Gabaldón Garcia, LA REVISIÓN DEL CONVENIO INTERNACIONAL SOBRE EMBARGO PREVENTIVO DE BUQUES, no *Anuário de Derecho Marítimo*, XIV, 1997, *maxime* p. 110.

[38] ARREST OF SHIPS cit., pp. 192 e segs.

Bélgica, Croácia, França, Grécia, Itália e Noruega a obrigatoriedade de prestação de caução prévia é, como entre nós, deixada ao critério do tribunal.

No tocante ao fundamento da responsabilização, na Inglaterra, Bélgica e Itália há lugar a ressarcimento em caso de má fé ou negligência grave ("mala fides" ou "gross negligence"). Mas na Dinamarca, em Espanha e na Alemanha bastará que o arresto venha a ser julgado injustificado. Em França ter-se-á que concluir que o arrestante procedeu com abuso de direito[39].

5.4. No que toca a Portugal a jurisprudência tem-se revelado extremamente benévola e "facilitante" em relação ao requerente do arresto, pondo de lado as realidades actuais e, desde logo, um certo *passado* legislativo[40/41].

---

[39] Berlingieri, id., id. Cfr., quanto ao direito espanhol, Gabaldón Garcia, ob. cit, p. 140.

[40] Alberto dos Reis, *CPC ANOTADO*, II, 3ª ed., 1949, p.29. "O arresto não poderá ser efectuado sem que o requerente assine termo da responsabilidade por perdas e danos, se afinal for julgado insubsistente a providência, por ter havido da sua parte, intencionalmente, ocultação da verdade ou asserção contrária a ela. Pode também o juiz, quando o entender conveniente, fazer depender o arresto da prestação de caução por parte do requerente" (art. 411º do Cód. Proc. Civil de 1939).

[41] Um caso referido por Sérgio La China (*Il Diritto Marittimo*, 2001, pp. 1185-1189) revela bem esse pendor "facilitante" dos tribunais portugueses. Um arresto foi decretado com base num anúncio publicitário de uma agência marítima no qual se atribuía erradamente a propriedade de um navio a um armador que não era o devedor do crédito marítimo. O já "clássico" maritimista italiano na anotação à sentença do Tribunal Marítimo de Lisboa de 10.5.2000 que fixou o ressarcimento (parcial) dos danos sofridos pelo "falso proprietário", rotula essa anotação como o irónico título: "Sequestro imprudente e responsabilità per danni: NO FIDARSI TROPPO DI SOLE NOTIZIE GIORNALISTICHE!".

PRAZO DE CADUCIDADE DAS ACÇÕES DE TRANSPORTE MARÍTIMO DE MERCADORIAS ENTRE PORTOS NACIONAIS

(*Acórdão do Tribunal da Relação de Évora de 25 de Outubro de 2001*)[1]

(*omissis*)

IV – Apreciando

4.1. Começando pelo agravo (como o agravo foi interposto em 15 de Dezembro de 1995, tem aqui aplicação o art. 691º nº 1 e 2 do CPC, na redacção anterior à reforma e não a actual redacção como pretende a agravada).

No saneador, a excepção de caducidade foi julgada improcedente.

O tribunal entendeu que, embora o DL 37748, de 1 de Fevereiro de 1950, determinasse a aplicação do disposto nos arts. 1 a 8 da Convenção de Bruxelas, de 25 de Agosto 1924, a todos os conhecimentos de carga emitidos em território português e esta convenção estabelecesse no art. 3-6 um prazo de caducidade de um ano, não era este o prazo aplicável. Isto porque aquela convenção não vigorava em Portugal com a força jurídica dum tratado internacional, mas como direito interno, e daí que o DL 352/86, de 21 de Outubro, pudesse derrogar, como derrogou, o nº 6 do citado art. 3º, estabelecendo que os direitos de indemnização nele previstos deviam ser exercidos no prazo de dois anos a contar da data em que o lesado teve conhecimento do seu direito. Assim, reportando-se os factos a Agosto de 1991 impunha-se concluir que, quando a acção foi proposta em 15 de Julho de 1993 ainda não tinha decorrido o prazo de caducidade de dois anos.

Insurge-se contra este entendimento a recorrente Transinsular, afirmando que a fundamentação do despacho saneador, no que toca à improcedência da excepção de caducidade, assenta em erros patentes – os seguintes:

---

[1] Transcrito da *Colectânea de Jurisprudência*, 2001-IV, p. 275 e segs.

a) Contrariamente ao que resulta daquele despacho, Portugal é parte contratante do referido tratado (o Governo Português foi autorizado a dar a sua adesão à Convenção de Bruxelas – para Unificação de Certas Regras em Matéria de Conhecimentos de Carga – pelo Decreto nº 19.857, de 18.05.1931 e deu a sua adesão por Carta de 05.12.1931, publicada no Diário do Governo de 2 de Junho de 1932), sendo a citada convenção direito convencional uniforme, como decorre do próprio texto; logo, há manifesto conflito de normas com força jurídica desigual, vigorando as disposições da convenção na ordem jurídica interna enquanto vincularem internacionalmente o Estado Português;

b) O tribunal também errou quanto ao alcance do DL 37.748, de 01.02.950, que visou tornar inequívoco que as normas da convenção de que Portugal era (e continua sendo) parte contratante deveriam reger todos os contratos de transporte marítimo, ainda que estes se processassem apenas entre portos portugueses;

c) Por outro lado, a finalidade do diploma nº 352/86 foi a de actualizar disposições do Código Comercial e cobrir matérias não abrangidas pela convenção; logo não podia o tribunal considerar derrogado o que decorre do DL nº 37 748, quando à aplicação do prazo de caducidade estipulado na convenção.

Em suma, segundo a agravante:

– as disposições da Convenção de Bruxelas de 25.08.24 aplicam-se imperativamente ao transporte titulado por conhecimento de carga e a quem actuar como transportador marítimo (cfr. art. 1º, al.a) da Convenção), ou seja, no caso dos autos;

– ao sustentar a improcedência da excepção de caducidade, nos termos em que o fez, a decisão julgou *contra legem* e violou o disposto no art. 8º, nº 2 da CRP.

Em abono desta posição, cita vários acórdãos (acs. da RL de 19.03.96 e de 12.06.96, respectivamente, in CJ, tomo 2, pg. 84 e CJ, tomo 3, pg.116, aquele confirmado pelo STJ - aresto proferido em 9.10.97, no recurso de revista nº 775/ da 2ª secção; o ac. da RP de 16.01.2001, in CJ XXVI, 1, 179).

Vejamos se tem razão.

Como é sabido, o contrato de transporte marítimo de mercadorias é uma das diversas modalidades que o contrato de transporte pode assumir. O legislador português consagrou-lhe o DL 352/86, de 21 de Outubro, diploma exclusivamente dedicado à figura e integrado na reformulação do direito comercial marítimo.

Todos estão de acordo que a responsabilidade que se pretende efectivar através da presente acção contra a ré apelante decorre, justamente, do incumprimento dum contrato desse tipo. A noção deste contrato é-nos dada pelo art. 1º do citado DL 352/86 – contrato de transporte de mercadorias por mar é aquele em que uma das partes se obriga em relação à outra a transportar determinada mercadoria, de um porto, mediante retribuição.

Também é ponto assente que a presente acção foi proposta depois de ter decorrido mais de um ano e antes de se terem completado dois sobre a data da entrega da mercadoria e do momento em que a autora teve conhecimento da lesão e do correspondente direito.

Importa, ainda, ter presente que aquele contrato de transporte se mostra titulado por um conhecimento, cuja cópia (integral) se encontra a fls. 77 e que esse conhecimento foi emitido em Portugal, onde se iniciou o transporte.

Em discussão está apenas a questão do prazo de caducidade[2] – se é o previsto no art. 3º.6 da citada Convenção (1 ano) ou o previsto no art. 27º, nº 2 do DL 352/86, de 21 de Outubro (dois anos).

Contrariamente ao que é afirmado na decisão recorrida, Portugal aderiu àquela convenção: o Decreto nº 19857, de 18 de Maio de 1931, publicado no DG, 1ª Série, nº 131, de 2.06.31, autorizou o Governo "a aderir à Convenção Internacional para a unificação de certas regras em matéria de conhecimentos de carga, assinada em Bruxelas em 25 de Agosto de 1924... (art. 1º); a adesão foi levada a efeito por Carta de Adesão, de 5.12.1931, depositada nos Arquivos do Governo Belga, em 24 de Dezembro de 1931, e publicada no DG, 1 Série, de 2 de Junho de 1932, com o texto da Convenção, texto rectificado (por terem saído com inexactidões, no texto francês, a alínea m) do nº 2 do art. 4º da Convenção e o nº 2 do Protocolo de assinatura da referida Convenção) no DG, 1 Série, de 11 de Julho do mesmo ano.

Foram Altas Partes Contratantes, além de Portugal, a Alemanha, Argentina, Bélgica, Chile, Cuba, Dinamarca e Islândia, Espanha, Estónia, França, Grã--Bretanha e Irlanda, Hungria, Itália, Japão, Letónia, México, Noruega, Paises Baixos, Peru, Polónia, Roménia, Sérvia, Croácia e Eslovénia, Suécia e Uruguai, prevendo-se no art. 12º da Convenção a possibilidade de outros Estados não signatários virem a aderir à Convenção (trata-se, pois, duma convenção aberta).

Razão da Convenção: terem reconhecido "a utilidade de fixar de comum acordo certas regras uniformes em matéria de conhecimentos..."

Ao ser publicada a Carta de Adesão fez-se também público que a adesão produzia os seus efeitos a partir de 25 de Junho de 1932, nos termos do art. 14º da Convenção mencionada (este artigo estabelece os momentos a partir dos

---

[2] Para a doutrina e jurisprudência dominantes, o prazo de propositura das acções é um prazo de caducidade.

quais a adesão produzia os seus efeitos: um ano após a data da acta de depósito relativamente aos Estados que tivessem participado no primeiro depósito de ratificações; ou seis meses depois da notificação ao Governo Belga quanto àqueles Estados que a ratificassem ulteriormente, ou a ela aderissem, ou em que ela fosse posta em vigor ulteriormente).

Portugal negociou os termos da Convenção e deu a sua adesão na vigência da Constituição de 1911 (e das Leis Constitucionais anteriores à Constituição de 1933).

Na vigência da Constituição de 1933, foi promulgado o Decreto-Lei nº 37748, de 1.02.50, preceituando-se no seu artigo 1º que "o disposto nos artigos 1º a 8º da Convenção de Bruxelas de 25 de Agosto de 1924, publicada no Diário do Governo, 1ª série, de 2 de Junho de 1932, e rectificada no Diário do Governo, 1ª série, de 11 de Julho do mesmo ano, será aplicável a todos os conhecimentos de carga emitidos em território português, qualquer que seja a nacionalidade das partes contratantes".

Não se resiste a estabelecer um certo paralelismo entre esta situação e o que se passou relativamente às convenções de Genebra, de 7 de Junho de 1930 – de que resultou a LLTLL - que foram aprovadas para ratificação pelo DL nº 23721, de 29 de Março de 1934.

Portugal foi um dos Estados signatários destas convenções.

Porque se suscitaram dúvidas sobre se tais convenções estavam em vigor, como direito interno português, foi publicado o DL nº 26556, de 30 de Abril de 1936, "declarando-se" no seu art. 1º que as convenções e anexos aprovados para ratificação pelo Decreto-Lei nº 23721, de 29 de Março de 1934 e publicadas em 21 de Junho, estavam em vigor, como direito interno português, desde 8 de Setembro do mesmo ano.

Nem na Constituição de 1911, nem nas leis Constitucionais anteriores à Constituição de 1933, nem nesta Constituição (antes da revisão constitucional de 1971) existia um preceito correspondente ao art. 8º da actual Lei Fundamental.

Os que então defendiam a doutrina da recepção automática do Direito Internacional na ordem jurídica interna, alicerçavam-na, na vigência da Constituição de 1911, na lei ordinária (art. 26º do CC de Seabra e no art. 6º do C. Com.) e na vigência da Constituição de 1933 (até 1971) também no texto constitucional (art. 3º). Foi a revisão constitucional de 1971 que veio consagrar explicitamente a regra da recepção automática, ao determinar no § único do art. 4º. "As normas de direito internacional vinculativas do Estado Português vigoram na ordem interna desde que constem de tratado ou de outro acto aprovado pela Assembleia Nacional ou pelo Governo e cujo texto haja sido devidamente publicado".

Aqui chegados, pergunta-se qual o alcance ou fim visado com a publicação do DL nº 37 748, de 1.01.50?

Para André Gonçalves Pereira [3] a integração dos preceitos da Convenção de Bruxelas de 1924 no direito português (fim visada naquele diploma) era redundante e decorria da ideia errada de que a Convenção não vigorava ainda na ordem interna.

Mário Raposo tem diferente entendimento:

" Ao ser recebida em 1932 na ordem interna, a Convenção foi-o enquanto complexo de normas de direito internacional. Passou a vincular Portugal no domínio das relações internacionais; foi justamente nessa medida que ganhou eficácia interna. Mas não se transformou de direito internacional em direito interno, como tal."

E conclui:

"Não será, pois, inadequado supor que a razão de ser do Dec.-Lei nº 37748 tenha sido a de incorporar «o disposto nos artigos 1º a 8º da Convenção», na ordem juridica portuguesa, como direito interno"[4].

Ao interpretar o teor do art. 1º do DL 37748, de 1 de Fevereiro de 1950 – que manda aplicar o disposto nos arts. 1º e 8º da Convenção de Bruxelas de 1924 a todos os conhecimentos de carga emitidos em território português, qualquer que seja a nacionalidade das partes contratantes – no sentido de que a aludida Convenção não vigora em Portugal com a força jurídica de um tratado internacional mas como direito interno, o tribunal a quo, embora partindo dum pressuposto errado (que Portugal não tinha aderido à Convenção), acabou por se inserir na linha seguida por Mário Raposo. Daí que tivesse concluído que as normas convencionais "integradas" por aquele Decreto-Lei podiam ser derrogadas por direito posterior (art. 7º nº 1 do CC).

Não podemos concordar com esta posição.

As razões motivantes do citado Decreto-Lei constam do seu preâmbulo: reconheceu-se a necessidade urgente de introduzir em direito interno os preceitos da Convenção de Bruxelas de 1924 para a unificação de certas regras em matéria de conhecimentos de carga e atendeu-se ao que sobre o assunto foi proposto pela comissão de Direito Marítimo Internacional[5].

---

[3] Citado por Mário Raposo em "Sobre o Contrato de Transporte de Mercadorias por Mar", in BMJ 376/5 e sgs.

[4] Neste sentido também Francisco Paulo Costeira da Rocha, in Contrato de Transporte Marítimo de Mercadorias (Relatório apresentado no âmbito do Curso de Mestrado em Direito, área de Ciências Jurídico - Empresariais, na disciplina de Direito Comercial, Universidade de Coimbra, Faculdade de Direito), pág. 20.

[5] Preâmbulo do DL 37748.

Por outro lado, a especificação de que aquele direito convencional seria aplicável a todos os conhecimentos de carga emitidos em território português, qualquer que fosse a nacionalidade das partes contratantes, está em consonância com o exarado no Protocolo de assinatura, onde, justamente, se refere que as «As Altas Partes Contratantes poderão pôr em vigor esta Convenção, seja dando-lhe força de lei, seja introduzindo na sua legislação nacional as regras adoptadas pela Convenção sob uma forma apropriada a esta legislação.»

De sublinhar que o texto inicial do art. 10º da Convenção de Bruxelas de 1924 era este: "As disposições da presente convenção aplicar-se-ão a todo o conhecimento criado num dos Estados contratantes"; e que no texto resultante das alterações introduzidas pelo Protocolo de 1968 (Regras de Visby), ao que parece ainda não ratificado por Portugal[6], ficou explicitado que as disposições da convenção se aplicam não só aos contratos de transporte marítimos internacionais realizados sob conhecimento entre portos de dois Estados diferentes (desde que o conhecimento tenha sido emitido num Estado parte da convenção, ou o transporte se inicie num Estado parte da Convenção ou o conhecimento remeta expressamente para a convenção ou para qualquer outra legislação que a torne aplicável ou que lhe reconheça efeitos – Paramount Clause...) como também podem ser aplicadas a outras situações, nomeadamente aos transportes internos. Portugal, através do DL nº 37748, inseriu-se, justamente, nesta linha.

Resta saber se uma convenção internacional, ao regular relações internas dos Estados contratantes, perde aquela natureza, convertendo-se em direito interno. Por outras palavras, se uma convenção internacional só mantém a natureza de Direito Internacional enquanto regula relações internacionais.

A resposta não pode deixar de ser negativa. Basta ver o que se passa com a citada LULL, cujas normas mantêm a natureza de Direito Internacional Convencional (ver, entre muitos outros, o ac. do Tribunal Constitucional nº 27/84, de 21.03.84, e o voto de vencido de Vital Moreira, ac. publicado no DR, II Série, de 4 de Junho de 1984).

Como ensinam André Gonçalves Pereira e Fausto de Quadros (in Manual de Direito Internacional Público, 3ª ed., pág. 123):

> "Uma vez recebido na nossa ordem interna, o Direito Internacional, todo ele, costumeiro ou convencional, geral ou particular, seja qual for o lugar que ele venha a ocupar na hierarquia das fontes de Direito Interno, não perde a sua natureza originária".

---

[6] Embora o nosso legislador português tenha sido sensível a esse Protocolo, como decorre do nº 4 do preâmbulo do DL nº 352/86. Ver também Francisco Paulo Costeira da Rocha, ob. cit. pág. 19.

Vejamos, agora, qual o peso na nossa ordem interna duma Convenção Internacional.

Segundo o art. 8º-2 da (actual) CRP – neste momento, é à sua luz que a relação DIP/direito interno deve ser apreciada –, as normas constantes de convenções internacionais regularmente ratificadas ou aprovadas vigoram na ordem interna após a sua publicação oficial e enquanto vincularem internacionalmente o Estado Português[7].

Este nº 2 estabelece um regime de recepção automática condicionada. Preenchidas as duas condições – ratificação/aprovação e publicação – "as normas de DIP convencional, vinculativas do Estado Português, vigoram como tais – isto é, enquanto normas de DIP – na ordem interna, nos mesmos termos e com a mesma relevância das normas criadas internamente, e sem necessidade de serem «traduzidas» ou transcritas em lei ou «transformadas» em direito interno" (J.J. Canotilho e V./Moreira, in Constituição da República Portuguesa, anot. ao art. 8º). Como sublinham os mesmos Autores, o problema da recepção do direito internacional na ordem interna, bem como a relação com o direito interno, só têm relevância autónoma no caso das convenções internacionais capazes de produzir efeitos na ordem jurídica interna. E que há convenções internacionais sem conteúdo normativo (os chamados tratados contratos que se limitam a regular as relações contratuais concretas entre Estados, sem qualquer relevância na ordem interna) e outras que, embora com carácter normativo, se limitam apenas às (relações externas" dos Estados envolvidos, sem nada terem a ver com a ordem interna.

Tratados normativos são aqueles que têm por objecto definir uma regra de Direito válida objectivamente, isto é uma norma susceptível de aplicação a uma generalidade de casos – todos os que couberem na sua previsão. Triepel – citado por J. da Silva Cunha, in Direito Internacional Público, 5ª ed., pg. 188 – define-os como "os tratados pelos quais vários Estados adoptam uma regra comum para reger a sua conduta por forma permanente."

Não temos dúvidas que a Convenção de Bruxelas é direito internacional convencional (tratado[8] multilateral de conteúdo normativo). O seu modelo

---

[7] Como diz Albino de Azevedo Soares, Lições de Direito Internacional Público, 4ª ed., pág. 83, enquanto a ratificação ou aprovação é condição de validade do acto na ordem internacional, a publicação é condição de vigência na ordem interna.

[8] A Constituição abrange, sob a designação genérica de convenção internacional, dois tipos diferentes de instrumento – os tratados e os acordos. Porém, correntemente é o termo tratado que é usado genericamente, havendo depois uma série de designações especificas para certas espécies de tratados), convenções (tratados multilaterais de conteúdo normativo), pactos e cartas (tratados instituidores de organizações internacionais, entre outros), protocolos (tratados subsidiários de tratados principais), etc – ver JJ Canotilho e Vital Moreira, in Constituição Portuguesa, nota V ao art. 8º obra já citada.

(normativo) derivou de um acordo interestadual, sendo uma criação conjunta de Estados participantes.

E também resulta dos diplomas citados que tal Convenção foi regularmente "ratificada/aprovada" por Portugal e foi oficialmente publicada (no Diário do Governo) – ver o art. 122º da actual CRP (nº 2-b) ou nº 1-b), respectivamente, na redacção de 1976 a 1982) e art. 119º – 1-b) do mesmo diploma (redacção resultante da Lei Constitucional nº 1/97, de 20 de Setembro).

Visou criar direito uniforme: para unificar certas regras em matéria de conhecimentos de carga.

Porque foi regularmente ratificada e oficialmente publicada, as respectivas normas vinculam o Estado Português, tanto na ordem externa como interna (art. 8º nº 2 da CRP).

Embora a nossa constituição não estabeleça a hierarquia do Direito Internacional na ordem interna portuguesa, segue-se a corrente dos que defendem a primazia daquele sobre o nosso direito interno[9]. Ou seja dos que afirmam que aquele tem um valor supralegal, prevalecendo sobre a lei interna, anterior ou posterior[10]. Pacta sunt servanda.

Isto significa que o tribunal não deverá aplicar uma norma de direito interno que viole uma norma internacional a que o Estado Português esteja vinculado.

Nestes termos, estando em causa a aplicação duma convenção internacional que foi recebida na ordem interna portuguesa e a que se reconhece, como já se deixou expresso, um valor supra-legal, impõe-se concluir que tal direito prevalece sobre a lei interna posterior, seja quando regula relações internacionais seja quando regula relações nacionais.

Resta saber se o art. 27º nº 2, do DL nº 352/86, na medida em que estabelece um prazo de caducidade mais longo do que o que resulta do art. 3º nº 6 da Convenção de Bruxelas, é uma norma inválida ou ineficaz por contrariar uma disposição desta convenção.

É evidente que a resposta só seria afirmativa (sem curar agora de saber qual seria o vício), se o campo de aplicação das duas normas fosse coincidente. Ou seja, se a aplicação de uma excluísse a aplicação da outra.

Como é bom de ver, não existe aquela coincidência.

Antes da entrada em vigor do citado DL 352/86 era este o quadro jurídico: se o transporte de mercadorias por mar (internacional ou interno) se situava no espaço normativo da convenção aplicavam-se os seus preceitos; caso contrário, o contrato regia-se (entre nós) pelas regras gerais do direito.

---

[9] Entre outros, André Gonçalves Pereira e Fausto de Quadros, obra citada, pág. 123; JJ Canotilho e Vital Moreira in Constituição da República Portuguesa, nota VIII ao art. 8º, Albino de Azevedo Soares, ob. cit. pág. 99.

[10] Ob. citada, em primeiro lugar, na nota anterior, pág. 121.

A aplicação daqueles preceitos ou destas regras conduziam a soluções muito diferentes. Basta ver o que se passava quanto ao prazo para efectivação da responsabilidade do transportador por perdas e danos. Aplicando-se a Convenção, o prazo de caducidade era (e é) de 1 ano; não se aplicando a Convenção, funcionava o prazo ordinário de prescrição - 20 anos (não o decorrente do art. 498º nº 1 do CC, por não ser aplicável à responsabilidade contratual).

Com o DL nº 352/86, de 21 de Outubro, visou-se criar um regime especial, embora com natureza subsidiária relativamente ao direito de natureza internacional. E o que resulta do seu art. 20, onde se preceitua que o contrato de transporte de mercadorias por mar é disciplinado pelos tratados e convenções internacionais vigentes em Portugal e, subsidiariamente, pelas disposições do presente diploma.

Como se escreve no ac. da RL, de 19 de Março de 1996, in CJXXI, 285, citado nas alegações de recurso, "o referido decreto-lei veio regular o transporte marítimo nos casos em que não é aplicável a Convenção de Bruxelas ou complementá-la em áreas não regulamentadas ou deficientemente regulamentadas pela Convenção, (...) revogando disposições do Cód. Com. que estavam desactualizadas (...).

Nos termos da Convenção de Bruxelas, ficam fora do seu âmbito: os títulos emitidos no estrangeiro por Estado não signatário; os transportes efectuados ao abrigo de um conhecimento emitido em virtude de uma carta partida, a não ser a partir do momento em que este título regule as relações do transportador e do portador do conhecimento; os transportes efectuados no convés, declarados como tais; os transportes de animais vivos; os transportes em que não existe conhecimento ou documentos semelhantes – cfr. René Rodière, Droit Maritime, P. Dalloz, Neuviéme Edition, pg. 377; Azevedo Matos, Princípios de Direito Marítimo, II Volume, pg. 235.

Aplica-se (por exclusão) a Convenção:
– quando o conhecimento é emitido num Estado Contratante;
– quando no conhecimento se refere a aplicação da Convenção (Cláusula Paramount, também conhecida por Cláusula Principal, Soberana ou Suprema, que normalmente é inserta em todos os conhecimentos[11].

Isto tudo para dizer que o art. 27º nº 2 do DL 352/86 não contraria o art. 3º nº 6 da Convenção de Bruxelas de 1924, na medida em que tem carácter subsidiário, tendo aplicação fora do espaço normativo daquela convenção.

---

[11] Veja-se Estudo, intitulado Fretamento e Transporte Marítimo - Algumas Questões, de Mário Raposo, in BMJ 340, pág. 35, nota 64, onde se questiona "se a cláusula Paramount pode tornar aplicável ou inaplicável a Convenção de Bruxelas, quando, nos seus termos, ela for inaplicável ou aplicável".

Como já se referiu, no caso presente, estamos perante um contrato de transporte de mercadoria por mar, titulado por um conhecimento, cuja cópia (integral) se encontra a fls. 77, conhecimento emitido em Portugal, onde se iniciou o transporte, não constando que a mercadoria – 8000 gelados, acondicionados num contentor frigorifico - tivesse sido transportada no convés do navio.

Por outro lado, olhando à causa de pedir e ao pedido formulado petição inicial contra a ré Transportadora, não há dúvida que a autora (*deve* ?) ser indemnizada pelos danos decorrentes do incumprimento dum contrato transporte de mercadorias por mar.

Assim sendo, torna-se claro que a situação cai no âmbito normativo da Convenção de Bruxelas de 1924, sendo-lhe consequentemente aplicável disposto no seu art. 3º nº 6 que estabelece o prazo de caducidade de um ano (*para* ?) as acções de indemnização por perdas e danos contra o armador, entendendo-se por armador, o proprietário do navio ou o afretador que foi parte num contrato com o carregador (art.1º, a) da citada Convenção).

E como a mercadoria foi entregue em Agosto de 1991 e a acção proposta em 15.07.93, a excepção de caducidade invocada pela transportadora não pode deixar de proceder.

4.2. Procedendo a excepção de caducidade, fica prejudicado conhecimento da apelação.

(*omissis*)

Évora, 25 de Outubro de 2001

LAURA LEONARDO
ARTUR MOTA MIRANDA
JOSÉ RODRIGUES SANTOS

Recurso nº 1220/01
Comarca de Faro

ANOTAÇÃO

A Convenção de Bruxelas de 1924. "Internacionalidade"

1. A Convenção de Bruxelas de 1924 em matéria de conhecimentos de carga ingressou na ordem jurídica portuguesa em 1932, quando a adesão de Portugal produziu efeitos (25.6.1932). Portugal aderira à *Convenção* pelo Dec. 19 857, de 18.5.1931, complementado pela Carta de Lei de 5.12.1931.

Tudo se passou, pois, antes da Constituição de 1933. Ora, como é sabido, não era então controvertida a doutrina da recepção ou incorporação automática plena do direito internacional na ordem jurídica interna, sobretudo no caso dos tratados e convenções[1].

2. De qualquer modo foi repetidas vezes afirmado, designadamente na jurisprudência dos tribunais superiores, que a *Convenção* passou a fazer parte da ordem jurídica portuguesa por força do Dec.-Lei 31 748, de 1.2.1950[2].

Como já noutros locais referimos[3] tal ideia não era, no entanto, geral. Assim, por exemplo, no acórdão do S.T.J. de 25.11.1949 faz-se

---

[1] Machado Vilela, *Tratado Elementar (...) de D.I.P.*, I 1921, p. 27 e Mário de Figueiredo, *Os princípios gerais do D.I.P.*, Lições, 1928, p.11. Cfr. também André Gonçalves Pereira, *Curso de D.I. Público*, 2ª ed., s.d., p. 88, e Miguel Galvão Teles, *Eficácia dos Tratados internacionais na ordem jurídica portuguesa*, em *Ciência e Técnica Fiscal*, nº 83, Nov. 1965, p. 109 e segg. e Isabel de Magalhães Collaço, D.I.P., Lições, 1968, p. 318.

[2] Por ex., acórdãos do S.T.J. de 12.11.1968, de 3.10.1980, de 15.10.1980 e de 25.5.1985, respectivamente no B.M.J. 181 (p. 279), 300 (p.p. 419 e 425) e 347 (p. 428).

[3] Mário Raposo, *Sobre o Contrato de transporte de mercadorias por mar*, separata do B.M.J., 376 (Maio 1988), *maxime* p. 6, e *Contrato de transporte marítimo*, R.O.A., Abril de 2002, *maxime* p. 636. Este 2º texto é de igual modo uma anotação ao presente Acórdão, usando de uma diversa metodologia, mas conduzindo à mesma conclusão.

expressa referência à *Convenção* como estando já em vigor, embora reproduzindo as alegações de uma das partes[4].

3. Preceitua o art. 10º da *Convenção* que "as disposições (desta) aplicar-se-ão a todo o conhecimento criado num dos Estados contratantes".

A redacção do preceito deu lugar a dúvidas de entendimento. Não tomando em consideração a nacionalidade das partes ou o trajecto a percorrer suscitou "dificuldades postas em relevo pela doutrina e pela jurisprudência"[5] Era um texto "insuficiente"[6].

Nunca ninguém pôs, no entanto, em causa a "internacionalidade" da *Convenção*.

Face à primitiva redacção desse art. 10º (ou seja da anterior ao *Protocolo de Visby* de 1968) a jurisprudência italiana, partindo do pressuposto da sua "internacionalidade", entendia que nas relações por ela reguladas houvesse "uno o piú elementi di estrainetà[7]. Ou a "internacionalidade" *objectiva* (transporte entre portos de diferentes Estados) ou a "internacionalidade" *subjectiva* (diversa nacionalidade das partes). A tendência jurisprudencial e doutrinal dominante foi a de exigir exclusivamente a "internacionalidade" *objectiva*, não relevando o critério da diferente nacionalidade das partes.

Comprovando esta mesma evolução Sérgio M. Carbone assinala que os tribunais italianos (incluindo a "Corte di Cassazione") puseram de parte, quase sem hesitação, o requisito da "internacionalidade" *subjectiva*[8]

---

[4] B.M.J., 16 (Jan. de 1950), p. 89. No mesmo sentido, Azevedo Matos, *Princípios de Direito Marítimo*, II, 1956, p. 235. Para ele, a *Convenção*, já antes do Dec.-Lei 37 748, estava em vigor "nas relações internacionais".

[5] Michel Pourcelet, *Le transport maritime sous connaissement*, ed. Les Presses de l'Université de Montréal, 1972, p. 8.

[6] Rodière, *Traité Gén. de Droit Maritime, Affrètements et transports*, II, Dalloz, 1968, p. 375.

[7] Francesco Berlingieri, *La disciplina della responsabilità del vettore di cose*, Giuffrè, 1978, p. 6.

[8] *Le regole di responsabilità del vettore marittimo*, Giuffrè, 1984, p. 7 e segg.Cfr. uma síntese da doutrina sobre o tema em Rosa Espinosa Calabuig, *El contrato internacional de transporte marítimo de mercancías: questiones de ley aplicable*, Ed. Comares, Granada, 1999, pp. 27-30. É de referir, entretanto, que a *Cour de Cassation* em 6.11.1962, em

A Convenção e as Legislações Nacionais

4. Diz-se no *Protocolo de Assinatura* da *Convenção* que:

"As Altas Partes Contratantes poderão pôr em vigor esta Convenção, seja dando-lhe força de lei, seja introduzindo na sua legislação nacional as regras adoptadas pela Convenção sob uma forma apropriada a esta legislação".

5. A *Itália*, por exemplo, seguiu a primeira opção, limitando-se a ratificar a *Convenção*, sem lançar mão da faculdade, que lhe fora aberta pelo *Protocolo de Assinatura*, de produzir regras nacionais equivalentes às normas da *Convenção*.

A *Espanha*, ratificou a *Convenção* em 1930[9], Entretanto, em 1949 foi publicada a lei de 22.12.1949 (LTM) com o desígnio, nela afirmado, de a introduzir na legislação nacional. Aceitou-se deste modo a doutrina perfigurada sobretudo por Fariña e Garrigues[10].

Le Droit Maritime français (D.M.F.), 1969, p. 16, exigiu que quer o porto de embarque quer o do destino estivessem em Estados *contratantes*. Foi em França que, na vigência do texto *originário* da *Convenção* (que é aquele que temos considerado), assinalava, logo em 1928, Niboyet (cit. por Guy Fraikin, em *Traité de la responsabilité du transporteur maritime*, L.G.D.J., 1957, p. 30) que "a lei (nacional) deve ser aplicada nas relações internas e a *Convenção* nas relações internacionais". Os critérios de determinação da "internacionalidade" é que variavam (cfr. alguns dos critérios aventados em Mário Raposo, est. cit. de 2002, pp. 638-639). Assim, para Niboyet "ocorre uma relação internacional quando o transporte se efectua entre um porto francês e um porto estrangeiro, ou ainda quando uma das partes no contrato é de nacionalidade estrangeira". Mas já para Ripert (*Droit Maritime*, 4ª ed., Rousseau, p. 263) a *Convenção* deveria ser aplicada quando o conhecimento, criado num Estado contratante, "fosse detido por um nacional de um outro Estado contratante". Guy Fraikin sustentava a justificação *subjectiva* (o que relevava era que o carregador e o transportador não fossem franceses) – ob. e loc. cits. Prodomidès (*Champs d'application de la Convention*..., D.M.F., 1953, p. 123) e Georges Marais (*Les transports de marchandises par mer*..., cit. por Fraikin, ob. e loc. cit.) eram francamente favoráveis ao critério *objectivo*.

[9] O texto assim ratificado foi publicado no jornal oficial (Gazeta de Madrid) em 31 de Julho desse ano.

[10] cits. por Fernando Sánchez Calero, *El contrato de transporte marítimo de mercancías*, Aranzadi ed., Elcano (Navarra), 2000, p. 73. Na exposição de motivos da LTM ressaltava-se que, não obstante a ratificação feita em 1930, Espanha aplicava com ela (LTM) "o sistema de introduzir na sua legislação nacional as normas da Convenção, numa forma apropriada às características do Direito espanhol".

Depois da LTM existe em Espanha "uma regulação bifronte" do transporte de mercadorias por mar: no plano *interno* aplica-se o *Código do Comércio* (arts. 706° a 708°); no plano *internacional* a Convenção e a LTM.

Como, aliás, aconteceu com todas as leis *nacionais* de incorporação da *Convenção* a LTM introduziu relevantes alterações no seu texto; assim, designadamente, no tocante à delimitação *temporal* do contrato, que na *lei* coincide com o período em que as mercadorias estão à guarda do transportador, enquanto na *Convenção* abrange apenas a fase *marítima* do transporte.

Entretanto, quer a *Convenção*, quer a LTM aplicam-se exclusivamente aos transportes *internacionais*. No plano *interno*, isto é, no tocante aos transportes *nacionais*, o direito aplicável é o do *Código Comercial* (arts. 706° a 718°)[11].

O mesmo acontece na *Alemanha*. E como este País ratificou apenas a *Convenção* e não o *Protocolo de Visby*, as disposições do *Protocolo* foram incluídas no Código Comercial.

Em *Itália* não se levanta qualquer dúvida sobre a exclusiva aplicabilidade das *Regras de Haia – Visby* (ou seja, da *Convenção*) aos transportes *internacionais* e do *Código da Navegação* (lei interna) aos transportes *nacionais*[12].

---

[11] Ignacio Arroyo, *Compendio de Derecho Marítimo*, Tecnos, Madrid, 2002, p. 147. Como é óbvio, a *Convenção* é ali complementada pelos *Protocolos de Visby* e de *1979*. Depois da entrada em vigor da LTM os tribunais espanhóis começaram a ver nela "a única versão vigente da convenção" (Espinosa Calabuig, ob. cit., p. 90). As coisas complicaram-se, num ponto de vista de aplicação da lei, quando Espanha ratificou os *Protocolos*.

[12] *Corte d'Appelo* de Palermo, em 29.11.2003 (em *Il Diritto Marittimo*, 2005, p. 565). No mesmo sentido Lefebvre d'Ovidio – Pescatore – Leopoldo Tullio, *Manuale di Diritto della Navigazione*, 9ª ed., Giuffrè, 2000, p. 502. Quanto à *Alemanha* cfr. Rolf Herber (*New maritime and transport legislation in Germany*, em *Il Diritto Marittimo*, 2000, p. 1049 e segg.): "the Visby-Protocol has not been ratified by Germany but is only applied on a national law basis". Explica depois Rolf Herber que a razão desta decisão (legislativa) foi a de o Governo e o Parlamento não terem querido criar a ideia de que a Alemanha não tinha interesse na implementação das *Regras de Hamburgo*. O futuro viria, no entanto, a demonstrar que as *Regras* não conseguiram alcançar o esperado sucesso.

O Novo Artº 10º da Convenção

6. A nova redacção deste art. 10º estabelece:

"O disposto na presente Convenção aplicar-se-ão a todos os conhecimentos relativas a um transporte de mercadorias entre portos pertencentes a dois Estados diferentes quando:
(a) o conhecimento fôr emitido em um Estado Contratante ou
(b) o transporte se efectue a partir de um porto de um Estado Contratante ou
(c) o conhecimento preveja que ao contrato se aplicarão as disposições da presente Convenção ou as de qualquer outra legislação que as aplique ou lhe dê eficácia, seja qual fôr a nacionalidade do navio, do transportador, do carregador, do destinatário ou de qualquer outra pessoa interessada.
(...)
O presente artigo não afecta o direito de um Estado Contratante de aplicar as disposições da presente Convenção aos conhecimentos não incluídos nas alíneas antecedentes".

7. Ficou assim reiterado que a *Convenção* se aplicaria ao transporte de mercadorias entre portos de Estados *diferentes*, ou seja, a *transportes internacionais*.

Entretanto, o que mais se destaca no texto do *Protocolo* é o relevo que dá à cláusula *paramount*[13]. Com ela, a *Convenção* passa a aplicar-se a casos que de outro modo não abrangeria. Assim a um transporte *internacional* feito com base num conhecimento não emitido num Estado Contratante[14]. E ainda no caso de uma avaria ocorrida fora da fase *marítima* do transporte ou, durante este, no convés. Entretanto, a cláusula *paramount* é uma figura jurídica característica do *transporte internacional*[15].

---

[13] Já antes mesmo alguns Estados tinham criado, por via legislativa, a obrigação expressa de os conhecimentos de carga neles emitidos conterem a cláusula *paramount*. Assim os USA, a Bélgica, o Reino Unido, o Canadá e a Austrália (Espinosa Calabuig, ob. cit., p. 112, e Rodière, ob. cit., p. 447, por ex.).

[14] Previsão esta de grande importância prática. Com efeito, a generalidade dos danos na carga ocorre aquando da descarga. Se o Estado onde esta tem lugar for Parte Contratante mas o da emissão do conhecimento o não for a *Convenção* não se aplica, pura e simplesmente, a não ser que isso resulte de uma cláusula *paramount*.

[15] Juan José Alvarez Rubio, *Las Cláusulas Paramount: autonomia de la voluntad y selección del derecho aplicable en el transporte marítimo internacional*, ed. Eurolex, Madrid, 1997, p.99.

O Dec.-Lei 37 748, de 1.2.1950

7. Reconhecendo a "urgência" em introduzir no direito interno os preceitos da *Convenção*, o Governo publicou o diploma em causa.

Para André Gonçalves Pereira a transformação então operada foi inconsequente. Realmente a adesão de Portugal à *Convenção* dera-se em 1932, "ou seja anteriormente à Constituição de 1933, e portanto deveria considerar-se abrangida pela cláusula de recepção plena então existente"[16].

Ou seja, o Dec.-Lei 37 748 "renovara" a inclusão da *Convenção* no nosso direito *interno*.

Só que, ao fazê-lo, não alterara a *natureza* da *Convenção* como um texto de direito *internacional* e, assim, apenas aplicável aos transportes *internacionais*.

Quando muito, o Estado português usara da faculdade que lhe tinha sido conferida no *Protocolo de Assinatura*:

"As Altas Partes Contratantes poderão pôr em vigor esta Convenção, seja dando-lhe força de lei, seja introduzindo na sua legislação nacional as regras adoptadas pela Convenção sob uma forma apropriada a esta legislação":

Obviamente que esta suposição não passava de um tentame de "boa consciência".

É patente que as duas vias alinhadas no *Protocolo de Assinatura* não eram cumuláveis.

Estando a *Convenção* em vigor na ordem jurídica interna portuguesa *desde 1932* não fazia qualquer sentido que *repetisse* a *operação dezoito anos* depois!

Certo é que o mesmo tinha acontecido em *Espanha* com a publicação da *Lei dos Transportes Marítimos* (LTM) de 22.12.1949[17].

Fora entendido em Espanha que se devia adaptar o regime da *Convenção* de modo apropriado ao sistema legal espanhol.

Entendeu-se, ainda, que ao ratificar em 1930 a *Convenção* o Estado espanhol assumiu a obrigação de introduzir as normas *internacionais* no direito interno, como, aliás, tinham feito outros Estados[18].

---

[16] *Curso de Direito Internacional Público*, cit., p. 105.
[17] Ou seja, 40 dias antes do precipitado DL 37 748. Coincidência ?
[18] Sánchez Calero, ob. cit., pp 73-75.

Mas nunca ninguém pôs em dúvida que a LTM se aplica apenas aos transportes *internacionais*[19].

8. Entretanto, todas as leis *internas* que incorporaram nas suas ordens jurídicas *internas* o sistema da *Convenção* são diplomas legais com princípio, meio e fim.

Respeitando embora no essencial o regime uniforme, têm, aqui e além, as suas "escapadas". Diz, designadamente, Sánchez Calero, quanto à LTM, "que se trata de uma lei que pretende ser uniforme no plano internacional, mas a sua uniformidade não é completa[20].

Ora, o Dec.-Lei 37 748 limita-se a remeter para os preceitos *substantivos* da *Convenção* deixando apenas de fora os seus preceitos por assim dizer *procedimentais*, introduz um preceito de menor relevo (art. 2º) e reitera que os preceitos da *Convenção* são aplicáveis, uma vez que foram por ele (DL) integrados no direito português.

9. De qualquer modo, o DL 37 748 está em vigor e não pode ser ignorado.

Não resta dúvida que o legislador de 1950 supôs que, com ele, alguns dos nucleares preceitos da *Convenção* ingressavam no *direito interno* e que, por essa via, passariam a aplicar-se aos transportes *internos*.

Como, embora em termos não muito concludentes, pressentiu Miguel Galvão Teles, o legislador de 1950 "parece ter tido o cuidado de nunca falar da Convenção, mas dos preceitos da Convenção"[21].

---

[19] Ignacio Arroyo, ob. cit., p. 147. Em *França* a situação é diversa no tocante à legislação *interna*: a lei de 18.6.1966 e o decreto de 31.12.1966 (com alterações posteriores) aplicam-se aos transportes *internos* e, em certos casos, a transportes *internacionais* (aos quais não se aplique a *Convenção*). Assim, art. 16º da lei. Mas ninguém questiona que a *Convenção* se aplica *apenas* a transportes *internacionais* Cfr. Rodière, *Traité...*, *Affrètements et transports*, tomo II, Dalloz, 1968, p. 8 e Rodière – Emmanuel du Pontavice, *Droit Maritime*, 12ª ed., Dalloz, 1997, p. 376 e segg.

[20] Sánchez Calero, ob. e loc. cits.

[21] est. cit. na *Ciência e Técnica Fiscal*, p. 147, em nota. Repare-se que além de o ter feito no art. 1º do DL 37 748, no art. 3º o legislador fala analogamente, nas *disposições* da *Convenção* pelo DL "integradas no direito português".

10. Entretanto, se esta realidade for pragmaticamente aceite, o inafastável corolário é o de que o DL 37 748 deixou de ter a *qualidade* de direito internacional, perdendo a *primazia* que, doutrinalmente, é reconhecida ao Direito Internacional.

11. Repetimos o que noutras sedes já dissemos.

A *Convenção* ingressou na ordem jurídica portuguesa em 1932, ou seja, quando a adesão de Portugal produziu efeitos (25.6.1932).

Como direito internacional que era operou-se então a sua recepção ou incorporação automática plena *no direito interno português*.

Só que, com isso, não perdeu o seu carácter de *direito internacional*, apenas aplicável aos transportes *internacionais*[22].

Só que na "floresta de enganos" criada pelo legislador de 1950 é de encontrar, como possível mira, a de aplicar aos *transportes internos portugueses* alguns *preceitos* da *Convenção*, desta dissociados e amputados da sua natureza de direito internacional.

12. Mas, a ser assim (e não poderá ser doutra forma) o Dec.-Lei 352/86, de 21.10, tem exactamente a mesma natureza do Dec.-Lei 37 748, a ele se sobrepondo quando contiver normas incompatíveis.

Uma delas será, precisamente, a do nº 2 do art. 27º desse DL 352/86.

Não é este diploma, como temos acentuado, um modelo de clareza, se bem que tenha levado a bom termo a sua mais recomendada "missão": a de com univocidade caracterizar a diferenciação entre o transporte de mercadorias e o fretamento.

Nele são encontráveis alguns preceitos de difícil entendimento, como, por exemplo, o art. 2º (subsidiariedade do diploma; porquê ?), art. 25º, nº 3, (remissão, a não por "contágio" do DL de 1950, para o sistema... da Convenção).

---

[22] Cfr. André Gonçalves Pereira – Fausto Quadros e Canotilho-Vital Moreira, cits. no Acórdão em anotação. Aliás esta posição passa como moeda corrente. Cfr. Philippe Manin, DROIT INTERNATIONAL PUBLIC, ed. Masson, 1979, p. 154 e segg. e Jorge Miranda, A CONSTITUIÇÃO DE 1976, 1978, pp. 297-298.

13. Será de concluir que o prazo de 2 anos fixado no n° 2 do art. 27° do DL 352/86 é, pois, o aplicável aos transportes *internos*, isto é, aos que se processem entre portos nacionais.

O legislador "decidiu" então com a mesma "legitimidade" com que alterou no art. 31°, 1, o valor referido no § 1° do art. 1° do DL 37 748[23].

O Acordão de 25.10.2001

14. A relatora do aresto em causa é uma qualificada Magistrada, que depois veio a ser, por justos méritos, a primeira Juíza promovida ao S.T.J.

Direi ainda que nenhuma intervenção tive no processo.

Os reparos a fazer à argumentação do Acórdão e à sua decisão resultam já do que até aqui dissemos.

Posto isto, parece de insistir em alguns pontos "chave".

Primeiro, o de que a faculdade conferida no *Protocolo de Assinatura* aos Estados Contratantes de pôr em vigor a *Convenção* ou dando-lhe força de lei ou introduzindo na sua legislação nacional as regras nela adoptadas sob uma forma apropriada a esta legislação não significa que, optando pela 2ª via, o diploma daí resultante passe a ser aplicável aos *transportes nacionais*.

---

[23] Sem prejuízo da plena aplicabilidade do prazo *bienal* daquele n° 2 do art. 27° do DL 352/86 (visivelmente inspirado pelo n° 2 do art. 20° das *Regras de Hamburgo*, uma vez que havia então a expectativa de esta Convenção se *universalizar* rapidamente – o que não veio a acontecer) é de dizer que esse preceito não será um paradigma de virtudes legislativas. Desde logo porque é um prazo *demasiado alongado*, na doutrina apenas abonado por Martine Remond – Gouilloud (DROIT MARITIME, Dalloz, 2ª ed., 1993, p. 397). Assim foi entendido a nível do CMI na *Subcomissão Internacional* que desde 1995 funciona em Londres com o objectivo de encontrar um eventual sistema compromissório entre a *Convenção* de 1924 e as *Regras de Hamburgo*. Designadamente na 1ª reunião dessa *Subcomissão* nós próprios sustentámos que o prazo das *Regras de Hamburgo* era excessivo, nisso obtendo o apoio dos delegados da Suiça, da Grã-Bretanha, da Coreia do Sul, dos Estados-Unidos, da Polónia, da Alemanha, da Venezuela e da Irlanda (v. acta da reunião em *Yearbook 1997* do CMI, p. 345). É, para mais, deficiente – embora sem incidência no caso vertente – a redacção do n° 2 do art. 27° do DL 352/86, no tocante à determinação do *início* da contagem do prazo ("data em que o lesado tiver tiver conhecimento do direito que lhe compete"). É que em DM vale como regra de ouro a *exacta* e *concreta* fixação do *dies a quo* (cfr. todas as *Convenções* internacionais de D.M.).

A *Convenção*, quando introduzida por qualquer das formas (ou pelas duas cumulativamente) na ordem jurídica *interna* continua a conter normas de direito de *direito internacional* (convencional).

Isso mesmo é reconhecido no *Acórdão*, quando nele se citam André Gonçalves Pereira – Fausto de Quadros (MANUAL DE D.I. PÚBLICO, 3ª ed. p. 123)[24].

15. Foi isto mesmo que aconteceu em Espanha, que ratificara a *Convenção* em 1930, tendo depois usado da faculdade atribuída no 2º parágrafo do *Protocolo de Assinatura* com a lei de 22.12.1949. Ninguém admitiu que esta lei fosse aplicável aos transportes *nacionais* (v. *supra*).

Aliás, diga-se *en passant*, poderá ter sido a lei espanhola que fez detonar o processo legislativo português do D.L. 37 748[25].

16. No acórdão chama-se à colação o art. 10º, com as alterações introduzidas pelo *Protocolo de Visby...* de 1968. É por demais óbvio que este Protocolo, que nem sequer foi ratificado por Portugal[26], não poderá ser invocado com elemento interpretativo do D.L. 37 748, com base na redacção que deu ao art. 10º da *Convenção*.

Aliás, nem o poderia ser pois a ilação que o Acórdão extrai radica num evidente lapso.

---

[24] Como se transcreve no *Acórdão*: "Uma vez recebido na nossa ordem interna, o D. Internacional, todo ele (...), não perde a sua natureza originária". As suas normas "vigoram como tais – isto é, enquanto normas de DIP – na ordem interna" (Canotilho – Vital Moreira, *Constituição R.P.* anot. ao art. 8º).

[25] A publicação da lei espanhola de 1949 (LTM) deu lugar a alguma controvérsia doutrinal em Espanha. Por ex., Gabaldón Garcia – Ruiz Soroa (MANUAL DE DERECHO DE LA NAVEGACIÓN MARÍTIMA, ed. Marcial Pons, 2002, p. 493) entendem que tendo o Estado espanhol ratificado em 1930 a *Convenção*, e tendo-a publicado na *Gaceta Oficial* de 31.7.1930 esgotara com isso a faculdade de *opção* que lhe era conferida no *Protocolo de Assinatura*.

[26] Revela-se no Acórdão alguma insegurança quanto à ratificação por Portugal do *Protocolo*. É evidente que será institucionalmente fácil a qualquer Tribunal, e por maioria de razão, a um Tribunal superior apurar se um significativo texto de D. Internacional convencional ingressou ou não na ordem jurídica portuguesa. Aliás, o *site* do *Comité Maritime Internacional* (www.comitemaritime.org.) contem, actualizadamente, a situação de cada Estado face às Convenções internacionais. E por ele poder-se-ia ver que o *Protocolo de 1968* não foi ratificado por Portugal.

O art. 10º da *Convenção*, na redacção do *Protocolo*, não permite, pelo menos directamente , a sua aplicação aos transportes internos.

Mais decisivamente, mesmo que permitisse, não se poderia encontrar no Protocolo *de 1968* a *explicação* para o D.L. *de 1950!*

Conclusões

17. Consumada esta "floresta de enganos" iniciada com o D.L. 37 748, poderá concluir-se:

(1) Realmente, tem esse diploma uma *fisionomia* diversa designadamente da lei espanhola de 1949. Não é um diploma completo, articulado, com princípio, meio e fim.
(2) Pretende (tentando *reconstituir* a *mens legislatoris*, enquanto assume uma expressão *objectivada*) ser um diploma de remissão, nem sequer para a *Convenção*, mas para alguns *preceitos* da *Convenção*.
(3) E a ser assim não foi publicado ao abrigo da faculdade conferida no *Protocolo de Assinatura* da *Convenção*.
(4) Do que resulta que na hierarquia das normas está exactamente ao mesmo nível do D.L. 352/86.

18. Ou seja:

(a) Ou o D.L. 37 748 contem normas de direito *internacional* (no caso o art. 3º, nº 6, da *Convenção*) e então não será aplicável ao caso dos autos.
(b) Ou contem normas de direito *interno* (materialmente) e o prazo é o *bienal* de D.L. 352/86.

Não se vê maneira de iludir este *fatalismo*.

19. Realmente, a hipótese *sub judice* é a de um transporte *nacional* "quimicamente" puro: um transporte de mercadorias entre portos portugueses (Lisboa-Praia da Vitória), tendo o conhecimento sido emitido em Portugal.

Tudo o resto (diga-se incidentalmente) era também português (as partes e o navio).

PRAZO PARA A PROPOSITURA DA ACÇÃO DE INDEMNIZAÇÃO PELA ENTREGA INDEVIDA DAS MERCADORIAS

O Acordão do S.T.J. de 17.2.05

1. Decidiu o S.T.J., no Acórdão em referência[1] que o prazo de caducidade para proposição da acção previsto na Convenção de Bruxelas de 1924 sobre conhecimentos (o previsto no nº 6 do seu art. 3º) não era aplicável em caso de *má entrega* da mercadoria.

E disse:

> " De facto, tal conclusão resulta inequivocamente da leitura sistemática dos arts. 3º e 4º da Convenção (...) pois quer o primeiro desses normativos – que se aplica às obrigações do armador – quer o segundo – que alude às exclusões das suas responsabilidades – têm em vista os danos na mercadoria transportada e não as responsabilidades derivadas do cumprimento defeituoso do contrato de transporte de mercadorias por mar"[2].

Invoca-se ainda no Acórdão um passo de um escrito meu de 1988[3] no qual digo que a fórmula utilizada no art. 27º, 2, do D.L. 352/86 foi inspirada, em parte, no nº 1 do art. 498º do Código Civil,

---

[1] Proc. 4682/04 - 7

[2] Invoca-se no Acórdão, ao que se crê como reforço de argumentação, o Dec.-Lei 352/86, de 21.10 (art. 27º, 2). Para esse propósito (de "comparatismo doutrinal") o diploma português em nada ajudaria a perspectiva do Acórdão. E, ao invés, prejudicá-la-ia insanavelmente já que fala em *direitos de indemnização* em sentido amplo. De qualquer modo à questão tratada no Acórdão é apenas aplicável, sem sombra de dúvida, a *Convenção*, uma vez que estavam em causa transportes *internacionais* titulados por conhecimentos de carga com a cláusula *Paramount*.

[3] *Sobre o contrato de transporte de mercadorias por mar*, no B.M.J., 376, p.10.

que rege o exercício do direito de indemnização em caso de responsabilidade extracontratual.

Retira, pois, o Acórdão desta frase a conclusão de que "é, pois, às perdas e danos da mercadoria transportada por mar que o referido prazo se refere e não à responsabilidade por incumprimento do contrato de transporte por mar formalizado por conhecimento de embarque, como o dos autos".

Quem integrar a frase no contexto em que se insere logo verá que da citação *se extrai exactamente* o contrário da conclusão alcançada (ao que se crê por mero lapso) no Acórdão.

Realmente, quem ler o seguimento da frase verá, sem qualquer esforço, que aquilo que, com todas as letras está dito, é que:

(a) Em direito marítimo "vale como regra de ouro a *exacta e concreta* demarcação do *dies a quo*; o início de qualquer prazo de proposição de acções (...) tende sempre a ser uma realidade de natureza *factual*, facilmente configurável e certificável".

(b) Isto mesmo se vê das principais Convenções Internacionais e até de dois do outros diplomas da reforma marítima de 1986-1987 (nº 2 do art. 16º do Dec.-Lei 349/86, respeitante ao contrato de transporte de passageiros por mar, e art.15º do Dec.-Lei 431/86, relativo ao contrato de reboque).

(c) "Compreender-se-á a fórmula do nº 1 do art. 498º do Código Civil na medida em que aí se trata de responsabilidade *extracontratual* (...). Idêntica ordem de razões não valerá, no entanto, para uma responsabilidade *ex contractu*, em que o momento da verificação do dano *ou da não execução da prestação devida* é facilmente situável".

Quer isto dizer que o S.T.J., neste Acórdão, fez (embora, como é óbvio, por apressada leitura) uma citação insanavelmente errada[4]

---

[4] A questão agora posta foi objecto de uma memorável controvérsia doutrinal desenrolada em meados dos anos 60. Sustentava Abranches – Ferrão, advogado de uma das partes, que a causa de pedir nas acções emergentes de um contrato de transporte marítimo de mercadorias era a *avaria* e não o *contrato*. E daí que a responsabilidade fosse *extracontratual*. Sustentámos nós, que patrocinávamos a outra parte, que a causa de pedir

2. O que se passa é que a responsabilidade do transportador, *no domínio da Convenção*, é sempre *contratual*. Assim, portanto, quer dimane de uma *avaria* ou *perda* na mercadoria, quer advenha de uma *má-entrega*.

E haverá uma *má-entrega* quando a mercadoria é entregue no destino sem que o transportador receba o conhecimento de carga. Este *representa* a mercadoria, ou seja, é um *título* dela representativo.

Isto é elementar, e nem teria sido necessário o Acórdão fazer apelo a tantas e tão respeitáveis abonações doutrinais[5].

Tratamento Doutrinal

3. Segundo a opinião generalizada a *má-entrega* equivale à *perda total* da mercadoria.

Assim, por ex., Rodière: "la livraison à un tiers sans doute équivaut à la pert totale de la chose et ne saurait être traitée plus sévèrement"[6].

---

era o *contrato*, sendo, pois, a responsabilidade *contratual*. Faz um extenso relato de questão Vítor Nunes, na *Rev. de Direito Marítimo*, n° 16, 1964, pp. 7-16. A nossa alegação, como recorrente, para a Relação de Lisboa, viria a ser publicada na *Gazeta dos Advogados da Relação de Luanda*, 1966, n°s 1-2, pp. 141-157. A questão fora entretanto decidida pelo Acórdão do S.T.J. de 18.12.1964 (B.M.J., 142, p. 298), que abonou a tese da responsabilidade *contratual*.

[5] Dir-se-á, incidentalmente, que se fala hoje em "crise da função *representativa* da mercadoria", na medida em que o transporte é quase sempre mais rápido de que o processamento das "operações documentais". Daí que o destinatário apresente ao transportador uma carta de garantia ("letter of indemnity" ou "letter of guarentee"), por via de regra emitida por um Banco, que o ponha a coberto de uma possível responsabilização. Daí também o emprego do *seawaybill* ou do recurso ao sistema EDI (*Electronic Data Interchange*). Sobre este aspecto cfr., por ex., Sérgio M. Carbone, IL DIRITTO MARITTIMO, 2ª ed., *Giappichelli* ed., Turim, 2002, p. 313. Há, aliás, quem sustente que no caso de o conhecimento ser *nominativo* (o que aqui *não aconteceu*, uma vez que estava em causa um conhecimento *à ordem*) a entrega poderá ser feita mediante uma simples verificação da identidade do destinatário, com base no exemplar do capitão (assim, Victor – Emmanuel Bokalli, *Crise et avenir du connaissement*, em Le DROIT MARITIME FRANCAIS – D.M.F., 1998, *maxime* p. 120).

[6] TRAITÉ GÉNÉRALE DE DROIT MARITIME, *Affrètements et Transports*, II, *Le contrat de transport de marchandises*, Dalloz, 1978, pp. 190-191. Rodière, ao emitir este ponto de vista, estava, precisamente, a encarar o § 4° do n° 6 do art. 3° da *Convenção*. E, explicitamente, a "livraison à un tiers sans qualité"

No mesmo sentido, o então jovem Francesco Berlingieri registava, em 1953[7], na sua primeira obra de vulto, que a expressão *perdas e danos* usada na *Convenção*, compreende não apenas os danos nas mercadorias, "ma anche la perdita totale delle merci trasportate".

Ora, Michel Pourcelet – frequentemente citado na jurisprudência portuguesa – antecipava em 1972 o que Rodière viria a dizer em 1978: a jurisprudência (anglo-saxónica) equiparava, "pour le calcul du délai", a falta de entrega a uma entrega errada. Ou, citando uma decisão judicial norte-americana, "misdelivery does come within the terms of failure to make delivery"[8].

Mais recentemente, Fernando Sanchez Calero de igual modo diz que o § 4º do nº 6 do art. 3ª da Convenção, "tanto na sua versão original (...), como na redacção dada pelo Protocolo de 1968 (Visby), abrange, para o efeito da aplicação do prazo anual, a *perda* da mercadoria[9].

E uma *má entrega*("wrong delivery"), sendo equiparável à *perda total* da mercadoria, dará lugar a uma acção de indemnização " por perda de mercadoria" que caducará no prazo de um ano a contar da data da entrega da mercadoria ou da data em que a mercadoria deveria ter sido entregue ao portador legítimo do conhecimento.

Obviamente que a entrega a pessoa *diversa* do destinatário *portador* do conhecimento é equivalente à entrega ao destinatário *não portador* do conhecimento.

4. Reproduz-se no Acórdão da Relação de Lisboa de que subiu recurso para o S.T.J.[10] o que parece ser parte do *despacho saneador*[11]:

---

[7] PRESCRIZIONE E DECADENZA NEL TRASPORTO MARITTIMO DI MERCI, ed. *Cedam*, Pádua, pp. 157.

[8] LE TRANSPORT MARITIME SOUS CONNAISSEMENT – *Droit canadien, américain et anglais*, ed. *Les Presses Universitaires de Montreal*, Canadá, 1972, p. 176.

[9] EL CONTRATO DE TRANSPORTE MARÍTIMO DE MERCANCIAS, ed. *Aranzadi* (Navarra), 2000, p. 455.

[10] Ac. de 1.4.04 Proc. 10 444/03-2 da 2ª Secção.

[11] Dizemos "ao que parece" uma vez que o texto do Acórdão não é *inteiramente* inequívoco sobre a "origem" do passo agora transcrito. Supõe-se, no entanto, que o passo em causa é mesmo parte do despacho saneador.

(a) "(...) No âmbito da *Convenção* (...) não se regista a obrigação de entregar a mercadoria. A obrigação do transportador, finda a viagem, consiste tão só na descarga e colocação da mercadoria disponível para a entrega ao recebedor (?)".
(b) "Por isso mal se entenderia que o transportador fosse protegido pela redução do prazo do direito de acção em relação a matéria que está fora do núcleo de obrigações que assumiu enquanto transportador à luz daquele diploma pactício".
(c) *"O art. 3º, 6, das Regras de Haia liberta o transportador e o navio de toda a responsabilidade no que respeita a perdas ou danos e, consequentemente, não beneficia do prazo em questão o transportador que entrega as mercadorias a quem não apresenta a documentação adequada, como por exemplo, um conhecimento de embarque devidamente endossado".*

5. Quanto à obrigação de o transportador fazer a *entrega* da mercadoria contra a apresentação do conhecimento quer a Relação de Lisboa, quer o S.T.J. corrigiram no bom sentido a tese da 1ª instância. Esta era a de que as obrigações do transportador cessam com a descarga da mercadoria.

Ora não é assim. "A obrigação nuclear e caracterizadora do contrato de transporte situa-se no campo das obrigações de resultado: o transportador obriga-se a proporcionar um concreto resultado que satisfaz o *interesse creditório final ou primário*, a saber, a entrega da mercadoria transportada (...)"[12].

É por isso mesmo que o disposto no § 4º do nº 6 do art. 3º da *Convenção*, ao tratar do prazo de caducidade (de um ano) fixa como *dies a quo* desse prazo a data *da entrega das mercadorias* ou *a data em que estas deveriam ser entregues.*

Ou seja:

Entregues com avaria, ou não entregues, ou mal entregues (no sentido já atrás definido).

---

[12] Francisco Costeira da Rocha, o CONTRATO DE TRANSPORTE DE MERCADORIAS POR MAR, ed. *Almedina*, 2000, p.32.

Em qualquer dos casos a causa de pedir nas acções de indemnização já *no sistema da Convenção* (pura, ou seja, sem os Protocolos) é o próprio *contrato*, e o seu não cumprimento ou cumprimento defeituoso. Isso já era assunto discutido e resolvido em... 1964[13].

Concluindo

6. Os transportes de que se ocupa o Acordão foram transportes *internacionais*, com aposição nos conhecimentos da cláusula *Paramount*. É, pois, incontrovertível a aplicabilidade do regime da *Convenção*.

7. O S.T.J. (como já tinha acontecido com a Relação) ocupou grande parte da sua motivação decisória com a demonstração do carácter *representativo* do conhecimento de carga e com a obrigação, para o transportador, de só entregar a mercadoria a quem dele seja portador.

8. Ora, tudo isto é mais do que sabido, como de imediato apurável seria que o transportador fez uma *má entrega* da mercadoria.

9. São realidades conceituais que de tal modo passam como moeda corrente que, para as conhecer, nem teria sido necessário fazer apelo a tantas fontes de opinião.

10. Mas então, a ser assim, o que estava em causa?

11. O que estava em causa era definir se o § 4° do n° 6 do art. 3° da *Convenção* (i.e., o prazo *anual* nele previsto) se aplica em caso de *má entrega* da mercadoria, tratando-se de um transporte *internacional*.

12. O Acordão em exame encarou distraidamente a questão, distinguindo entre a hipótese de "perdas e danos" *nas mercadorias* e a hipótese de *incumprimento do contrato de transporte marítimo*.

---

[13] cfr. *supra* nota 4.

13. Para concluir faz uma citação mal lida e com base nela firmou-se na *certeza* de que o prazo é o de... 20 anos.

14. Não é assim.

Por exemplo Carlos Górriz López[14], ao encarar a alteração introduzida pelo *Protocolo* de 1968 (*Visby*) no regime da *Convenção*, substituindo a referência a "responsabilidade por perdas e danos" por "qualquer responsabilidade relacionada com as mercadorias", diz que ela em nada modificou a aplicabilidade do prazo *anual* à entrega a um destinatário *não legitimado* (ou seja, não portador do conhecimento). Ou seja, esse prazo no regime "puro" da *Convenção* era já o mesmo (o de um ano).

15. O alcance útil da alteração foi o de harmonizar o § 4 do nº 6 do art. 3º com o *novo* art. 4º *bis* (introduzido pelo *Protocolo*), que alarga as exonerações da responsabilidade e os limites da indemnização a certas personagens da relação de transporte marítimo ("servants or agents", principalmente). O § 4º do nº 6 do art. 3º passou, assim, a dizer respeito não apenas à responsabilidade *contratual* (a do transportador) mas à responsabilidade *extracontratual* dessas outras "personagens" do transporte[15].

---

[14] LA RESPONSABILIDAD EN EL CONTRATO DE TRANSPORTE DE MERCANCÍAS, ed. do *Real Colégio de España*, Bolonha, 2001, p. 889.

[15] Neste sentido, Lefebvre d'Ovidio – Gabriele Pescatore – Leopoldo Tullio, MANUALE DI DIRITTO DELLA NAVIGAZIONE, 9ª ed., ed, *Giuffrè*, 2000, p. 585; Sérgio M. Carbone, CONTRATTO DI TRASPORTO MARITTIMO DI COSE, no TRATADO DI DIRITTO CIVILE E COMMERCIALE, de Cicu-Messineo-Mengoni, ed. *Giuffrè*, 1988, pp. 406-407 e IL DIRITTO MARITTIMO cit. p. 313. William Tetley tem uma opinião isolada, pois, para ele, não existe para o transportador obrigação *de entrega* no domínio da *Convenção*, antes ou depois do *Protocolo de Visby* ("there is no obligation to *delivery* under the *Hague* and *Hague/Visby*"; "the obligation imposed on the carrier under the Hague Rules is to discharge the goods and to make them available for delivery"). Cfr. MARINE CARGO CLAIMS, 3ª ed., *Blais* ed., 1988, p. 685. Entretanto, o seu entendimento de *discharge* não anda muito longe do de *delivery* (entrega). V., por ex., p. 822 e 836. Afigura-se-nos, a este propósito, que há que esclarecer o seguinte: Nos termos da al.e) do art. 1º da *Convenção* o *transporte de mercadorias* "abrange o tempo decorrido desde que as mercadorias são carregadas a bordo do navio até ao momento em que são descarregadas". No tocante aos períodos anterior e posterior o transportador (ou o carregador) podem incluir no contrato de transporte obrigações e responsabilidades (art. 7º). "Mas

16. O transportador, ao dar causa a uma avaria, ou à perda da mercadoria, ou a uma má entrega (a pessoa não legitimada) está a dar causa ao incumprimento ou ao cumprimento defeituoso do contrato de transporte. A todas essas situações aplica-se o prazo previsto no § 4 do n° 6 do art. 3° da *Convenção*, logo na sua redacção original. As "perdas e danos" devem ser entendidas numa perspectiva jurídica e não meramente fáctica.

17. No Acórdão em causa o S.T.J. concentrou a sua atenção num problema onde... não havia qualquer problema (o da função do conhecimento como título representativo da mercadoria). E descuidou o essencial da questão.

---

delas não decorrerá a aplicabilidade do sistema da *Convenção* às fases *não marítimas*" (Mário Raposo, ESTUDOS SOBRE O NOVO DIREITO MARITIMO, ed. Coimbra Editora, 1999, *maxime* p. 274).

Qual, portanto, a relação entre a *descarga* e a *entrega* ? Em síntese, dir-se-á: a *descarga* é uma operação *material*; a *entrega* é um acto *jurídico*. Processada a descarga, a mercadoria não poderá, como é óbvio, ficar *abandonada*. Tem que ser *entregue* ao destinatário, portador do conhecimento, ou a quem o substitua ou represente. E de tal modo a *entrega* é decisivamente relevante (é o "resultado" da execução do contrato) que é ela que marca o início do prazo para a acção de indemnização por incumprimento do contrato de transporte (§ 4° do n° 6 do art. 3° da *Convenção*). As leis nacionais que usando da faculdade concedida no Protocolo de Assinatura (da *Convenção*) introduziram na sua legislação interna as regras da *Convenção* nem sempre as seguiram (e as dos seus Protocolos, quando os tiverem ratificado). Esse o caso, em Portugal, quanto ao Dec.-Lei 37 748, de 1.2.1950. O seu ingresso na ordem jurídica interna continua a ter contornos "misteriosos", até porque é uma mera reprodução de alguns preceitos da Convenção, com algumas alterações (assim § 1° do art. 1°). É de admitir que tenha pretendido seguir, apressadamente, a Lei espanhola de 22.12.1949. Mas ainda mais defeituosamente do que esta (cfr. sobre o regime espanhol Rosário Espinosa Calabuig, EL CONTRATO INTERNACIONAL DE TRANSPORTE DE MERCANCÍAS..., ed. *Comares*, Granada, 1999, *maxime* p. 91). E o Dec.-Lei 352/86, de 21.10, que se pretendia viesse actualizar o regime do Código Comercial, foi o diploma menos conseguido da reforma do D.M. de 1986/87. Afigura-se necessário repensar aqui de novo o sistema legal português, com a ratificação do Protocolo de 1968 e a alteração dos referidos diplomas nacionais de 1950 e de 1986.

PERDA DO DIREITO À LIMITAÇÃO LEGAL DA RESPONSABILIDADE DO TRANSPORTADOR MARÍTIMO DE MERCADORIAS

A questão em causa

1. Dispõe o nº 5 do art. 4º da Convenção de Bruxelas sobre conhecimentos de carga de 1924:

> "Tanto o armador[1] como o navio não serão obrigados, EM CASO ALGUM, por perdas e danos causados às mercadorias ou que lhe digam respeito, por uma soma superior a 100 libras esterlinas por volume ou unidade, ou o equivalente desta soma numa diversa moeda, salvo quando a natureza e o valor destas mercadorias tiverem sido declarados pelo carregador antes do embarque e essa declaração tiver sido inserida no conhecimento (...)".

2. O Protocolo de 1968 (Regras de Visby) alterou alguns preceitos da *Convenção* de 1924.

Entre eles está aquele nº 5 do art. 4º, que, nesse segmento, passou a dizer:

> "Nem o transportador nem o navio terão direito a beneficiar (dessa) limitação de responsabilidade se for provado que o dano resulta de um acto ou de uma omissão do transportador que ocorrer, quer com a intenção

---

[1] O texto *francês*, que era na época o único texto *oficial* da *Convenção* (F. Berlingieri, *La disciplina della responsabilità del vettore di cose*, Giuffrè, 1978, p. 13, em nota), usa a expressão *transportador* ("transporteur"), muito mais adequada. Assim se entendeu também na versão *inglesa*, que adopta para a al.a) do nº 1 da *Convenção* a seguinte redacção: "*Carrier* includes the owner or the charterer who enters into a contract of carriage with a shipper". *Owner* significa aqui o *legal owner* ou seja, o *proprietário* do navio (cfr. F. Berlingieri, *Armatore ed esercente di aeromobile*, sep. do *Digesto*, IV ed., 1987, Turim).

de provocar um dano, quer temerariamente e com a consciência que um dano provavelmente resultaria (desse) acto ou omissão[2].

3. Designadamente no segmento agora em causa – o nº 5 do art. 4º da *Convenção* - tal como estava textualizado antes da entrada em vigor do *Protocolo* – que nunca obteve a ratificação ou a adesão de Portugal – deu causa a divergências de entendimento.

E o Dec.-Lei nº 352/86, de 21.10, que, ao regular o contrato de transporte de mercadorias por mar, em alguns aspectos teve declaradamente em vista o regime do *Protocolo*, foi, neste ponto, totalmente omisso (art. 31º).

O transportador marítimo de mercadorias poderá, assim, na estrita aplicação literal do regime da *Convenção*, beneficiar de um regime excessivamente favorável, mesmo quando, numa hipótese extrema, actue com dolo.

São os diversos ângulos desta questão que será útil problematizar.

Regime da Convenção de 1924

4. É de aprofundar assim a indagação atrás pressentida: a redacção de 1968 *inova* ou "completa" *interpretativamente* a de 1924?

Como se disse, a expressão "em caso algum" usada no nº 5 do art. 4º da *Convenção* foi entendida por alguns autores como *imperativa*[4].

---

[2] O texto oficial inglês – já então com igual força do francês – diz: "Neither the carrier nor the ship shall be entitled to be benefit of the limitation of liability (…) if it is proved that the damage resulted from na act or omission of the carrier done with intent to cause damage, or recklessly and with knowledge that damage would probably result".

[3] A Convenção de 1924 será doravante referida como *Convenção*. Com a formulação que lhe resultou do Protocolo de 1968 será referida como *Convenção de 1924 – Visby*. Não é, para a presente indagação, de considerar o Protocolo de 1979.

[4] Por ex.; Pierre Safa, *De certains aspects de la limitation légale de responsabilité du transporteur maritime*, em Le Droit Maritime français (doravante D.M.F.), 1965, pp. 580-591 e 643-650 (embora de modo não muito concludente) e alguma jurisprudência italiana. Assim a *Corte di Cassazione*, 27.4.1984, cit. por Carlos Górriz López, *La responsabilidad en el contrato de transporte de mercancías*, ed. Real Colégio de España, Bolonha, 2001, p. 777, em nota.

Outra orientação – a dominante – sustentava que o direito à limitação se perdia em caso de dolo. Se assim não fosse afrontado ficaria o "princípio geral de Direito, presente em todos os ordenamentos jurídicos dos países desenvolvidos, que obriga a indemnizar todos os prejuizos causados com má fé". Seria contrário à moral e à ordem pública manter limites de ressarcimento quando o lesante houvesse intencionalmente causado o dano. E seria de molde a propiciar condutas não diligentes[5]. O dolo, correspondendo deliberadamente a uma *má conduta*, remetia aquele que com ele actuava *para fora do contrato* ("en dehors de la loi du contrat") porque afrontava "toutes les règles"[6].

Perspectivavam outros que, pelo menos para este efeito, a culpa grave equivalia ao dolo. Isto, essencialmente porque sempre resultaria difícil provar a intenção dolosa: o transportador que pretendesse provocar um dano sempre se poderia revestir da "masque facile de la bêtise" (Mazeaud).

Numa síntese particularmente feliz para a época concluía Fraikin:

1. A culpa grave não é equivalente ao dolo;
2. Mas o dolo, em matéria contratual, deve ser entendido em sentido amplo, de modo a nele se compreender a vontade de não fazer o que necessário seria para a (boa) execução do contrato; isto embora sem existir a intenção *formal* de prejudicar (causando o dano).

5. Reportando-se ao sistema da *Convenção*, dizia Carbone que a culpa grave traduzir-se-ia numa "inescusabile imprudenza e l'omessa osservanza anche della mínima diligenza". Por assim ser a culpa grave equivaleria ao dolo: em qualquer dos casos o transportador

---

[5] Neste sentido, Carlos Górriz Lopez (p. 778) e sobretudo Fernando Sánchez Calero, *El contrato de transporte marítimo de mercancías*, ed. *Aranzadi* (Navarra), 2000, p. 430. Essa já era a posição de Ripert, para quem a limitação legal da responsabilidade, que cessava em caso de dolo, se manteria em caso de culpa grave do transportador ou dos seus auxiliares. Lembrava, entretanto, Ripert que os tribunais se dividiam. Para alguns relevava a culpa grave como limitação; propendiam outros para a solução negativa. Insistia, de qualquer modo, Ripert na sua doutrina, recorrendo, designadamente, aos trabalhos preparatórios da *Convenção*, onde não se colocou a hipótese de considerar a culpa grave como obstáculo à limitação (*Droit Maritime*, II, ed. *Rousseau*, 4ª ed., Paris, 1952, p. 713).

[6] Guy Fraikin, *Traité de la responsabilité du transporteur maritime*, ed. *L.G.D.J.*, Paris, 1957, p. 311.

incorreria em *fundamental breach* da relação contratual, não lhe valendo a expressão "em caso algum"[7].

Entendia Carbone que o Protocolo de 1968 veio dissipar as dúvidas que pudessem existir.

O que viria em 2002 a reiterar, deixando entrever que a formulação de 1968 era essencialmente interpretativa[8].

Isto até porque, como acentuara em 1988, já então a tendência jurisprudencial era no sentido de reduzir o âmbito da limitação da responsabilidade do transportador[9]. Isto até um ponto máximo.

A situação em Portugal

6. O silêncio do legislador português de 1986 não significa, por certo, que tenha optado por uma leitura literal do nº 5 do art. 4º, no aspecto agora em causa. Pura e simplesmente deixou a questão em aberto, remetendo-a (pelo menos em termos *consequenciais*) para a doutrina e a jurisprudência. Só que ela até agora não foi considerada, como dissemos, nem por uma nem por outra.

Será na aplicação do preceito que os tribunais terão que optar, se porventura a questão for suscitada pelas partes, sobre a doutrina que deverá ser seguida[10].

---

[7] Sérgio M. Carbone, *Contratto di trasporto marittimo di cose*, no *Trattato di Diritto Civile e Commerciale* de Cicu-Messineo-Mengoni, XXVI, 2-1, *Giuffrè*, 1988, pp. 327-353.

[8] Escreveu, realmente, Carbone em 2002 que as expressões *novas* do preceito introduzidas em 1968 significavam que ao dolo correspondia a culpa "con previsione del vettore" (*Il Diritto Marittimo*, ed. Giappichelli, Turim, p. 310). Já em 1978 Berlingieri (ob. cit., p. 170), embora reconhecendo haver jurisprudência discordante, propendia para a exclusão da limitação em caso de *culpa grave* (e, obviamente, de dolo).

[9] Sobre a crise do princípio da limitação da responsabilidade do armador, despontada nos anos 1960-1970, cfr. Pierre Bonassies, *Problèmes et avenir de la limitation de responsabilité*, em D.M.F., 1993, p. 95. Essencialmente carregadores, os países em vias de desenvolvimento surgiram então em força no Direito Marítimo. A limitação *à outrance* seria compensada pelo recurso *ao seguro* ("assurabilité"). E o certo é que os tribunais cada vez mais decidiram em termos de cercear o direito à limitação, considerado como a *excepção*, como um *privilégio*, reservado somente para o armador (ou transportador, *mutatis mutandi*) *irrepreensível* ("irréprochable"). Assim, Isabelle Corbier, *La faute inexcusable de l' armateur ou du droit de l'armateur à limiter sa responsabilité*, em D.M.F., 2002, p. 403.

[10] Sobre o relevo na *criação* do Direito pela jurisprudência cfr. Manuel de Andrade, *Sentido e valor da Jurisprudência*, no *Bol. da Faculdade de Direito*, vol. XLVIII, 1972,

7. Ora, por assim ser, afigura-se mais certa a ideia de que o Protocolo de 1968, ao dar uma nova formulação ao preceito deverá ser tomado em conta na interpretação da *Convenção*, na redacção originária. Poderá mesmo dizer-se que os autores que, nesta versão, sustentavam a impositividade absoluta do inciso "em caso algum" ficaram-se nos caminhos do tempo[11].

É de crer que a simplística assimilação da culpa grave ao dolo ("culpa lata dolo aequiparatur") não será de aceitar. Essa não assimilação tem sido a perspectiva prevalente na doutrina e na jurisprudência estrangeiras[12].

---

maxime p. 263; Castanheira Neves, *Justiça e Direito*, cit. *Bol.*, vol. LI, 1975, *maxime* p. 210; Mário Raposo, *Os Juízes, a lei e o Direito*, no *Bol. Min. Justiça*, 348, pp. 5-10; id., *Nota Sumária sobre o artigo 20º da Constituição*, na R.O.A., 1984, *maxime*, p. 532. Definitivamente, aplicar o Direito não é uma operação *gramatical* e *mecânica*; ocorre como que uma *produção* do sentido da norma, com intervenção do conteúdo global da ordem jurídica (cfr. por todos, Castanheira Neves, nos estudos por nós referidos na cit. *Nota Sumária…*)

[11] Entre eles Leopoldo Tullio (*Confini della applicabilità della limitazione legale del debito del vettore marittimo*, na *Rivista del Diritto della Navigazione*, 1970, II, p. 202) e Franco Bonelli (*La limitazione del debito del vettore…* em *Il Diritto Marittimo*, 1974, p. 30). Dir-se-á, entretanto, por uma razão de objectividade, que Giorgio Righetti, em 1990, (*Trattato de Diritto Marittimo*, II, *Giuffrè*, p. 448) entendia que a locução "em caso algum" reconhecia ao transportador o direito a invocar a limitação no caso do dano resultar da sua conduta gravemente culposa ou ao dolo ou culpa dos auxiliares. Para uma síntese da controvérsia surgida em Itália face à *Convenção* ("pura") cfr. Corrado Medina, *Ancora sulla costituzionalità del limite del debito risarcitorio del vettore marittimo*, em *Il Diritto Marittimo*, 2004, p. 89.

[12] Alain Sériaux, *La faute du transporteur*, 2ª ed., *Economica*, Paris, 1998, p. 231, reportando-se também às soluções francesas e belgas e alemãs. A equiparação *rígida* não foi também acolhida em Espanha. Em Inglaterra propendeu-se para a ideia de que a limitação não seria invocável no caso de incumprimento fundamental do contrato (*fundamental breach*) por parte do transportador. Esta violação poderá (ou não) surgir de uma *gross negligence* e surgirá, por certo, em caso de dolo (*fraud*). Cfr. William Tetley, *Marine Cargo Claims*, ed. *Blais*, Montreal, 1988, p. 103. A *fundamental breach* corresponderá, em certo sentido, ao conceito de *deviation*. Significa esta, nos critérios anglo-saxónicos, uma injustificada inobservância dos termos do contrato (de transporte). Cfr., por ex., John F. Wilson, *Carriage of Goods by Sea*, ed. *Pitman*, Londres, 1988, p. 25. Não será, pois, apenas um *desvio de rota*, uma *deviation* "geográfica", mas uma inexecução significativa, muito relevante, das obrigações a que o transportador marítimo está adstrito. Uma inexecução *unreasonable*.

8. A solução adoptada na *Convenção de 1924-Visby*, fazendo perder o direito ao benefício se for provado que o dano resulta da *intenção* do transportador ou se este actuar (por acção ou omissão) *temerariamente* e com a *consciência* de que um dano *provavelmente* desse comportamento resultaria corresponde ao *dolo*, directo ou eventual.

Assim o afirmaram Gabaldón Garcia-Ruiz Soroa, para os quais a temeridade consciente da probabilidade (*recklessness*) equivale ao dolo *eventual* dos direitos continentais[13].

Manuel de Andrade, com límpida concludência, caracteriza o *dolo eventual* como aquele que se verifica quando o lesante, encarando o dano "como um resultado *possível* do seu procedimento, todavia desejou tal resultado, ou pelo menos aceitou que ele se produzisse – dada a sua conexão com outro que tinha em vista alcançar"[14].

9. Em certo sentido, o dolo eventual corresponderá aqui à *faute inexcusable* do direito francês, tida como "*une faute lourde agravée*": o lesante não quis *directamente* causar o dano, "mas teve a consciência do perigo". É uma falta de "gravidade excepcional", uma "wilful misconduct". Está em causa a consciência da probabilidade do dano, da sua *previsibilidade* "in concreto"[15].

10. Ora, face ao sistema jurídico português a perda do direito à limitação é uma exigência de *ordem pública* em qualquer caso de dolo: *directo* ou *eventual*. O exercício desse direito (cada vez mais *fragilizado*) afrontaria o art. 334º do Código Civil. Excederia os limites impostos pela boa fé, pelos bons costumes e pelo seu fim social ou económico.

---

[13] *Manual de Derecho de la Navegación Marítima*, 2ª ed., Marcial Pons, 2002, p. 533. Cfr. ainda Giorgia M. Boi, *"Recklessness" e previsione del danno...*, em *Il Diritto Marittimo*, 1978, p. 155, que a distingue claramente da "mera" culpa *grave* exactamente porque nesta não existe a *previsão* do dano. No mesmo sentido Alessandro Zampone, *La condotta temeraria e consapevole nel Diritto uniforme dei trasporti...*, ed. Cedam, Milão, 1999, p. 61.

[14] *Teoria Geral das Obrigações*, 2ª ed., Almedina, 1963, p. 340.

[15] v. g. Alain Sériaux, *La faute du transporteur* cit., p. 257.

11. Não se desconhece a imprecisão de fronteiras entre a *culpa grave* por assim dizer "clássica" (a do brocardo romano) e o *dolo eventual*. As cambiantes da noção de culpa (que, *ultima ratio*, abrange o dolo) são múltiplas e não enquadráveis em categorias estanques.

De qualquer modo, é de supor que a doutrina, acima referida, de Manuel de Andrade se mantém válida.

O ónus da prova

12. É um ponto assente que cabe ao transportador o ónus da prova dos factos exoneradores da sua responsabilidade *presumida* (art. 4º, nºs 1 e 2, da *Convenção*). Raramente os tribunais portugueses levantaram dúvida quanto a isso (por ex. Acórdão do S.T.J., de 3.10.80[16]).

13. Questão diversa é a do encargo da prova da conduta dolosa (em sentido "amplo") que justifica a perda do direito à limitação legal do *quantum respondeatur*. Tem sido entendido que a prova deve ser feita por quem a invoca[17].

Em conclusão

14. Não resta dúvida que no Decreto-Lei nº 352/86, de 21 de Outubro, se poderia ter ajudado a por cobro às dificuldades de aplicação deste segmento do nº 5 do art. 4º da *Convenção*, até porque elas eram geralmente referidas nas doutrinas e jurisprudência estrangeiras. E nem se diga que, com isso, estaria a *alterar* o regime da *Convenção*. Realmente, ele, mesmo na sua forma "pura" ou originária

---

[16] *Bol. Min. Justiça*, 300, p. 419.

[17] Assim, Maria Francesca Bozano Gandolfi, *Brevi note sulla responsabilità del vettore marittimo...*, em *Il Diritto Marittimo*, 2004, p. 192. Entretanto, William Tetley tende a imputar *em todos os casos* o ónus da prova ao transportador. Este estará em melhor posição para demonstrar a causa. "Thus the basic rule of burden of proof in a cargo case is that each party is best off proving all the facts available to it" (*The cause of the loss of damage*, em *Mélanges Bonassies*, 2001, ed. *Moreux*, Paris, pp 357 e segs, *maxime* p. 371).

(ou seja, na versão anterior ao *Protocolo* de 1968) comporta diferentes exegeses – sendo, como se viu, largamente dominantes as orientações que retiram à expressão "em caso algum" um sentido absoluto, *literalmente* imperativo[18].

15. Há, finalmente, que ressaltar dois pontos.

15.1. Nos termos da *Convenção* a quantia fixada como limite corresponderia a cada *"volume ou unidade"*, "salvo quando a natureza e o valor (das) mercadorias (tivessem) sido declarados pelo carregador antes do seu embarque e essa declaração (tivesse) sido inserida no conhecimento" (cit. nº 5 do art. 4º).

Deu-se o caso de as circunstâncias técnicas e económicas terem mudado substancialmente a partir dos anos 40 e 50, designadamente com o advento da contentorização. Como salientei em 1984 o conceito de volume recolhido do inglês "package", é prevalentemente entendido no sentido de mercadoria contida numa *embalagem*. A noção de *unidade* surgirá por via *residual*: far-se-á apelo a ela quando não for possível lançar mão do conceito de *volume*. Só que no caso da utilização de *contentores* ou de outras formas de grupagem as dúvidas subsistiriam. Daí que no *Protocolo de 1968* se tenha esclarecido que "quando um contentor, palete ou engenho similar de transporte for usado para agrupar mercadorias, o número de volumes ou unidades enumeradas no conhecimento será considerado como um volume ou unidade"[19].

Por assim ser – e com uma intencionalidade meramente *interpretativa* (ou "declarativa") – no aludido Dec.-Lei de 1986 precisou-se o que se deveria entender por volume ou unidade de carga. Teve-se em vista, declaradamente, o *Protocolo de 1968*.

---

[18] Azevedo Matos (*Princípios de Direito Marítimo*, II, ed. Ática, 1956, p. 286) entende que o benefício da limitação cessa se existir falta grave, "assimilável ao dolo". Mas tal não acontece "se a falta é dos propostos, salvo se as faltas destes se tornarem frequentes e levarem ao convencimento de que o proprietário as conhece e as consente". Cfr. também de Nuno Castello-Branco Bastos, *Da disciplina do contrato de transporte internacional de mercadorias por mar*, ed. Almedina, 2004, que de igual modo trata da questão.

[19] *Fretamento e transporte marítimo...*, no *Bol. Min. Justiça*, 340, pp 17-52, *maxime* p. 46.

O mesmo, de algum modo, sucedeu com a aplicabilidade do direito à limitação legal do capitão e às demais pessoas utilizadas pelo transportador para a execução do contrato.

Aqui, como aliás se regista no preâmbulo, *neste segmento* o novo texto não se poderá considerar, em boa verdade, como interpretativo. Sem dúvida que *inova*, mas dentro de uma mesma *base legislativa*. Este o entendimento, designadamente, de Michel Pourcelet[20].

15.2. Num aspecto foi o *Protocolo* inexoravelmente inovador: enquanto a *Convenção* toma apenas como elemento de referência o *volume* ou *unidade*, o *Protocolo* passou a considerar também o *peso bruto* das mercadorias.

Neste ponto é que o legislador português de 1986 nada poderia fazer.

Necessário teria sido (e continua a ser, *malgré tout*) ratificar ou aderir aos Protocolos de 1968 e de 1979.

---

[20] *Le transport maritime sous connaissement*, 1972, Montreal, p. 146.

SOBRE O CONCEITO DE BARATARIA

Referência Histórica

1. Os textos anteriores à *Ordenança* de Colbert (1681) e a prática contratual seguida em França dividiam-se: diziam uns que o seguro da *culpa* era de proibir, por razões de ordem moral; admitiam outros que ele seria possível se tal fosse expressamente convencionado. Foi esta a solução acolhida na *Ordenança* (art. 28º) e depois no Código Comercial francês de 1807 (art. 353º). As "prévarications et fautes..." do capitão e da tripulação passaram a ser designadas por "baraterie de patron". Abrangia esta "aussi bien les fautes lourdes que les fautes légères ou simples imprudences"[1].

Apenas eram causa de exclusão da cobertura o dolo ou a culpa do capitão ou da tripulação, e não a do próprio segurado[2].

2. Ripert foi um grande Mestre, que continua indispensável nalgumas áreas do Direito Marítimo, mas que noutras está ultrapassado. Esta será uma delas.

Realmente, embora seja ele mesmo a lembrar que BARAT é uma velha designação do sul de França, "qui signifie tromperie, fraude, mensonge", e que Casaregis dava como certo que qualquer facto culposo (*faute*) do capitão não correspondia a barataria, mas

---

[1] Rodière, DROIT MARITIME, *Assurances Maritimes*...., Dalloz, 1983, p. 136.

[2] Ripert, DROIT MARITIME, 4ª ed., III, ed. Rousseau, 1953, p. 679, manifestou-se doutrinalmente no sentido da exclusão da cobertura em caso de qualquer grau de culpa, informando no entanto, que no seguro de faculdades (mercadorias) a regra era mais flexível no século XVI, em Itália, onde se admitia que os carregadores se pudessem segurar contra as faltas (comportamentos culposos) do capitão. O *Guidon de la Mer*, de Ruão (séc. XIV) ia já no mesmo sentido. Hoje, o problema não se põe quanto ao seguro de faculdades, o que, aliás, suscita dúvidas a Ripert (p. 682).

apenas aquele que fosse cometido "cum machinatione et dolo"[3], obstina-se em afirmar, na esteira de Valin e Pothier, que qualquer grau de culpa corresponde a barataria[4].

Conclui Ripert dizendo que a doutrina do seu tempo era geralmente no sentido da não distinção entre dolo, culpa grave e mera negligência; a barataria corresponderá em síntese, a qualquer conduta culposa do capitão ou da tripulação.

3. Prosseguindo numa breve análise da doutrina francesa (que anda a par com a legislação, a jurisprudência e a prática negocial) – por estar aí, visivelmente, a fonte inspiradora das soluções portuguesas da 1ª metade do século XX dir-se-á que o termo "barataria" desapareceu como *realidade actual*, designadamente na legislação francesa.

A lei francesa de 1967, integrada na ampla reforma então operada, apenas excluiu do âmbito do seguro de cascos os danos causados pela "faute intentionnelle du capitaine" (assim, hoje, os arts. 172-14 e 173-5 do *Code des Assurances*).

No seguro de faculdades (mercadorias) o seguro actuava, mesmo em caso de "faute intentionnelle" do capitão[5].

Entretanto, e como é óbvio, quer no direito francês, quer nos demais sistemas jurídicos, caberá ao segurador provar a "falta intencional"[6].

---

[3] *ob. cit.*, p. 679, em nota.

[4] O que representa um retrocesso, século e meio depois, relativamente a Emerigon (1783) que, como posição pessoal, sustentava que a barataria não abrangia todas as faltas, tendo estas que ser dolosas e fraudulentas. Entretanto, e não obstante esta sua opinião reconhecia Emerigon – ao que informa Rodière (DROIT MARITIME cit. p. 136) – que "de son temps on y incluait les simples fautes, les imprudences, défauts de soins, impérities et que, de plus, s' étendait au patron et aux gens de l'équipage". Mas já De Courcy ensinava, como reconhece Ripert (p. 680), que "les fautes lourdes seules constituent la baraterie, non les fautes légères que l'on ne peut toujours éviter dans une expédition maritime".

[5] No seguro de cascos a exclusão de cobertura em caso de "faute intentionnelle" do capitão era uma norma de ordem pública, que não poderia, pois, ser convencionalmente derrogada. Entretanto, desde a lei de 22.12.1984, a exclusão deixou de ser de ordem pública, passando a poder ser afastada por estipulação das partes. Cfr. Rodière – E. du Pontavice, DROIT MARITIME, 12ª ed., Dalloz, 1997, p. 559.

[6] "Preuve difficile, car elle suppose une révélation au grand jour d'une intention dolosive généralement bien caché" – Yvonne Lambert-Faivre, DROIT DES ASSURANCES, 9ª ed., Dalloz, 1995, p. 284.

"Barataria" será, em súmula, a conduta determinada por uma fraude. A ideia de que poderia equivaler a uma mera negligência "bénigne ou grave" (sic) do capitão não tem hoje razão de ser[7].

Direito Português

4. Dispõe o § 1º do art. 604º do Código Comercial que "o segurador não responde pela barataria do capitão, salva a convenção em contrário, a qual, contudo, será sem efeito, se, sendo o capitão nominalmente designado, foi depois mudado sem audiência e consentimento do segurador".

Trata-se de um *conceito* jurídico, que tem que ser entendido com base em pressupostos doutrinais. Adriano Antero declara expressamente que nele se contêm não apenas as faltas intencionais, mas também as não intencionais, como a simples negligência ou imprudência. Em sentido não coincidente parece ser a opinião de Cunha Gonçalves, embora em termos não categóricos.

O Supremo Tribunal de Justiça é que inalteravelmente se tem pronunciado no sentido que outrora fez carreira em França e que foi sufragado entre nós por Adriano Antero. Assim, e como exemplo já distante, o seu Acórdão de 1.11.1949 (B.M.J., 16, p. 340).

Ao que sustentou Azevedo Matos[8], depois de citar a lei brasileira, da qual se extrai exactamente a posição contrária à sua, a barataria "compreende tanto a falta ligeira como a grave, voluntária ou involuntária". Baseia-se, para assim concluir, "na doutrina continental da Europa", tendo o cuidado de excluir o ordenamento inglês, no qual, sem réstea de dúvida, a barataria abrange apenas o acto voluntário e ilegal do capitão ou da tripulação.

---

[7] Martine Remond-Gouilloud, DROIT MARITIME, 2ª ed., Pedone, 1993, p. 156.

[8] PRINCÍPIOS DE DIREITO MARÍTIMO, IV, 1958, pp. 279 e sgs. Como sempre, a exposição de Azevedo Matos não é muito convincente e ao citar, por exemplo, Brunetti (ob. cit. p. 280) põe na sua pena ideias que ele nunca subscreveu (V. Brunetti, DERECHO MARITIMO PRIVADO, trad. esp., III, 2ª parte - ed. Bosch, 1951, p. 501). Aliás, o que está em causa não é a culpa, leve ou grave, do segurado, mas a do capitão e da tripulação. Estes é que podem dar causa à barataria.

5. E assim Rodière, citando precisamente o Acórdão do S.T.J. de 6.12.1974, que fora publicado em *Le Droit Maritime français* (1977, p.248), comenta ironicamente que, na companhia (então...) da Argentina, Portugal era um dos dois únicos países do mundo em que para a jurisprudência, a barataria abrangia "aussi bien les fautes légères que les fautes lourdes du capitaine"[9].

O já referido Acórdão de 1949 do S.T.J. aduzia apenas dois argumentos de autoridade, não encarando o fundo da questão. E a "autoridade" aliás justificável noutros casos, era meramente afirmativa no caso de Adriano Antero e susceptível de entendimento dual no caso de Cunha Gonçalves.

O Acórdão de 30.3.1973[10] tinha sido, aliás muito mais extenso e justificativo (pelo menos em tentame) da posição prevalente. Relato-o o Cons. Oliveira Carvalho, que viria a ser um notável presidente daquele Supremo Tribunal. Nele se cita, com alguma detenção, um parecer de Adriano Vaz Serra, para o qual apenas os actos dolosos ou fraudulentos do capitão corresponderiam a barataria. E nele se reconhece que "a orientação moderna das legislações estrangeiras (é) no sentido indicado". De qualquer modo o que havia que tomar em conta era a jurisprudência portuguesa e "grande parte da doutrina". E esta não estabelecia qualquer distinção no tocante ao § 1º do art. 604º do Código Comercial. A barataria comportaria duas modalidades: a *dolosa* ou *fraudulenta* e a *simples*. Na hipótese então em apreço aproveitou ao segurado a apólice apenas excluir da cobertura a barataria *dolosa* ou *fraudulenta*. Não a *simples*.

Num Acórdão recente (o de 7.7.1999) mantem-se a ideia de que poderá existir a chamada *barataria simples*, ou seja, a decorrente de faltas meramente culposas. E isto, porque para esse critério apontam os "autores" e uma doutrina "há muito consolidada".

Entretanto, e para além de elencar as "baratarias" (uma por cada acto culposo!), remata o Acórdão com uma afirmação de todo em todo inaceitável: a de que "o segurador só assume os riscos no pressuposto negocial de que a sua verificação não tem a contribuição culposa do próprio segurado ou das pessoas por quem é civilmente responsável (salvo convenção em contrário)".

---

[9] DROIT MARITIME, *Assurances Maritimes* cit, p. 138.
[10] B.M.J., 225, p. 272.

Representa esse ponto de vista o regresso aos rigores do século XIX, em que razões de ordem ética impediam o seguro da culpa do segurado ou das pessoas por quem fosse civilmente responsável.

Direito Comparado

6. Dispunha o Código Comercial italiano (1882), no art. 618º, que o segurador não respondia "delle prevaricazioni e delle culpa del capitano e dell'equipaggio", se as partes em contrário não dispusessem.

Foi esta noção considerada, desde logo demasiado ampla, já que poderia entender-se como abrangendo não apenas os actos dolosos, mas os meramente culposos.

Aliás, como sublinha Sérgio Ferrarini[11] a doutrina nunca perfilhou uma exegese que apontasse para a exclusão da negligência. E, como aliás por toda a parte (excepto nos direitos anglo-saxónicos), o Código da Navegação de 1942 suprimiu o conceito de *barataria* e a ideia subjacente ao clássico brocardo *culpa lata dolo equiparatur*.

O que releva desde há muito em toda a parte é a exclusão da cobertura seguradora da *falta intencional*, do *acto fraudulento*. O conceito de barataria, que foi sempre de configuração "incerte e confuse"[12], está irradicado (ressalvando o direito inglês, como dissemos), e está por completo substituído pelo de *falta de intencional*[13].

Salvo o devido apreço, a jurisprudência portuguesa "encalhou", nesta área, em Ripert, que, por seu turno, tinha "encalhado" em Pothier (*Traité des Assurances*, Marselha, 1810), tributário de Valin[14].

---

[11] LE ASSICURAZIONE MARITTIME, 3ª ed., ed. Giuffrè, 1991, p. 126. No mesmo sentido Riccardo Mancuso, ISTITUZIONI DI DIRITTO DELLA NAVIGAZIONE, ed. Giappichelli, Turim, 2002, p. 313.

[12] Giorgio Berlingieri, SUL CONCETTO DI BARATTERIA, em *Il Diritto Marittimo*, 1943, p. 3.

[13] Antoine Vialard, DROIT MARITIME, ed. Puf, 1997, p. 93 faz equivaler, quando ela surja nomeada, a *baraterie du patron* (assim chamada "improprement") à *falta intencional*.

[14] Giorgio Righetti, TRATTATO DI DIRITTO MARITTIMO, II, ed. Giuffrè, 1990, p. 439.

7. O velho Código Comercial espanhol ainda exclui dos riscos cobertos, com carácter geral, a "baratería" do capitão (art. 756º, nº 5). O art. 756º, nº 7, confirma esta solução, a não ser que o segurador tenha tomado a seu cargo "la baratería del patrón".

Entretanto, não obstante na 1ª metade do século findo um ou outro autor ter sustentado que no conceito de barataria se incluiria a mera negligência do capitão ou da tripulação, a doutrina e a jurisprudência são hoje uniformemente no sentido de que a barataria *simples* (!) não existe. Terá que haver uma conduta dolosa ou intencional do capitão ou da tripulação na origem do sinistro.

Como referem Gabaldón Garcia – Ruiz Soroa[15] a doutrina mais moderna é, realmente, unânime no sentido de que a chamada "barataria" apenas se refere aos actos fraudulentos (sic) do capitão. A ideia de uma barataria *simples* (!) está, prosseguem, plenamente contraditada pelo art. 809º, nº 9, do Código Comercial, que claramente distingue entre "barataria", por um lado, e "faltas ou negligências do capitão e da tripulação" por outro. "En base a todo ello, se concluye que el término *barataria* incluye en nuestro Derecho (ou seja, no espanhol) unicamente los actos dolosos o fraudulentos del capitán (...)". Assim também a jurisprudência do Supremo Tribunal[16].

Foi exactamente neste mesmo sentido que se pronunciou José Luís Rodriguez Carrión[17]. A barataria resulta de um acto *fraudulento* do capitão ou de um membro da tripulação. E sempre assim foi entendido historicamente, ressalvado um parêntese de algumas décadas, de autores visivelmente influenciados por Ripert.

Hoje, não "incluye, ni puede ser equiparada a la culpa en alguno de sus grados"[18].

---

[15] MANUAL DE DERECHO DE LA NAVEGACIÓN MARÍTIMA, 2ª ed., ed. Marcial Pons, 2002, p. 818.

[16] ob. e loc. cits.

[17] EL DOLO Y LA CULPA DEL ASEGURADO, SUS AUXILIARES Y TERCEROS EN EL SEGURO MARITIMO, COM ESPECIAL REFERENCIA A LA BARATERÍA DEL PATRÓN, no *Anuário de Derecho Marítimo*, vol. VII, 1989, pp. 39 e segs., *maxime* p. 51. Em sentido análogo, como é óbvio, cfr. do mesmo autor um texto com um título quase coincidente, em ESTUDIOS DE DERECHO MARITIMO, ed. Bosch, 1992, pp.145 e segs.

[18] cit. est. de 1989, p. 74.

8. Os sistemas jurídicos em que a barataria foi sempre frontalmente equiparada à fraude são os anglo-saxónicos, a começar pelo inglês – tradicional "pátria" do seguro marítimo.

A barataria corresponde a uma *wilful conduct*, nos termos da lei (art. 55 b) do MIA) e da prática seguradora (*IC-Hulls*, cláusula 6.2)[19].

É um acto "wilful" e deliberadamente praticado, com o propósito de prejudicar o armador ou os restantes interessados na expedição[20].

Não existe uma só voz discordante sobre a total insustentabilidade da doutrina que *em tempos* teve seguidores no direito continental.

Síntese

9. A nossa doutrina actual é omissa sobre esta matéria. Aliás, reportando-se ao seguro de mercadorias (que, vistas bem as coisas, tem um tratamento em parte análogo, embora com algumas especificidades), João Mata, que foi um profundo conhecedor da técnica do seguro marítimo, diz que o art. 604º, § 1º, do Código Comercial apenas comporta a equiparação da *barataria* à *rebeldia* do capitão ou da tripulação, correspondendo a qualquer dano deliberadamente praticado pelo capitão ou pela tripulação, com a intenção de prejudicar o armador[21].

---

[19] Robert Merkin, ANNOTATED MARINE INSURANCE LEGISLATION, ed. LL.P., 1997, Londres, p. 82.

[20] Payne & Ivamy's, CARRIAGE OF GOODS BY SEA, ed. Butterworths, 13ª ed., 1989, p. 185. É aí incluída na área das *fraudes*. Uma análise detalhada da doutrina anglo-saxónica está feita por Righelti (ob. e loc. cits), que conclui, designadamente através das posições doutrinais de Scrutton, Carver e Temperley, pela sua univocidade no sentido da equivalência da barataria a *acto fraudulento*.

[21] SEGURO MARÍTIMO. *Mercadorias*, 3ª ed., 1990, p. 25. Por mera curiosidade lembrar-se-á que um experiente técnico de Direito Marítimo, Guilherme A. Vidal, comentava em 1929 (*Armamento Marítimo*, 2ª ed.) que impensável seria que o armadores admitissem que os seus seguros não garantissem o naufrágio "atribuído a um erro náutico do capitão ou a uma negligência do oficial de quarto. Seria um seguro ilusório!" (p. 212). Em recente publicação José Alves de Brito (SEGURO MARÍTIMO DE MERCADORIAS, Almedina, 2006, p. 97), refere que, numa primeira fase, nos teríamos pronunciado pela inclusão da negligência na barataria. Em nota de rodapé elucida depois que no presente texto adoptámos uma posição diversa (nota 364). Por respeito pela realidade devemos esclarecer que o texto integrado em ESTUDOS SOBRE O NOVO DIREITO MARÍTIMO fora

10. A jurisprudência dos nossos Tribunais Superiores está em radical oposição à solução hoje universal e incontroversamente seguida, e deve ser repensada – porque apenas determinada por uma inaceitável *inércia jurisprudencial*. Ora, o Supremo Tribunal de Justiça é o "tribunal a que a ordem jurídica pede, para funcionar, uma decisiva tutela *pastoral*, usando da frase de André Tunc (...). É o Tribunal paradigmático, o necessário ponto de referência da Administração da Justiça"[22].

---

publicado pela 1ª vez no B.M.J. (nº 340) em 1984. O tema desse texto era, declaradamente, a análise comparada entre o *fretamento* e o *transporte marítimo*. Só incidentalmente e em breve nota (a 71) nos referimos a que a *jurisprudência portuguesa* admitia a chamada "barataria simples". Não fizemos qualquer análise crítica da questão, que era, no contexto do estudo, meramente incidental e pontual. Assim sendo, a alusão de Alves de Brito, será apenas exacta num ponto de vista literal. O exame crítico e detalhado do problema surgiria, pelo nosso lado, 18 anos depois. Em 1984 não estava em causa, nesse aspecto, qualquer questão de *seguro marítimo*. Relativamente a outro tema (*Os P&Clubs e o problema da acção directa*) Alves de Brito, na página e meia (p.p. 32-34) que lhe consagra diz que em Março 1984, em parecer jurídico publicado na *Colectânea de Jurisp.*, nos pronunciámos afoitamente num sentido positivo e que 15 anos depois adoptámos "uma posição mais cautelosa". Terei sido, no entender de Alves de Brito, "aparentemente influenciado pela posição de Ferrarini". De um mero relance pelo meu texto de 1999 (publicado em *Estudos sobre o novo Direito Marítimo*, Coimbra Ed., pp. 121-133) vê-se que de 1984 para 1999 não alterámos o nosso ponto de vista quanto à posição de Ferrarini: este encara a questão apenas tendo em conta o *direito inglês*. Só que em 1984 estava em causa a 2ª ed. do seu clássico *Le Assicurazioni Marittime*, Giuffrè, 1981 e em 1999 a 3ª ed. (id., 1991). Alves de Brito encara, aliás, a problemática dos P&I com evidente superficialidade e não atenta na vasta doutrina e jurisprudência produzida entre 1984 e 1999, em parte por nós citada. Posteriormente a 1999 é fundamental o estudo de Christian Scapel, *L'action directe contre les P&I clubs*, em *Études de Droit Maritime à l'aube du XXI siècle* ("Mélanges Bonassies"), ed. Moreux, 2001, pp. 331-343. Tornou-se usual a emissão pelas P&I de *cartas de garantia* ("letters of undertaking"). Sobre a situação com isso criada cfr. a anotação jurisprudencial de Carlo Lobietti (*Il Diritto Marittimo*, 2005, pp. 983 e segg.). Cfr., ainda em geral a decisão do Tribunal Supremo de Espanha de 3.7.2003 (*Anuário de Derecho Marítimo*, vol. XXII, 2005, p. 740), que decidiu que o *risco* assumido pelo P&I consiste em *entregar* ao "segurado" a indemnização que este tiver que pagar ao terceiro lesado. Não é reconhecido, pois, nesta perspectiva, a *acção directa*. Fácil é, assim, concluir que se está perante um tema complexo, que muito mais se complexificou nos últimos 15 anos, sobretudo depois de em Inglaterra a *Câmara dos Lordes* ter decidido em 1990 os casos *Fanti* e *Padre Island* em sentido que definitivamente recusou o cabimento da acção directa. Cfr. D.M.F., 1990, p. 716 e 1995, p. 525.

[22] Mário Raposo, B.M.J., 348, 1985, pp 5-10.

PERSPECTIVA ACTUAL SOBRE AS SOCIEDADES DE CLASSIFICAÇÃO DE NAVIOS

Introdução

1. Quando surgiram, há cerca de dois séculos, as sociedades de classificação (SC) tinham quase exclusivamente como razão de ser a de habilitarem os seguradores com uma *opinião de risco* sobre o estado e as condições de navegabilidade dos navios. Alargaram depois o seu âmbito de actuação ao fornecimento desses dados para melhor fundamentar os contratos de construção e de compra e venda de navios, e com os contratos de utilização destes (fretamento e transporte). Mais tarde, e relativamente às mais prestigiadas, passaram os poderes públicos a delegar nelas tarefas de interesse público, designadamente no tocante à segurança marítima[1].

"Quando um navio tem a primeira *cote* (notação, classificação) duma das SC reconhecidas pelo Estado, este dispensa-o de se sujeitar às visitas oficiais de segurança"[2].

2. São as SC sociedades privadas. A única excepção aberta a esta natureza foi a do *Registro Italiano Navale* (RINA), criada em Génova em 1857 mas que por um diploma legal de 29.9.1870 foi reconhecida como "stabilimento di pubblica utilità", o que viria a ser

---

[1] Cfr. Maria Teresa Gómez Prieto, LAS SOCIEDADES DE CLASSIFICACIÓN DE BUQUES, no *Anuário de Derecho Marítimo*, 1994, pp. 257-375, *maxime* p. 257 e Mário Raposo, RESPONSABILIDADE EXTRACONTRATUAL DAS SOCIEDADES DE CLASSIFICAÇÃO DE NAVIOS, na *Revista da Ordem dos Advogados*, (ROA), 1999, p.833 e segg.

[2] Rodière – E. du Pontavice, DROIT MARITIME, *Dalloz*, 12ª ed., 1997, p. 52.

confirmado por um Decreto de 9.6.1921. Entretanto, se em 7.5.1925 lhe foi atribuída carácter oficial, logo no ano imediato (Decreto de 11.11.1926) surge como entidade de carácter privado. A natureza pública ou privada oscilaria depois nos próprios anos 20, surgindo como ente público em 9.7.1936. A "dança" das caracterizações legais da RINA manteve-se mais ou menos até hoje[3].

Sérgio Carbone entende que a RINA "ha la natura de ente privado delegato all'esercizio di funzioni pubbliche"[4]. Sobre a natureza privada actual da RINA pronunciaram-se Pescatore, Fiorentino, Righetti e a jurisprudência dominante do Conselho de Estado e da *Corte di Cassazione*.

De qualquer modo, e embora tendo natureza privada, as SC exercem, como dissemos, decisivas funções de interesse público e deverão (ou deveriam) exercê-las com estrita objectividade e a mais elevada competência técnica e fiabilidade. No entanto, têm estes atributos sido postos em causa nas décadas mais chegadas. Desde logo a preocupação concorrencial que se tem vindo a acentuar entre as menos consolidadas, não obstante os intentos para a mitigar através de acordos de coordenação que algumas delas têm vindo a celebrar. Nisso tem sido relevante o papel da *International Association of Classification Societies* (IACS), do *Comité Maritime International* (CMI) e, obviamente, da IMO.

Como diz A.W. Skou[5] é de esperar que as SC estejam "in the forefront of technology". Para tal, e como é óbvio, os seus honorários têm, precisamente por isso, que ser elevados. Mas estes terão que aferidos em função da dificuldade dos serviços prestados, e não da tonelagem do navio. "It is not the size of the ship, but the service rendered by the Society" o decisivo factor de cálculo[6].

---

[3] Maria Teresa Gómez Prieto, est. cit., pp. 266-269.

[4] IL DIRITTO MARITTIMO, 2ª ed., *G. Giappichelli* ed., Turim, 2002, p. 29. Sobre a natureza jurídica das SC cfr. Guido Camarda, NATURA E RESPONSABILITÀ DELLE SOCIETÀ DI CLASSIFICAZIONE DELLE NAVI, separata da publicação final dos estudos apresentados ao colóquio sobre *Mare, porti e reti infrastrutturali: per una nuove politica dei trasporti*, Messina, 2002, p. 9.

[5] PRESENTATION ON BEHALF OF IACS TO THE CENTENARY CONFERENCE OF THE CMI, em *CMI Yearbook*, 1997, pp. 180 e segs.

[6] A.W. Skou, est. cit., p. 182.

A IACS e o CMI aprovaram um Código de Conduta das SC (PRINCIPLES OF CONDUCT FOR CLASSIFICATION SOCIETIES) que muito contribuirá para uma normalização, por via *pedagógica* (será bastante?) da actividade. Um dos princípios adoptados foi o da *confidencialidade* relativamente a todos os documentos, materiais e informações relacionadas com a classificação dos navios. Isto sem prejuízo, como é óbvio, dos relatórios e certificados destinados às entidades a quem elas se dirigem ou possam ter legítimo interesse na sua consulta[7].

3. Em quase todos os países de algum relevo existem hoje SC. Curiosamente, a Espanha, não obstante o seu significativo crescimento no domínio da frota mercante e do parque portuário, não possui nenhuma SC[8]. Esboçou-se no final dos anos 70 o preenchimento dessa lacuna, com a criação de uma sociedade denominada FIDENAVIS. Mas, ao que parece, logo depois foi dominada ou mesmo absorvida pela clássica SC alemã (GERMANISCHER LLOYD).

A primazia entre as SC caberá, entretanto, a três delas: a *Lloyd's Register of Shipping*, a *Bureau Veritas* e a *American Bureau of Shipping*[9].

Foi a 1ª delas (LR-UK) criada em 1760 por um grupo de seguradores marítimos que se encontravam com habitualidade e que decidiram preparar uma lista de navios que poderiam ser solicitados a segurar e cuja condição (estado e aptidão para navegar) não conheciam

---

[7] O *Código de Conduta* está publicado no cit. *CMI Yearbook*, 1997, *maxime* p. 190. Em Maio de 1999 aprovaria o CMI um MODEL CONTRACTUAL CLAUSES para uso das SC, integrador daquele Código de Conduta. A actuação das SC relativamente a um navio, quando é pedida a sua intervenção, desenrola-se, usualmente, em diversas fases: examinam em 1º lugar os principais planos do navio utilizados pelo estaleiro naval; efectuam depois inspecções nas empresas que fabricam os equipamentos destinados ao navio, a fim de controlar a qualidade dos materiais aplicados no navio e a sua adequação às normas regulamentares aplicáveis; acompanham seguidamente a construção do navio e os ensaios do navio. Tudo isto é finalmente levado a um "relatório de inspecção" (Phillipe Boisson, *LE RÔLE DES SOCIETÉS DE CLASSIFICATION...*, em *Études de Droit Maritime à l'aube du XXI siècle* (Mélanges Bonassies), *Moreux* ed. Paris, 2001, pp. 65 e segs).

[8] Gabaldón Garcia – Ruiz Soroa, MANUAL DE DERECHO DE LA NAVEGACIÓN MARÍTIMA, 2ª ed., Marcial Pons, 2002, p. 242.

[9] Todas elas (bem como muito das outras a seguir referidas) com sucursais ou representação na generalidade dos países.

bem. Esta lista, o primeiro *Register of Ships*, foi publicada em 1764[10]. Viria a ser, no entanto, em 1840 que a SC, tal como é hoje configurada, se constituiria.

De igual modo, a *Bureau Veritas* (BV), fundada em Antuérpia em 1828, surgiu sob o impulso de seguradores[11]. Isso mesmo se dizia no documento apresentado pelos seus fundadores: "Faire connaitre aux assureurs les qualités et les défauts des navires fréquentant les ports du Royaume et les tenir autant que possible au courant des primes et des conditions particulières auxquelles se traitent les assurances maritimes sur les différentes places (...)". Entretanto, desde logo se assinalava no mesmo texto que a *Bureau* (*a* e não *o*, já que se trata de uma sociedade) também seria útil aos armadores que tivessem os seus navios em boa condição, para poderem melhor angariar os fretamentos. Seria ainda útil para os comerciantes, que assim conheceriam os navios aos quais pudessem confiar o transporte das suas mercadorias[12].

A terceira maior, surgida em 1862, é a *American Bureau of Shipping* (ABS), inicialmente criada para tornar público o campo de recrutamento do pessoal do mar tecnicamente mais apto, e transformada em SC no início do século XX.

No topo das principais SC figuram ainda a *Germanischer Lloyd* (GL), criada em Hamburgo em 1867, a *Korea Register of Shipping* (KR-Coreia), o *Registro Italiano Navale* (RINA), a *China Classification Society* (CCS-China), a *Det Norske Veritas* (DNV-Noruega) e a *Nippon Kaiji Kioakay* (NK-Japão)[13].

---

[10] Alan E. Branch, ELEMENTS OF SHIPPING, 6ª ed., *Chapman and Hall* ed., Londres – Nova Iorque, 1989, p. 160. A *Lloyd's Register of Shipping* pouco tem hoje a ver (*no plano formal*) com a entidade seguradora *Lloyd's*. Mas a confusão é frequente em muitos autores.

[11] "Les assureurs auprès desquels les courtiers, les armateurs et les chargeurs plaçaient leurs risques étudiaient de leur mieux les aventures maritimes dont ils garantissaient la bonne fin pour se documenter avant de signer, pour suivre ensuite le navire". Só que tal sistema era insuficiente, mesmo com o apoio da *Lloyd's List* (J. Paul Govare, LE BUREAU VERITAS, em *Studi in onore di Francesco Berlingieri*, Roma, 1933, p. 249). O Prof. Francesco Berlingieri assim homenageado era avô do actual.

[12] Parece de salientar a clara diferenciação que neste texto se faz entre *fretamento* e *transporte*. Fretamento de *navios*, transporte de *mercadorias*.

[13] O elenco das SC que consta da *Institute Classification Clause*, que selecciona as mais fiáveis, inclui ainda uma SC russa e uma polaca (cfr. Robert Merkin, ANNOTATED

Funções Tradicionais das SC

4. Na generalidade das apólices-tipo inglesas de cascos (*Institute Time Clauses – Freight* e *Institute Time Clauses-Hull*) uma das fundamentais cláusulas é a de que o navio esteja classificado por uma SC com a qual os seguradores (*Underwriters*) concordem e que a notação (*class*) por ela feita se mantenha[14]. A mudança pelo segurado da SC, ou a suspensão da sua intervenção, põe automaticamente termo ao contrato de seguro[15].

5. Quanto às relações entre fretadores e afretadores não eram, de igual modo, divisáveis problemas de maior.

Referindo-se ao caso francês (transponível para os dos outros grandes centros de navegação) relata Jean-Claude Buhler[16] que até finais dos anos 60 os afretadores franceses negociavam com armadores na generalidade franceses, e estes eram para eles uma garantia de qualidade. E quando tinham de recorrer a mercados estrangeiros (Londres ou Nova Iorque), os principais fretadores eram fiáveis: os gregos (por ex. os Livanos, Niarchos, etc.) tinham em grande conta a sua própria reputação, e os seus navios, mesmo navegando com bandeiras de conveniência, eram sólidos e bem apetrechados.

Bastava então referir, quando do fretamento, que o navio tinha a primeira *cote* (*class*) da SC, para ficar garantido um suficiente grau de segurança e de solvabilidade do fretador.

Entretanto depois dos anos 70, tudo rapidamente mudou. Concorrência desenfreada, mira de lucro fácil, falta de qualidade das tripulações, quase sempre recrutadas em países do terceiro-mundo (mal preparadas, mal pagas, raramente falando a mesma língua dos oficiais) – passaram a ser recorrentes características.

Daí as medidas tomadas a nível internacional, como a aprovação do Código ISM, que faz parte, desde 1 de Julho de 1998, do

---

MARINE INSURANCE LEGISLATION, ed. LLP, Londres-Hong-Kong, 1997, p. 129). Em Portugal foi criada em 1973 uma SC – a RINAVE.

[14] Robert Merkin, ob. cit., p. 155.
[15] Id., p. 162.
[16] LES AFFRÉTEURS ET LA SÉCURITÉ DES TRANSPORTS MARITIMES, em *Le Droit Maritime français* (doravante DMF), 1999, pp. 795 e segs.

direito dos Estados contratantes da Convenção SOLAS (Convenção Internacional para a Salvaguarda da Vida Humana no Mar, 1974)[17].

Com a entrada em vigor do Código ISM os afretadores viram reforçada a sua segurança com a atitude de alguns seguradores: a de só aceitarem seguros de navios ou de mercadorias carregadas em navios munidos de certificado ISM.

Entende-se, no entanto, que os seguradores que aceitam seguros de navios não dotados de certificado ISM não cometem, eles mesmos, um acto ilícito, já que não são directamente destinatários dos comandos do Código.

A certificação ISM do navio permite fundamentalmente ao segurador formar a sua *opinião de risco*. E se o controle da certificação é facilmente praticável no seguro de cascos, já não o será da mesma forma no seguro de faculdades[18].

5. A intensificação e a diversificação da actividade das SC teria que pôr necessariamente termo à tradicional "intangibilidade" das SC. Como já referimos, e não obstante as medidas preventivas e "pedagógicas" levadas a cabo pela IACS e pelo CMI, tem sido questionada com frequência a idoneidade da actuação das SC, mesmo das mais *clássicas*. Ao que é referido, a *American Bureau of Shipping* está a ser responsabilizada num tribunal federal norte-americano por autoridades espanholas em decorrência do sinistro do PRESTIGE. Aliás, já quando ocorreu na costa espanhola, em 1989, o sinistro do navio ARAGÓN, a actuação da *Lloyd's Register* foi questionada, embora não de uma forma frontal. O navio tinha sido sujeito a uma inspecção quadrienal por aquela SC escassos meses antes, quando se encontrava na doca seca do porto de Bahrein. Ora verificou-se que o sinistro teria sido causado por corrosão do casco, sendo pouco pro-

---

[17] O Código ISM, que se ficou, pois, a dever à acção de IMO (Código Internacional para a Gestão para a Segurança) tem caracter obrigatório desde aquela data (1.7.1998) para os navios de passageiros, para os navios-petroleiros, navios-tanques de produtos químicos, navios-tanques de gás, navios graneleiros e embarcações de alta velocidade de carga, de arqueação bruta igual ou superior a 500. Para os demais navios de carga e unidades móveis de perfuração de fundos do mar, de arqueação bruta igual ou superior a 500 a obrigatoriedade começou em 1.7.2002.

[18] Christian Hubner, L'APPLICATION DU CODE ISM À L'ASSURANCE MARITIME SUR FACULTÉS, em DMF, 1999, pp 507 e segs.

vável que a mesma não existisse já quando daquela inspecção. Noutros casos afirmou-se que, sem que se devesse por precipitadamente em dúvida o profissionalismo e a integridade da grande maioria dos técnicos das SC, algum não se deixasse "tentar por estímulos financeros a la hora de otorgar la clase a un buque"[19].

E, para além disso, vem frequentes vezes à tona o problema da isenção e fiabilidade de algumas SC. Este problema era já salientado *em 1980* por R.A. Powell, num texto reproduzido por Ellen and Campbell em INTERNATIONAL MARITIME FRAUD[20].

A actual crise de imagem das SC deu causa a que os armadores, afretadores e companhias de seguros, por não confiarem nas suas notações e relatórios, realizem as suas próprias inspecções, "llegándoze a una situación insostenible de realización de distintas inspecciones sobre el mismo buque"[21].

Acresce que, como dissemos, as SC – pelo menos algumas – foram progressivamente alargando a sua actividade, saindo do mundo dos *navios* e mesmo dos transportes em geral. Algumas ingressaram mesmo em áreas que nada têm a ver com a que tradicionalmente fora a razão de ser das SC, invadindo domínios como os da... construção civil[22].

6. Sobretudo no período compreendido entre 1989 e 1992 os *Lloyd's*[23] tiveram perdas elevadíssimas, que chegaram ao ponto de fazer antever o seu próximo fim[24].

---

[19] Maria Teresa Gómez Prieto, est. cit., p. 281, em nota.

[20] ed. *Sweet & Maxwell* ed. Londres, 1981, p. 153. Relata Powell que um técnico de uma SC manteve a notação (*class*) de um navio que na viagem da Africa do Sul para o Japão chegou a Hong Kong com nada mais nada menos do que 67 buracos na chapa. E refere ainda outros casos de manifesta e grave negligência, concluindo que não critica as Regras de Conduta (as então existentes) das SC, "but I am critical of the apparent unwillingness or inability of those concerned to apply the Rules (...)".

[21] Maria TeresaGómez Prieto, est. cit., p. 282.

[22] Mário Raposo, est. cit., p. 836.

[23] Seguradores, e não SC. Têm uma estrutura jurídica autónoma em relação a eles, embora financeiramente por eles dirigidos.

[24] Mark E. Brockbank, THE CRISIS IN THE MARINE INSURANCE MARKET, em *Il Diritto Marittimo*, 1992, p. 803. Os *Lloyd's* estão a recuperar equilíbrio financeiro, mesmo face às actuais conjunturas mundiais. Durante mais de 300 anos um seguro contratado nos *Lloyd's* era assumido por pessoas singulares (*Names*), cuja responsabilidade pessoal

Para além de outras causas, foi posta na origem de tal situação a falta de fiabilidade das SC. Como acentuou Brockbank, "confidence in the Societies has so ebbed that charterers, bankers, major oil companies, P&I clubs and hull underwriters all now inspect certain vessel themselves".

Responsabilidade Civil das SC

I. *Responsabilidade Contratual*

7. São as SC contratualmente responsáveis perante a empresa ou entidade que com elas estabeleceu relações. Assim, e desde logo, conforme o caso, com os armadores ou os seguradores. É, entretanto, de referir que estes últimos raramente celebram directamente contratos com as SC, ao invés do que acontecia quando as SC surgiram. A *opinião de risco* é por regra formada com base na notação (*class*) fornecida pelos seus clientes armadores. E os demais elementos obtidos SC estão a coberto dos seus deveres de confidencialidade e de "fidelidade" face aos seus clientes-armadores.

8. Clientes das SC são por vezes os estaleiros navais, para obtenção dos elementos de que necessitam quando pretendem celebrar ou fazer executar os contratos de construção naval ou de grande reparação naval.
Entende-se quase sempre que em todos os casos a obrigação da SC é uma obrigação de meios, um dever de diligência *especializado* e, por isso, mais *forte*.[25]

---

era ilimitada. A partir de 1 de Janeiro de 1994 as sociedades de capitais passaram a poder ser admitidas nas *Lloyd's* e estão progressivamente a substituir os anteriores *Names*. Cfr. Christopher Dempsey, LES LLOYD'S. PASSÉ, PRÉSENT ET FUTURE, em DMF, 1995, p. 787.

[25] Philippe Boisson, RESPONSABILITÉ DES SOCIETÉS DE CLASSIFICATION: FAUT-IL REMETTRE EM CAUSE LES PRÍNCIPES DU DROIT MARITIME?, em DMF, 1995, pp 109 e segs.

9. Um ponto importante há que destacar. Quando as SC actuam por delegação de um Governo (seja esta completa ou parcial, temporária ou permanente, tal delegação processa-se sob a *responsabilidade do Estado*, implicando a deste. Daí que, se responsabilizado por terceiros, tenha o Estado (em sentido amplo) direito de regresso em relação a elas. Em França propende-se para a configuração de uma responsabilidade administrativa da SC, enquanto gestora de um interesse público, perante a entidade pública delegante.

II. Responsabilidade Extracontratual

II.A. Em França

10. O contencioso respeitante à responsabilidade perante terceiros das SC intensificou-se nos últimos tempos. Isto até porque constituem o alvo preferencial dos lesados, que sabem (ou presumem) que elas são, tendencialmente solventes, fáceis de localizar e com dificuldade em fazer valer, por meios legais, a limitação da sua responsabilidade, já que não estão abrangidas pela Convenção de 1976. Bastará que os lesados se fundem nas notações (*classes*, *cotes*) por elas publicadas, se bem que dessas publicações como regra conste que não garantem a inexistência, nelas, de erros ou desconformidades. Designadamente para Rodière-Emmanuel du Pontavice[26] tais cláusulas de exoneração de responsabilidade são desprovidas de qualquer valor perante terceiros. Entretanto, não é pacífica esta doutrina. Em França as cláusulas de limitação ou de exoneração são quase inalteravelmente admitidas pelos tribunais, salvo em caso de dolo ou culpa grave[27].

---

[26] ob. cit, pp. 53-54. Em geral sobre a responsabilidade civil das sociedades de classificação, sobretudo no domínio da poluição marítima, cfr. Francesco Siccardi, *Polluttion liability and classification societies*..., em *Il Diritto Marittimo*, 2005, p. 691 e segg.

[27] V. jurisprudência citada por Philippe Boisson, est. cit., p. 113. Curiosamente os direitos anglosaxónicos, mais benévolos em relação à responsabilidade extracontratual das SC põem entraves a esta orientação jurisprudencial. Assim, nos Estados-Unidos foram já postas dúvidas quanto à validade de tais cláusulas, por razões de ordem pública. Assim, no caso do *Amoco Cadiz*. No Reino Unido o *Unfair Contract Term Act* confina a eficácia das cláusulas de exoneração aos danos meramente materiais. E apenas são aceites na medida em que revestirem um carácter razoável.

Reveladora da severidade dos tribunais franceses quanto às SC é a decisão da *Cour d'Appel* de Versalhes de 21.3.1996[28]. Nos contactos que precederam à compra de um navio, um armador francês pediu ao vendedor, um armador marroquino, que mandasse fazer uma inspecção a *Bureau Veritas*. Tendo em conta esse relatório, bastante detalhado, que não referia qualquer defeito, o armador francês comprou o navio. Só que escassos dias depois, ao navegar em mar agitado, este meteu água e teve que ser rebocado até porto seguro. O perito dos seguradores verificou que o navio estava em péssimo estado geral. E o comprador do navio demandou judicialmente a *Bureau Veritas* baseando-se, além do mais, que esta há largos anos atribuía ao navio a mesma notação (1.3/3), fazendo assim crer que o mesmo – profundamente degradado – mantinha um excelente estado geral. O Tribunal de Comércio de Nanterre deu ganho de causa ao armador, qualificando a actuação da SC de um "laxismo inqualificável".

Optou o armador francês por demandar judicialmente a SC, e não o seu directo contracenante contratual, ou seja, o armador marroquino. Como comenta Philippe Boisson, é que, para além da quase certa solvência das principais SC, já por nós referida, a existência de seguros de responsabilidade civil profissional por estas contratado torna ainda mais "atraente" a sua responsabilização[29].

II.B. No Reino-Unido e nos Estados Unidos

11. A jurisprudência dos países anglosaxónicos é muito mais favorável às SC que a francesa.

No caso do navio *Nicholas H* estabeleceu, nesta linha de orientação, uma doutrina para elas essencial. Uma SC não tem obrigação de diligência em relação ao carregador que confia as suas mercadori-

---

[28] Anotada por Philippe Delebecque em DMF, 1996, p. 721.

[29] "L'assurance est devenue synonyme de solvabilité, une garantie qui incite les créanciers à chercher d'éventuelles indemnisations dans la *poche profonde* de leurs débiteurs" (cfr. RESPONSABILITÉ DES SOCIÉTÉS DE CLASSIFICATION... cit., p. 109). Do mesmo autor, cfr. ainda THE LIABILITY OF CLASSIFICATION SOCIETIES IN THE MARINE INDUSTRY CONTEXT, em *Classification Societies*, ed. *LLP*, 1993, pp 1-26.

as a um navio por ela controlado. Inexistente este "duty of care", a acção proposta pelo carregador contra a SC deve ser julgada improcedente.

A decisão é da Câmara dos Lordes, de 6 de Julho de 1995, e a demandada era *Nippon Kaiji Kyokai* (NKK). O critério em que se fundou foi o de que não existia uma relação de "proximity" (proximidade) contratual entre o carregador e a SC.

Como refere Pierre Bonassies no comentário a esta decisão ela integra-se numa orientação genérica que marca "une certaine bienveillance à l'égard des societés de classification"[30].

Tal orientação, sobretudo a partir do *leading case* do *Nicholas H*, tem-se, na realidade, afirmado mais amplamente, chegando ao ponto de se manter intocada a SC por danos sofridos por *quaisquer* terceiros "per negligente certificazione della classe"[31].

Nos Estados-Unidos a jurisprudência tende, na prática, a ser de igual modo favorável às SC. A violação do *duty care* por parte destas não é suficiente, por si só, para a sua responsabilização. Exige um *nexo causal específico* entre tal violação e o sinistro.

Foi precisamente a não existência (ou a falta de prova) de uma relação causal que isentou de responsabilidade a *Bureau Veritas* quando do naufrágio do navio *Pensacola*. O demandante segurador, embora tivesse ficado demonstrado que tinha havido negligência por parte da demandada SC, não conseguiu provar o nexo causal.

Do mesmo modo, os tribunais norte-americanos adoptaram o mesmo critério no caso da sociedade *Sundance Cruises*. Esta sociedade comprou um navio, *Svea Corona*, a fim de o transformar num luxuoso navio de cruzeiros num estaleiro naval sueco. A transformação do navio (que passou a designar-se por *Sundancer*) foi fiscalizada pela *American Bureau of Shipping*, que emitiu diversos certificados

---

[30] em DMF, 1995, pp. 750-754. Cfr. ainda outro comentário do mesmo autor na mesma revista (1997, *hors-série*, n°1, p. 23) no qual recorda, uma vez mais, que no direito francês, ao invés do que se passa nos direitos de *common law*, existe uma obrigação geral de prudência, não dependente de uma *proximidade* contratual.

[31] Marco Turci, em *Il Diritto Marittimo*, 1997, *maxime*, p. 1175, "La maggioranza di giudici della House of Lords há ritenuto che mancasse il requisito della *proximity*, cioè di nesso causale diretto trai danno e il comportamento del perito dell' istituto di classifica (...)". A solução foi, realmente a mesma que prevaleceria no caso do *Nicholas H*.

de segurança. Entretanto, quinze dias depois de reposto a navegar o *Sundancer*... naufragou. A *Court of Appeal* federal de Nova Iorque, por decisão de 15 de Outubro de 1993, deu ganho de causa à SC com o fundamento de que a finalidade de um certificado de classificação não era a de garantir a segurança do navio, mas apenas o de permitir ao armador a obtenção dos prémios de seguro mais favoráveis, concedidos como são aos navios classificados. Ao armador é que caberia, no caso, a tarefa e a responsabilidade de fiscalizar a transformação do navio[32].

III. *Na Alemanha*

12. Com base no § 328 do BGB (Código Civil) foi já figurado que a classificação de um navio é um *contrato a favor de terceiros*. Assim decidiu o Tribunal de Apelação de Hamburgo (*Hanseatisches Oberlandesgericht*) em 14 de Junho de 1990 no caso do navio *Hecht V*. Entendeu o tribunal que a SC, ao emitir o certificado de classificação, deverá pressupor que tal certificado se destina a ser apresentado *a terceiros*, por regra possíveis compradores ou seguradores do navio.

Existe, assim, um *dever de protecção*, que é fonte de responsabilização extracontratual, pelo menos em certas circunstâncias[33].

É de sublinhar que esta orientação jurisprudencial se iniciou exactamente com a decisão acima referida. Antes dela, a tendência dominante era a de que um erro cometido na notação atribuída a um navio não implicava a responsabilidade da SC.[34]

---

[32] Pierre Bonassies, *Chronique de Jurisprudence Américaine* (1992-1993), em DMF, 1994, p. 801. Trata-se, aqui, de uma responsabilidade caracterizadamente contratual: a da SC face ao seu cliente armador. Sublinha Bonassies que a decisão norte-americana deixa entrever que no caso de se tratar de uma responsabilidade extracontratual, a acção seria desfavorável à SC. Mas a inferência não é muita segura, face à decisão norte-americana dada no caso do *STAR OF ALEXANDRIA* (1995). Cfr. cit. estudo de Marco Turci e Raffaela Vianello, *RECENTI SVILUPPI IN TEMA DI RESPONSABILITÀ DEGLI ENTI DI CLASSIFICA*, em *Il Diritto Marittimo*, 2001, p. 795.

[33] Luc Grellet, FONDEMENT ET LIMITES DE LA RESPONSABILITÉ DES SOCIÉTÉS DE CLASSIFICATION: RIGUEUR DE L'ANALYSE OUTRE RHIN, em DMF, 1998, p. 451.

[34] cit. por Maria Teresa Gómez Prieto, est. cit., p. 342.

Cláusulas de Exoneração da Responsabilidade Extracontratual

13. Classicamente, as SC apõem nos seus contratos ou regulamentos cláusulas em que se exoneram da responsabilidade que lhes seja imputável por acção ou omissão dos seus representantes, técnicos ou empregados.

Quando constantes dos seus estatutos ou regulamentos, tendo, portanto, um carácter *genérico*, são usualmente designadas por cláusulas gerais de exoneração de responsabilidade ou cláusulas de *não garantia*.

Este, por exemplo, o caso da Regra 19 do Regulamento da *Bureau Veritas*, respeitante à construção de navios de aço[35]:

> "Fica bem entendido que nem a intervenção da BV na fiscalização da construção e na recepção dos materiais, nem a sua opinião sobre os navios (...) podem ser, de modo algum, causa de reclamação contra a BV e implicar a sua responsabilidade, ainda que essa sua intervenção ou opinião seja controvertida pelos interessados. Embora tenha o maior cuidado na redacção do Registo, a BV declina qualquer responsabilidade por erros ou omissões que possam constar dessa publicação ou dos seus suplementos, bem como pelas informações e pelos certificados elaborados pela administração ou pelos seus técnicos. A BV rejeita ainda qualquer responsabilidade pelos erros, faltas ou negligências cometidas pelo seu pessoal técnico, administrativo ou pelos seus agentes".

Para sobrestar a que tão drástica irresponsabilização seja posta em causa, algumas SC atenuaram-na nos últimos tempos, aceitando serem eventualmente responsabilizadas, dentro de certos limites e verificados que sejam certos pressupostos. Aconteceu isso designadamente com a *Lloyd's Register*, que aceita a responsabilidade causada por negligência dos seus representantes ou empregados, mas tendo como limite o montante dos honorários por ela, SC, recebidos. *Perante terceiros* a SC exonera-se de responsabilidade, que *apenas* será exigível ao seu cliente. Trata-se de uma regra ainda hoje adoptada pela generalidade das SC.

---

[35] Transcrito por Maria Teresa Gómez Prieto, est. cit., p. 355.

14. As convenções de exoneração de responsabilidade não são, na doutrina francesa dominante (Rodière, por exemplo), tidas como válidas em matérias extracontratual. Afirma-se que as regras de responsabilidade extracontratual contidas nos artigos 1382º a 1386º do Código Civil não podem ser modificadas por acordo entre as partes que repercuta na esfera de terceiros. O mesmo se passa com as cláusulas de responsabilidade extracontratual atenuada ou de limitação da responsabilidade. Entretanto, Mazeaud-Mazeaud-Chabas consideram válidas as cláusulas de não-responsabilidade extracontratual e, por maioria de razão, as cláusulas de responsabilidade civil extracontratual atenuada ou limitada[36]. Serão, entretanto, nulas em caso de dolo ou culpa grave. O mesmo acontece, em qualquer hipótese, nos danos causados a pessoas. "L'ordre public ne permet pas qu'on dispose librement des personnes".

Em Itália o conceito de ordem pública é extremamente amplo, pois entendem alguns que, na realidade, em sede extracontratual o dano implica sempre a violação da ordem pública. Trata-se, no entanto, de um critério manifestamente excessivo[37].

Para Vaz Serra, as convenções de exclusão ou limitação de responsabilidade extracontratual são válidas, excepto se a ordem pública impuser a nulidade, ou se ocorrer dolo ou culpa grave do lesante.

Parece que deverá ser assim[38].

Entretanto, e a nosso ver, terá alguma consistência o argumento, *ex-adverso*, de que os preceitos legais que impõem deveres cuja violação gera responsabilidade civil extracontratual são, pelo menos tendencialmente, de *interesse e ordem pública*, onde não é invocável o princípio da liberdade (contratual). Ponto será que naqueles casos em que não é divisável um peremptório *valor* de interesse e ordem pública (como, por exemplo, o respeito pela dignidade e pela incolumidade das *pessoas*) haja a assunção da virtual responsabilida-

---

[36] TRAITÉ DE LA RESPONSABILITÉ CIVILE..., tomo III, 2º vol., 6ª ed., 1983, p. 137.

[37] Vaz Serra, CLÁUSULAS MODIFICADORAS DA RESPONSABILIDADE..., no *Bol. Min. Justiça*, 79, 1958, pp. 105 e segs., *maxime* p. 112.

[38] Pessoa Jorge, A LIMITAÇÃO CONVENCIONAL DA RESPONSABILIDADE CIVIL, separata do *Bol. Min.Justiça*, 281, 1979, *maxime* pp. 20 e segs.

de por parte do contraente com o qual estabelecera nexos o possível lesante. A *convenção*, portanto, será de transferência da potencial responsabilidade[39]. Ou por outras palavras: a cláusula de irresponsabilidade ou de responsabilidade atenuada de natureza extracontratual, para que não seja um mero *aviso* ou *declaração* unilateral, terá que ser inserida num contrato. Nesse contrato a contraparte aceita responder *em lugar* ou *em complemento* do virtual lesante. Assume uma *obrigação de garantia* perante um conjunto indeterminado de pessoas com quem virá, ela mesma, a contratar. Este, por exemplo, o caso do armador que, adstrito a manter o navio em boas condições de navegabilidade, para a verificação da qual recorre a uma SC, assume a responsabilidade que, se tais condições se não verificarem, os carregadores (com os quais celebram um contrato de transporte) *poderiam* imputar, como *terceiros* perante ela, à SC.

Política Comunitária Sobre as SC

15. Na linha de orientação já iniciada, em diversas frentes, pela IMO iniciou a União Europeia, declaradamente, em 1993 "uma política comum de segurança".

O passo mais marcante (que ainda hoje se poderá considerar como tal) foi a Directiva nº 94/57/CE, do Conselho, de 22.11.1994, relativa às regras comuns para as organizações de vistorias e inspecção dos navios e para as actividades correspondentes das administrações marítimas[40].

---

[39] Quer Pessoa Jorge quer, ulteriormente, A. Pinto Monteiro, encontram o campo de eleição das cláusulas de irresponsabilidade ou de responsabilidade atenuada no vínculo de pessoas com as quais o eventual lesante tenha uma "relação de proximidade ou vizinhança" (P. Monteiro, CLÁUSULAS LIMITATIVAS E DE EXCLUSÃO DE RESPONSABILIDADE CIVIL, separata do *Bol. da Fac. Direito de Coimbra*, vol. XXVIII, 1985, p.393). É, no entanto, óbvio que esta perspectiva é redutora do possível campo de actuação das cláusulas de não-responsabilidade, já que quase circunscrita a meras *relações de vizinhança*. Tudo, aliás, despontará, por certo, da convicção deste autor de "que a convenção de irresponsabilidade extracontratual é rara, na prática, pelas dificuldades que, de facto, se lhe deparam" (p. 392). Só que não é assim, como, aliás, é revelado pelo caso agora em apreço, similar a muitos outros, designadamente na área do Direito Marítimo.

[40] Comunicação da Comissão de 24.2.1993. Seguiu-se-lhe a Resolução do Conselho de 8 de Junho do mesmo ano. Cfr. Carlos Fernandez Beistegui, LA SEGURIDAD

Como causa imediata da adopção dessa Directiva esteve, uma vez mais, a proliferação de SC de duvidosa fiabilidade e a relevância decisiva das tarefas de inspecção dos navios como factor essencial para garantir o cumprimento do objectivo determinante em causa: a segurança marítima.

Foi-se perdendo a confiança, antes tida como um dado adquirido, nas SC.

Mesmo assim, e não obstante a premência na fixação de regras impositivas da boa conduta das SC, a transposição da Directiva n° 94/57/CE para os ordenamentos internos deu causa a 12 processos de infracção[41]. A Espanha, por exemplo, apenas transpôs a Directiva pelo Real Decreto n° 2662, de 11.12.1998, dois anos e quatro meses depois de Portugal.

16. Nos termos do art. 4°, n° 1, da Directiva e das Decisões da Comissão com base nela publicadas são actualmente, as já *clássicas* norte-americana, francesa, alemã, britânica, italiana, coreana, japonesa, russa, norueguesa, chinesa – até às mais recentes: a grega (que não fora incluída no elenco de 1998) e a portuguesa RINAVE (admitida provisoriamente por Decisão da Comissão em Julho de 2000, confirmada depois pela Decisão 2002/315/CE).

MARITIMA Y LA PREVENCIÓN DE LA CONTAMINACIÓN CAUSADA POR LOS BUQUES EN LA COMUNIDAD EUROPEA, no *Anuário de Derecho Marítimo*, 1997, p. 124 e, sobretudo, José Martín Osante, LA NORMATIVA COMUNITÁRIA EN MATERIA DE SEGURIDAD MARÍTIMA. SOCIEDADES DE CLASSIFICACIÓN Y TRANSPORTE DE PETRÓLEO, no mesmo *Anuário*, 2001, p. 163.

[41] Transposta para a ordem jurídica portuguesa pelo Dec.-Lei n° 116/96, de 6 de Agosto. Foi modificado pela Directiva n° 97/58/CE, da Comissão, de 26.9.1997, respeitante às disposições e normas comuns para as organizações de vistoria e inspecção dos navios e para as actividades correspondentes das administrações marítimas. E, sobretudo, foi alterada pela Directiva n° 2001/105/CE, do Parlamento e do Conselho, de 19.12.2001. Isto sem ter em conta, neste momento, a Directiva n° 93/75/CE, do Conselho, de 17.7.96 (Dec.-Lei n° 94/96, de 17.7) e as Directivas n°s 96/39/CE e 97/34/CE, de 19.6.1996 e de 6.6.1997 (Dec.-Lei n° 367/96, de 23.11) e, ainda, as Directivas n°s 98/55/CE e 98/74/CE, de 17.7.98 e de 1.10.98 (Dec.-Lei n° 169/2000, de 8.8), que dizem respeito, noutro plano, à segurança marítima no tocante às condições mínimas exigidas aos navios com destino a portos marítimos da Comunidade ou que deles saiam, transportando mercadorias perigosa ou poluentes. Algumas outras Directivas poderiam ser ainda referidas, mas sem interesse imediato para a questão vertente.

17. A Directiva nº 2001/105/CE do Parlamento e do Conselho reveste um decisivo interesse, designadamente no tocante à responsabilidade civil do Estado ("se a responsabilidade de qualquer incidente for imputada *à administração* por sentença transitada em julgado ou como solução de um conflito através de um procedimento de arbitragem, por perdas ou danos materiais, pessoais ou morte, e se tiver sido provado nesse tribunal que tais danos foram causados por acto voluntário ou por omissão ou negligência grave da *organização* reconhecida (SC)... a administração terá direito a indemnização financeira por parte da organização reconhecida" (nº 2 do art. 6º da Directiva nº 94/57/CE).

O que se passa é que os Estados-membros poderão limitar o montante máximo a pagar pela SC.[42]

---

[42] Insere-se a Directiva no conjunto de medidas resultantes do sinistro do ERIKA (Sobre toda esta problemática, cfr. Michele Comenale Pinto, LA RESPONSABILITÀ DELLE SOCIETÀ DI CLASSIFICAZIONI DI NAVI, em *Il Diritto Marittimo*, 2003, *maxime* pp 32-42).

A *delegação* do exercício das funções públicas de controle da segurança marítima em entidades privadas (as SC) não significa que a *titularidade* estatal dessa obrigação seja transferida. O que é transferido é o seu *exercício*, quase se diria, a sua *gestão*. Cfr. Ignacio Arroyo, PROBLEMAS JURIDICOS RELATIVOS A LA SEGURIDAD DE LA NAVEGACIÓN MARÍTIMA (REFERENCIA ESPECIAL AL PRESTIGE), no *Anuário de Derecho Marítimo*, 2003, p. 23. A Directiva nº 2001/105/CE foi parcialmente alterada pela Directiva nº 2002/84/CE do Parlamento e do Conselho, de 5 de Novembro de 2002. Foram estas duas Directivas transpostas para a ordem jurídica portuguesa pelo Dec. –Lei 321/2003, de 23 de Dezembro, completado depois por outros diplomas, que culminam no Dec.Lei 51/2005, de 25 de Fevereiro.

SOBRE OS TRABALHOS PREPARATÓRIOS DA LEI MARÍTIMA DE MACAU

PARTE PRIMEIRA*

§ 1º Nota Prévia

1. Reconheceu-se na Declaração Conjunta de 26.03.87, assinada em Pequim entre o Governo da República Portuguesa e o Governo da República Popular da China (R.P.C.), que a região de Macau fazia parte do território chinês e que o Governo da R.P.C. voltaria a assumir o exercício da soberania sobre ela a partir de 20.12.1999.

Foi, entretanto, acautelado que "os actuais sistema social e económico em Macau (permaneceriam) inalterados, bem como a respectiva maneira de viver; as leis vigentes manter-se-(iam) basicamente inalteradas".

Explicitando e reiterando o alcance deste texto, referiu-se no *Anexo I* à Declaração que "após o estabelecimento da Região Administrativa Especial de Macau não (seriam) nela aplicados o sistema e as políticas socialistas, mantendo-se inalterados os actuais sistemas social e económico, bem como a respectiva maneira de viver, durante cinquenta anos".

Dispôs-se mais adiante:

"Após o estabelecimento da Região Administrativa de Macau, as leis, os decretos-leis, os regulamentos administrativos e demais actos normativos previamente vigentes em Macau manter-se-ão, salvo o que contrariar o disposto na Lei Básica ou no que fôr sujeito a emendas pelo orgão legislativo da Região Autónoma Especial de Macau".

---

* Texto publicado na *Rev. Ordem Advogados* (ROA), Dez. de 2001, pp. 1163 e segg.

2. É evidente que o essencial propósito que determinou o Governo Português[1] foi o de preservar ao máximo a presença portuguesa em Macau, mantendo-lhe, designadamente, a "identidade" e os "valores" do nosso ordenamento normativo.

Creio, entretanto, que longe deste propósito estaria o de preparar, de "afogadilho", leis ou decretos-leis que, sem responder a qualquer reconhecível tradição no sistema legislativo de Macau ou de Portugal, viessem inovar em áreas que, como se justificará, com isso só perderam em qualidade técnica.

3.1. Poderá dizer-se, com alguma razão de ser, que longe desta situação (que configura, até certo ponto, como que um "desvio de poder"...) não terá estado o Decreto-Lei 109/99/M, de 13.12.1999, que embora (naturalmente) com espaços em branco, como que pretende *totalizar* um novo Direito Comercial Marítimo (DM) para Macau.

Estão os trabalhos preparatórios e o anteprojecto do diploma (no qual este "se baseia inteiramente") publicados na *Revista da Ordem dos Advogados* (ROA), o que faculta uma breve análise de alguns dos seus aspectos[2].

---

[1] Ao qual então eu próprio pertencia, como ministro da Justiça, embora sem significativa intervenção nesta concreta tarefa.

[2] Luís de Lima Pinheiro, *Contributo para a reforma do Direito Comercial Marítimo*, na ROA, Dez. de 2000, pp. 1057 e segs. Ao publicar estes textos (trabalhos preparatórios e anteprojecto) o autor não pretendeu apenas arquivar os passos de um percurso legislativo (o de Macau). Apontou para uma reforma global do DM português, até porque, como entende, os diplomas de 1986/87 e de 1998 sobretudo os da 1ª fase, "são dominados por concepções jurídicas que estão desfazadas da vida jurídica e, em especial, dos modelos contratuais e das cláusulas usuais no tráfico negocial" e ainda das "convenções internacionais em vigor". Ora, sendo embora pertinente dizer-se que os diplomas de 1986/87 não serão os mais ilustrativos de uma época em que se legislou com grande rigor técnico (como, aliás, logo evidenciei em 1988; cfr. *Sobre o contrato de transporte marítimo de mercadorias...*, BMJ, 376, Maio de 1988, pp. 5 e segs) eles assentam em bases claras e bem definidas. Este o caso da distinção entre os conceitos de fretamento e transporte marítimo de mercadorias. Sobre os diplomas de 1998 não será caso de reiterar alguns reparos que em devido tempo alinhei no livro *Estudos sobre o Novo Direito Marítimo*, Coimbra Editora, 1999, e em *A revisão do Direito Comercial Marítimo português*, nos *Estudos em Homenagem ao Prof. Doutor Pedro Soares Martínez*, vol.I, Almedina, 2000, pp.677 e segs. Opinião diversa do autor dos preparativos delineados para o diploma de Macau é a de vários autores estrangeiros, há

3.2. Dá-se, para mais, a circunstância de a R.P.C. contar hoje, no âmbito do DM, com uma legislação e com uma doutrina altamente evoluidas. Teria sido, pois, caso de acautelar o risco de o DL 109/99/M, publicado em ablativos de partida, fazer papel de "parente pobre". E o mesmo se dirá quanto aos seus trabalhos preparatórios, porventura conhecidos (?) do actual Governo de Macau.

Como se disse, dispõe a R.P.C. de um excelente *Código Marítimo*[3], elaborado ao longo de quase 40 anos, com mais de 20 anteprojectos. Esteve a sua preparação, no entanto, suspensa durante cerca de 18 anos. Repercutindo a política de abertura ao exterior da R.P.C., acolhe todas as modernas concepções internacionais nos seus 278 artigos. A mais marcante remanescência da época socialista "pura" será a que repercute no regime da propriedade do navio (arts. 8º e 9º).

Ao *Código Marítimo* (de 7.11.1992, para entrar em vigor em 1.7.1993) seguiu-se recentemente a nova lei *processual* marítima (desdobrada em 12 capítulos e 127 artigos), a qual entrou em vigor em 1.7.2000[4].

Os contactos entre o Comité Maritime International (CMI) e a *China Maritime Law Association* são intensos, e aos colóquios ou conferências organizadas pela *Dalian Maritime University* (a maior do país) afluem os mais consagrados maritimistas mundiais.

---

longos anos especialistas em DM. Assim, como ex., a do catedrático do Direito Comercial da Universidade Complutense Fernando Sánchez Calero: "As leis portuguesas (...) sobre o contrato de fretamento de 1987 (...) fizeram um tratamento cuidado desta matéria, que deveria ter-se em conta quando se alterasse o nosso DM". Como nota Sánchez Calero o sistema português, próximo dos italiano e do francês, assim como os novos Códigos Marítimos da Dinamarca, Finlândia, Istândia, Noruega e Suécia de 1994, são os que melhor se ajustam às realidades actuais (em *Sobre la reforma de la legislación maritima...* em AAVV, *La Reforma de la Legislación Marítima,* ed. Aranzadi (Navarra), 1999, pp. 127 e segs, *maxime* pp. 132-133).

[3] Zpu Zengjie, *The Maritime Code of the People's Republic of China*, em *Il Diritto Marittimo*, 1993, pp. 176-189.

[4] Feng Li Qi, *The implementation of new law of maritime procedure*, em *CMI News Letter*, nº 3, 2000, *maxime* p.9. Do mesmo autor cfr. *The new law of maritime procedure*, em *Il Diritto Marittimo*, 2000, pp. 1516-1532.

§ 2º O Anteprojecto do DL. Aspectos Sectoriais

I . Razão de Ordem

4. Antes de esboçar uma breve análise das linhas fundamentais do diploma, com referência aos seus trabalhos preparatórios agora em causa, algum interesse terá encarar alguns pontos em concreto. Realmente, ficar-se-á assim como uma noção mais precisa dos critérios utilizados.

II. Poluição por Hidrocarbonetos

5. Diz-se no nº 1 do art. 32º do *anteprojecto* de DL, que está subordinado à epígrafe ("Regime especial aplicável à limitação de responsabilidade por danos devidos à poluição por hidrocarbonetos"):

> "À limitação de responsabilidade por danos devidos à poluição por hidrocarbonetos, produzidos no território de Macau, são aplicáveis as disposições contidas na Convenção de Bruxelas sobre a Responsabilidade Civil por danos devidos à poluição por hidrocarbonetos, de 29.11.69, alterada pelos Protocolos de Londres de 19.11.76 e de 27.11.92".

E acrescenta-se no nº 4 do mesmo art. 32º:

> "O disposto no numero 1 não prejudica a aplicação das disposições (da) Convenção de Londres sobre a Limitação de Responsabilidade por créditos marítimos, de 19.11.76, quando for invocado um crédito resultante de dano devido a poluição contra uma pessoa que não seja o proprietário".

6. Resulta este nº 4 (possibilidade da Convenção de Londres sobre a Limitação de Responsabilidade de 1976 ser invocada relativamente a um crédito resultante de dano devido a poluição contra uma pessoa que não seja o proprietário), ao que tudo leva a crer, de uma leitura apressada dessa mesma Convenção de Londres.

Com efeito nesta se dispõe, taxativamente, que a mesma não se aplica "aos créditos por danos devidos à poluição por hidrocarbonetos no sentido que lhe dá a Convenção Internacional sobre a Responsabilidade Civil por danos devidos à poluição por hidrocarbonetos de 29.11.69 ou qualquer alteração ou protocolo (adicional) à que está em vigor".

É o que dá como assente Chao Wu, interpretando, aliás, um texto meridianamente claro. Refere ela que não apenas a Convenção de 1976 não se aplica nos casos em que a CLC se aplica, mas que também não se aplica a qualquer dano por poluição previsto na CLC[5].

7. Aliás, o n° 1 deste art. 32° causa a maior perplexidade. Não se vê como se possa cindir uma Convenção Internacional – no caso a CLC – em duas partes: uma referente ao sistema de responsabilidade e outra ao sistema de limitação dessa responsabilidade.

Ora não pode ser outro o propósito determinante da redacção, que não consente dúvidas de entendimento, do aludido n° 1.

Foi a Convenção CLC 69 (Convenção de Bruxelas de 1969 sobre a responsabilidade civil por danos devidos à poluição por hidrocarbonetos) ratificada por Portugal em 1976, assim como a Convenção *Fund* 71 (Convenção de Bruxelas de 1971 para a constituição de um Fundo Internacional para compensação pelos prejuizos devidos à poluição por hidrocarbonetos) em 1985[6].

Houve no anteprojecto um evidente lapso. Para arrumar ideias dir-se-á que, além de o Protocolo de 1992 não poder ser posto em em vigor em Macau por simples diploma local, de todo o sistema global da CLC resulta que ele apenas é aplicável à responsabilidade por danos causados por poluição por hidrocarbonetos[7].

---

[5] *La pollution du fait du transport maritime des hydrocarbures. Responsabilité et indemnisation des dommages*, Pedone, Monaco, 1994, p. 92.

[6] A R.P.C. aderiu aos dois Protocolos de 1992 em 5.1.1999 e na mesma data denunciou a CLC 69 e a *Fund* 71, denúncia que se tornou efectiva um ano depois, como está previsto nestas Convenções (respectivamente n° 3 do art. 16° e n° 3 do art. 41°). Cfr. *CMI News Letter*, n° 2, 2000, pp. 22 e 23.

[7] Mesmo em relação a outras Convenções, Portugal deveria, por uma questão quase que de *dignidade* diplomática ter-se abstido de, designadamente em Março de 1999, estender ao território de Macau Convenções como a respeitante ao limite da responsabilidade dos proprietários de navios de alto mar de 1957 (ratificada por Portugal em 1968!), ao arresto de navios de alto mar de 1952 (ratificada por Portugal em 1957!), etc, que vieram (*como outras*) a ser *de novo* ratificadas pela R.P.C. – Região Administrativa Especial de Macau logo que tal lhe foi possível (em 20.12.1999).

8. Nada impede que um Estado seja apenas membro da CLC 69, sem o ser da Fund 71. Ao que se infere da listagem publicada no *CMI Yearbook 1999* é isso que acontece, por exemplo, com o Brasil. O mesmo se passa com o Chile, a Costa Rica, o Egipto e poucos mais.

As *Fund* (quer a de 1971, quer a de 1992) têm por finalidade pagar indemnizações complementares aos lesados por poluição por hidrocarbonetos não plenamente indemnizados pelo regime das CLC. É uma "supplementary layer" que só actuará em condições excepcionais: quando os danos excederem os limites da responsabilidade do proprietário fixados pela CLC, quando este esteja em situação de incapacidade financeira para fazer plenamente face aos pedidos de indemnização, quando o mesmo esteja isento de responsabilidade nos termos da CLC porque os danos tiveram por causa uma catástrofe natural grave ou resultaram de um acto de sabotagem cometido por um terceiro ou de negligência das autoridades públicas responsáveis pela manutenção dos faróis ou de outros auxílios à navegação.

9. Os Protocolos de 1992 à CLC 69 e à *Fund* 71 alteraram substancialmente os regimes nelas previstos. A um ponto tal que a generalidade dos Estados que os aprovaram, tendo aprovado previamente as Convenções de 69 e de 71, ao que, de resto, no que respeita a esta, estavam vinculados nos termos de Protocolo relativo à *Fund* (art. 31º), *as denunciaram*. Foi o que aconteceu, entre muitos outros Estados, com a Austrália, o Canadá, a Dinamarca, a Finlândia, a Grécia, a Itália, o Japão, a República da Coreia, a Noruega, Singapura, a Espanha, a Suécia, a Suiça, o Reino-Unido a França, a Alemanha, a Grécia e a R.P.C..

Falar na CLC 69, "alterada pelos Protocolos de Londres de 19.11.76 *e de 27.11.92*", não faz, assim, grande sentido.

Hoje, a CLC 92 e a *Fund* 92 estão por completo autonomizadas da CLC 69 e da *Fund* 71[8].

10.1. Sem pôr de lado todas as dificuldades de estruturação técnica – que são intransponíveis – poder-se-á iludir o ilogismo de ao

---

[8] Por ex, Simon Baughen, *Shipping Law*, *Cavendish* ed., Londres, 1998, pp. 309 e segs. As duas Convenções entraram em vigor em 30.5.1996.

Governo de Macau ser proposto "ratificar" ou "aderir" a uma Convenção *internacional*[9] (*recte*, a parte de uma Convenção internacional) por simples Decreto-Lei, aventando que aquilo que se pretendeu foi acolher esse segmento como direito *interno*, apenas aplicável aos danos causados por navios locais em águas locais.

10.2. Essa "explicação" fora por nós encontrada para justificar o *imbroglio* causada por um desacerto do legislador do Decreto-Lei 37 748, de 1.2.1950, ao tornar aplicável " a todos os conhecimentos de carga emitidos em território português, qualquer que seja a nacionalidade das partes contratantes" os artigos 1 a 8 da Convenção de Bruxelas de 25.8.1924, "publicada no *Diário do Governo*, 1ª Série, de 2 de Junho de 1932"[10].

O resultado que adviera da publicação deste diploma de 1950 foi o de que, desde então, e na mais respeitável jurisprudência (referida no meu aludido estudo) se passou a dizer que aquela Convenção de Bruxelas de 1924 sobre conhecimentos de carga ingressara na ordem jurídica portuguesa... "pela mão" do Decreto-Lei 37 748.

10.3. Ora as coisas não se tinham passado deste modo. Portugal fora um dos signatários da Convenção. Autorizado, pelo Decreto nº 19 857, de 18.5.1931, a dar-lhe a sua adesão, o governo português viria a dá-la em Dezembro desse ano, conforme carta publicada no *Diário do Governo* de 2.6.1932.

Assim, sendo, e encurtando razões, como justificar o Decreto-Lei 37 748, em cujo preâmbulo explicitamente se adverte ter-se "reconhecido a necessidade urgente de introduzir em direito interno os preceitos da Convenção (...)"?

Para André Gonçalves Pereira a *transformação* então operada foi *redundante*, decorrente da errada ideia de que a Convenção não vigorava ainda na ordem interna[11].

---

[9] A CLC 92. Portugal aprovou as alterações introduzidas no Protocolo de 1992 à *FUND 71* pelo Dec.38/2001, de 25.9, e no Protocolo, também de 1992, à *CLC 69* pelo Dec.40/2001, de 28.9.

[10] Em *Sobre o contrato de transporte de mercadorias por mar*, sep. do B.M.J., nº 376, 1988, maxime pp. 6-9.

[11] Manda a verdade dizer que essa errada ideia não era geral. Assim, por exemplo, no acordão do S.T.J. de 25.11.1949 (BMJ, nº 16, 1950, p.189) faz-se expressa referência,

Parece, no entanto, não ser assim. É, com efeito, sustentável que ao ser recebida em 1932 na ordem jurídica *interna*, a Convenção foi-o enquanto integradora de um complexo de normas de direito *internacional*[12]. Passou a vincular Portugal no domínio das relações internacionais e foi justamente nessa medida que ganhou eficácia interna. Mas não se transformou de direito *internacional* em direito *interno*, como tal.

Daí o ter alvitrado em 1988, no cit. estudo, que não será inadequado supor que a razão de ser do Decreto-Lei 37 748 tenha sido a de incorporar "o disposto nos artigos 1º a 8º da Convenção", tomada como lei uniforme ou lei modelo, na ordem jurídica portuguesa, como direito *interno*[13].

Como suporte desta perspectiva estará, além, do mais, a circunstância de o art. 10º da Convenção (não abrangido pelo art. 12º daquele DL) estabelecer que as suas normas se aplicarão a todo o conhecimento criado *num dos Estados contratantes*. Mas deverá estar em causa um *transporte internacional*[14].

III. O Contrato de "Affreigtment"

11. Explica-se na *nota justificativa* do anteprojecto que neste é acolhida uma noção de transporte marítimo de mercadorias que

---

embora reproduzindo as alegações de uma das partes, à Convenção, como estando já em vigor. E não fora então (como é óbvio) publicado o Decreto-Lei 37 748. No mesmo sentido, em certa medida, Azevedo Matos, *Princípios de Direito Maritimo*, II, 1956, p. 235. Para ele, a Convenção já antes da publicação do diploma de 1950 estava em vigor "nas relações internacionais".

[12] Que o Direito Internacional Público, mesmo depois de recebido na ordem juridica interna, continua a ser direito internacional é afirmado, entre outros, por Paul Reuter. Daí que a sua interpretação e integração deva continuar a ser feita segundo critérios de direito internacional, e não de direito interno.

[13] Embora de modo não muito concludente, é este entendimento intuido por Miguel Galvão Teles, em *Eficácia dos tratados na ordem jurídica interna portuguesa*, na *Ciência Técnica Fiscal*, nº 83, Nov. de 1965, p.147, em nota, ao referir que o legislador de 1950 "parece ter tido o cuidado de nunca falar da Convenção, mas dos preceitos da Convenção".

[14] "La Convention n' opère que dans les rapports internationaux" (Rodière - E. da Pontavice, *Droit Maritime*, ed. *Dalloz*, 12ª ed., 1997, p.376). Diga-se que o art. 10º, antes da clarificação que lhe introduziu o Protocolo de 1968 (que, estranhamente, Portugal nunca ratificou), era de difícil entendimento.

abrange tanto os casos em que uma das partes se obriga a deslocar mercadorias como aquelas em que se obriga a fornecer um navio para deslocar mercadorias.

E acrescenta-se:

"Esta noção encontra correspondência, nos sistemas do *Common Law*, no *contract of affreigtment*...".

12. Ora dá-se o caso de, mesmo pondo de remissa a inaceitabilidade quanto ao fundo da doutrina do anteprojecto, nele se usar uma terminologia hoje tendencialmente secundarizada. Se alguns autores anglosaxónicos se referem ao *contract of affreigtment* mais ou menos nesta acepção[15], alguns deles omitem por completo a referência a tal designação[16] e outros dão-lhe um sentido substancialmente diverso.

Realmente, numa fórmula que tem feito carreira, a designação "contract of affreigtment" é exclusivamente utilizada para abranger os contratos "híbridos" (*hybrid contracts*), ou seja, aqueles contratos que os franceses designam por "contrats de tonnage", os quais desde há bem alargados anos são utilizados no mundo do *shipping*.

O contrato de "tonnage" ou de *volume* não é univocamente configurável, e enquadrável dentro das "clássicas" tipologias[17]. Está o seu núcleo essencial em um empresário (industrial, agrícola ou comercial) estabelecer com um armador que este assegurará a deslocação, num ou em vários navios, dentro de um certo período, de um volume determinável de mercadorias, mediante o pagamento de um frete calculado por tonelada ou por qualquer outra unidade de medida. Não se tratará de um fretamento *a tempo*, pois o período estipulado valerá apenas com um *limite*, como uma *moldura* temporal, sendo o frete calculado em função do *volume* de mercadorias transportado. O que o armador põe à disposição do outro contraente é uma *capacidade* de transporte, apta a assegurar a deslocação das

---

[15] Assim, por ex., Chorley & Giles', *Shipping Law*, 8ª ed., ed. *Pitman*, Londres, 1988 (por Gaskell, Debattista e Swatton), p. 165.

[16] Não a utilizam os mais modernos autores. É o que acontece, designadamente, com Simon Baughen, *Shipping Law*, cit e Christopher Hill, *Maritime Law*, L.L.P., Londres, 5ª ed., 1998.

[17] Mario Raposo, *Fretamento e transporte marítimo*, no BMJ, nº 340, 1984, *maxime* p. 27.

mercadorias[18]. Tudo leva a admitir que se estará perante um fretamento *por viagem*, ou de outra figura a ele assimilável.

Como exemplos dos *contracts of affreigtment* referem Gorton-Ihre[19]:

"– An owner undertakes to carry between 200 000 and 250 000 metric tons of grain from port x to port y over a period of two years.

– An owner undertakes to carry all vehicles a charterer exports during the years 1983-1984.

– An owner undertakes to carry all crude oil imported by a charterer, a minimum of 1 000 000 tones and a maximum of 1 750 000 tones, during 1985"[20].

13. Neste critério, não abrange, pois, o *contract of affreigtment* (COA) todos os contratos de fretamento e de transporte de mercadorias. Outros termos têm sido usados para substituir o de COA, como, por exemplo, "tonnage contract", "volume contract", "quantity contract" e "cargo contract". Isto como referem Gorton-Ihre[21].

Tal posição destes autores é a actual. Em *Shipbroking and Chartering Practice*, de 1999[22], reiteram-na com bastante detalhe, chamando, aliás, a atenção para a circunstância de nos novos Códigos Marítimos escandinavos (entrados em vigor em 1994) existir uma Secção especificamente consagrada a esses *Contracts of Affreigtment*.

14. Até certo ponto no mesmo sentido apontar-se-á, por exemplo, William Tetley[23], que apenas se refere ao *contract of affreigtment*

---

[18] Est. cit. no nº anterior, para o qual se remete.

[19] Lars Gorton e Rodolf Ihre, *A Practical guide to Contracts of Affreigtment and Hybrid Contracts*, LLP, 1986, p. 2.

[20] Confrontar estes exemplos com os que dão Rodière, *Le contrat au tonnage*, em DMF, 1980, p. 323 e Pierre Bouloy, *Le contrat de tonnage*, em DMF, 1980, p.312.

[21] Ob. cit., p. 4.

[22] Lars Gorton, Rolf Ihre e Arne Sandevarn, 5ª, ed., LLP, pp. 293-309. A obra abrange todas as modalidades de deslocação de mercadorias (*bill of lading* e *chartering*). Situam os autores o *contract of affreigtment* próximo do "traditional" *voyage charter*, caracterizando-o como sendo, usualmente, um contrato "for lhe carriage of specified type and quantity of cargo", "covering two or several shipments", "running over a long period". E acentuam: "in the COA it is the cargo – and not the vessel – that has the central position" (p.295).

[23] *Marine Cargo Claims*,, ed., *Blais*, Montreal, 3ª ed., 1988, p. 19.

incidentalmente, a propósito dos "volume or tonnage contracts". De qualquer modo, noutro estudo[24], revela bem a infixidez da designação.

E que ela deverá ser evitada na acepção que lhe dá o *anteprojecto* (nota justificativa) é bem revelado por alguns dos mais conceituados autores italianos, que fortemente se inspiram nos direitos anglo-saxónicos.

Assim, e desde logo, Leopoldo Tullio, no já "clássico" *I Contratti di Charter Party*[25], que expressamente equipara os *tonnage agreements* aos *contracts of affreightment* ou "general carrying contracts " ou "quantity contracts", dizendo:

"Si tratta di contratti in cui l'interesse del *charterer* si limita al trasferimento tra I porti indicati nel contratto di una determinata quantità di merce entro un periodo di tempo massimo stabilito e il nolo non è fissato a tempo, bensì in ragione della quantità di merce trasportata".

Em sintonia com Leopoldo Tullio estão, designadamente, Sergio Ferrarini e Giorgio Righetti[26], que expressamente falam do *tonnage agreement* ou *contract of affreigtment (COA)* ou *affrètement au tonnage* ("manca per ora una denominazione tecnica italiana").

15. Afigura-se, pois, deslocada – até porque desnecessária – a afirmação, apoditicamente feita, de que a noção de *transporte marítimo de mercadorias* (sic) adoptada no *anteprojecto* "encontra correspondência, nos sistemas do *Common Law*, no conceito de *contract of affreightment*".

Na realidade, se alguns prestigiados autores incluem nesta expressão genérica duas diferentes formas de contrato (o *charterparty* e o *bill of lading*) – e será esse o caso, já atrás apontado, de Chorley & Giles'[27] – outros, como dissemos, ou não a usam ou, pura e simplesmente, rejeitam-na.

---

[24] *Tug and Tow (A comparative study...)*, em *Il Diritto Marittimo*, 1991, p. 893 e segs, *maxime* p. 896, em nota.

[25] Ed. *Cedam*, Pádua, 1981, p. 68.

[26] *Appunti di Diritto della Navigazione (Diritto Marittimo)*, "Parte Speciale", *I. I Contratti di Utilizzazione della Nave*, ed. Giappichelli, Turim, 1991, p. 60.

[27] Op. e loc. cits: *o contract of affreightment* abrange "two entirely different forms of contract, the charterparty and the bill of lading". Cfr. ainda Scrutton, *On charter-parties*

IV. Algumas Notas Esparsas

16. Fretamento *por* viagem é a terminologia adoptada na lei portuguesa e não se compreende bem porque se adopta no DL de Macau (1999) o francesismo fretamento *à* viagem: affrètement *au voyage*. Enfim...

Aliás não se atingem, de igual modo, os transcendentes motivos que terão levado a que se se prefira a designação "comandante" ao termo *capitão*, já usado no velho Código Comercial e que inalteravelmente se tem mantido na legislação posterior. *Comandante*, porquê? Repare-se que, para mais, nos países latinos se emprega "comandante" apenas em Itália. Em todos os restantes diz-se "capitão".

17. Ainda sobre a figura do *capitão* (ou do...*comandante*) no actual contexto do DM dir-se-à que já em 1983 se ponderava mais ou menos o que na *nota justificativa* do *anteprojecto* sobre ele agora se comenta.

Referia-se então que o capitão já não é hoje um representante *comercial* do armador; "só incidentalmente o seu estatuto irá além do de *comandante do navio*, numa perspectiva de *técnico qualificado de navegação*". Recordava-se a ideia de que o capitão era "depois de Deus o único senhor" da expedição marítima, regulando as condições técnicas e comerciais, sem qualquer contacto com o armador, e por completo isento do seu controlo[28].

---

and bills of lading (por Abraham-Mocatta Mustill-Boyd), 19ª ed., *Sweett & Maxwell*, Londres, 1984, p. 1. E, obviamente, outros. Só que em sentido completamente diverso outros autores vão afoitamente (cfr. os anglosaxónicos citados por Maria Isabel Martinez Jiménez, *Los Contratos de Explotación del Buque*, ed. *Bosch*, Barcelona, 1991, p. 206, em nota). Aliás não é por acaso que nos contratos tipo adoptados pela BIMCO surgem o *Intercoa* e o *Volcoa*, transcritos na referida obra de Gorton-Ihre (1986), p.p. 76 e 87, especificamente destinados ao *contract of affreightment* (COA). Sobre o *Volcoa* refere Isabelle Corbier (*La notion juridique d'armateur*, ed. *Puf*, Paris, 1999, p. 261) que a BIMCO pôs, em 1982, à disposição dos armadores um contrato tipo designado por VOLUME CONTRACT OF AFFREIGTMENT (*Volcoa*). As suas cláusulas contêm disposições originais em relação às cláusulas usuais das cartas-partidas. Assim a cláusula 13ª prevê que cada viagem será regida pelas regras e as cláusulas de uma carta-partida por viagem, cujo modelo está anexo ao contrato tipo.

[28] Mario Raposo, *Direito Marítimo...*, na ROA, Maio- Set. 1983, pp. 364 e 368.

Dá-se, entretanto, o caso de que – até como corolário da geral "globalização" – os capitães dos navios tenderem o não estar já ligados ao *seu* navio, ao seu *armador*, à *sua* tripulação. São cada vez mais recrutados por um *mailing agent*, mudando frequentemente de navio e de tripulação. E as suas responsabilidades técnicas tornaram-se mais complexas e ainda mais impositivas. Têm a seu cargo não apenas a segurança do navio, mas de igual modo a defesa do ambiente[29].

18. O propósito de se inovar, mesmo nas palavras e designações, reflecte-se ainda, designadamente, na retoma do termo *rescisão*, em vez do que hoje é empregue em linguagem jurídica portuguesa, ou seja, *resolução*.

Assim, num primeiro olhar acolhe-se o verbo *rescindir* nos arts. 21º, 67º, nº 3, 68º, nº 4, e 127º, nº 2. Curiosamente, no mesmo preceito (art. 67º) coabitam as duas formas: *resolver* (o contrato) no nº2 e *rescindir* (o contrato) no nº 3.

19.1. Certo é que, por vezes, estamos em consonância com o que na *nota justificativa* do anteprojecto se propõe.

Diz-se nele, por exemplo, que:

"Elimina-se o poder, que o Código Comercial atribuía ao Comandante, de requerer, em caso de inavegabilidade, a venda do navio sem autorização do proprietário. É uma faculdade que, na actualidade, nunca é utilizada, e que não é compatível com um sistema em que o comandante representa exclusivamente o armador.
(…)

A necessidade de requerer ao tribunal a realização de vistoria antes de empreender qualquer viagem, imposta pelo Código Comercial, já não vigora hoje no Direito português e também é desconhecida de outros sistemas consultados. A certificação da navegabilidade

---

[29] Este um dos temas da "Cinquième journée Ripert", organizada em Paris em 29.6.1998 pela Associação Francesa de Direito Marítimo. Esteve a cargo de Pierre Bonassies. Cfr. DMF, 584, p.732.

é hoje uma função por toda a parte exercida pelas sociedades de classificação (...)"[30].

E daí que no *memorandum* com que finaliza a *nota justificativa* se recomende a revogação do art. 1505° do Código de Processo Civil, uma vez que o capitão ("comandante"...) deixa de poder requerer, em caso de inavegabilidade, a venda do navio sem autorização do proprietário. "Em contrapartida, o art. 1502° pode ser mantido, pois embora o comandante deixe de ser obrigado a requerer vistoria destinada a conhecer o estado de navegabilidade do navio antes de empreender a viagem, não se lhe retira a faculdade de o fazer"[31].

19.2. Assinale-se, entretanto, que tendo o *anteprojecto* sido concluido no início de Julho de 1998, já, *pelo menos*, um ano e meio antes se dizia mais ou menos a mesmíssima coisa, embora com maior detalhe. Quanto ao art. 1505°, que sempre foi "uma medida excepcional", tende hoje "a desaparecer das legislações mais actualizadas". Reconhece-se, entretanto, que se trata de uma norma "inofensiva", até porque *"caída por completo em desuso"*[32].

No tocante ao art. 1502°, que trata da "vistoria de navegabilidade", lembra-se que o próprio Ripert, em 1950 (*Droit Maritime*, I, 4ª ed., 1950, p. 713) a considerava já então, "remplacée par la *visite de partance* faite officiellement par les inspecteurs de la navigation".

Acentua-se ainda que a obrigação de *navegabilidade* "já não é do *capitão*, mas do armador". E o seu controlo é, por regra, atribuido às *sociedades de classificação*[33].

19.3. Entretanto, é de referir que os capitães de navios têm hoje um novo problema a enfrentar: sobretudo depois dos anos 70 a generalizada crise da marinha mercante teve como corolário um desmedido acréscimo da concorrência internacional e um certo relaxa-

---

[30] ROA, Dez. 2000, p. 1075.
[31] ROA, cit. no n° anterior, p. 1127.
[32] Mário Raposo, *O Novo Código de Processo Civil e o Direito Marítimo*, ROA, Jan. 1997, *maxime* pp. 444-447.
[33] Sobre as *sociedades de classificação* cfr., com maior desenvolvimento, Mário Raposo, *Responsabilidade extracontratual das sociedades de classificação de navios*, ROA, Dez. 1999, pp. 833-848.

mento nos critérios (legais e usuais) de recrutamento das tripulações. E assim, não obstante os progressos técnicos que por certo reduziriam os riscos de mar, "assistiu-se a um aumento de naufrágios com consequências catastróficas para o ambiente, quando se tratava de cargas geradoras de poluição (*Torrey Canyon, Amoco Cadiz*, etc)". Uma das mais significativas causas destas catástrofes esteve na falta de qualidade das tripulações, que raramente falavam a língua dos oficiais e compreendiam as suas ordens e instruções[34].

Deste estado de coisas advem, necessariamente, um acréscimo de complexidade das funções do capitão.

§ 3º Fretamento e Transporte Marítimo

I. Lapsos Evitáveis

20. Nesta sumária análise do *anteprojecto* de DL para Macau e da sua *nota justificativa* (com o "memorandum" adjacente), destacar-se-ão alguns pontos visivelmente decorrentes de lapsos.

Assim, *recomenda-se* no nº 7 do *memorandum*[35] "que sejam postos em vigor em Macau os Protocolos de Bruxelas modificativos da Convenção de Bruxelas para a unificação de certas regras em matéria do conhecimento, de 25/8/24, de 23/2/68 e de 21/12/79, de que Portugal não é parte". "Em contrapartida, deve ser denunciada, com relação a Macau, a Convenção de 1924, de que Portugal é parte (...), por forma a evitar que nos transportes de um Estado que seja exclusivamente parte nesta Convenção para Macau sejam aplicáveis as disposições desta Convenção, sem as alterações introduzidas pelos Protocolos modificativos".

---

[34] Jean-Claude Buhler, *Les affréteurs et la sécurité des transports maritimes*, DMF, 597 (Out. 1999), pp. 795 e segs. O Código ISM, aprovado em 1993 pela IMO, reforça as condições de segurança da navegação, não obstante o seu carácter por vezes vago e escassamente vinculativo. Está, entretanto, dado como assente que a partir de 2002 as seguradoras apenas celebrarão contratos com armadores de navios munidos de um "safety management certificate", emitido em conformidade com aquele "Código" Sobre esta problemática cfr. Christian Hubner, *L'application du Code ISM à l' assurance maritime sur facultés*, DMF, 594 (Junho 1994), p. 507 e *Clifford Chance Maritime Review*, Dez. 1997 (nº 24), *Legal Implications of the International Safety Management Code*, pp. 1-12.

21. Pois bem.
Denunciar a Convenção de 1924, ela própria, para quê?
Porque não propor, pura e simplesmente, que sejam ratificados os Protocolos de 1968 e de 1979 ? Não se terá atentado no "memorandum" no art. 10º do Protocolo de 1968.
Aliás, o art. 10º da Convenção (alterado pelo art. 5º do Protocolo) passou a prever que aquela (e este, portanto) se aplicaria aos conhecimentos emitidos num Estado contratante ou aos transportes iniciados num porto de um Estado contratante.
O risco perspectivado no "memorandum" manter-se-ia, portanto, a não ser que no conhecimento outro regime estivesse *contratualmente* previsto.
No art. 21º das Regras de Hamburgo é que prevê o regime pretendido no "memorandum".

22. E a realidade é que, ao invés do que aconteceu com Hong Kong em que a República Popular da China informou o Ministério dos Negócios Estrangeiros da Bélgica (entidade competente para o efeito), por carta de 4.6.1997, que a Convenção de 1924 e os Protocolos de 1968 e de 1979 "will continue to apply to the Hong Kong Special Administrative Region with effect from 1 July 1997"[36], relativamente a Macau (Região Administrativa Especial) tal declaração apenas foi feita no tocante à *Convenção* e não quanto aos *Protocolos*[37].

23. Ao que se mostra, a *recomendação* feita no *memorandum* foi acolhida pela China com efeitos exactamente inversos dos alvitrados...[38].
Não só não foi denunciada a Convenção de 1924 como não foram ratificados aos dois Protocolos. Como seria de esperar...

---

[35] P. 1127.
[36] CMI YEARBOOK 1997, pp. 413, 418 e 419.
[37] CMI NEWS LETTER, nº 1, 2000, p.12.
[38] O mesmo aconteceu, precisamente, com a Convenção de Bruxelas sobre o Limite de Responsabilidade dos Proprietários de Navios de Alto Mar de 10.10.l957 (cit. ROA, p. 1126), *que foi mantida* (cit. CMI NEWS..., id.).

II. ...Ou Susceptíveis de Serem Actualizadas

24. Com respeito ao fretamento por viagem (ou *à* viagem...), para que ele seja verdadeiramente um "subtipo do contrato de transporte de mercadorias", chama-se ao fretador *transportador*, o que mesmo para os anglo-saxónicos mais acerrimamente partidários da indiferenciação daria causa a uma esperável perplexidade, já que as partes de um *charterparty* são o *shipowner* (fretador) e o *charterer*, enquanto que no contrato de transporte sob conhecimento os contratantes são o *carrier* e o *shipper*.

25. Dispõe o art. 87º do *anteprojecto* do DL que "quando o contrato estabeleça que o navio deve proceder para porto seguro, ou para cais ou fundeadouro seguro, o afretador garante a sua segurança (...)".
E no nº 1 do art. 88º estabelece-se que "a estadia começa a correr a partir do momento em que o navio se encontre no lugar definido no contrato pronto para realizar as operações de carga".
Entretanto, no nº 1 do art. 89º preceitua-se que "o risco de congestionamento é suportado pelo transportador quando o lugar contratualmente definido for um cais ou um fundeadouro determinado, e pelo afretador quando for um porto".
Na *nota justificativa* que antecede o articulado elucida-se:

> "Esta solução está de harmonia com a definição de porto contida nos *Charterparties Laytime Definitions 1980* (adoptadas conjuntamente pelo "General Council of British Shipping", pela "Federation of National Associations of Ship Brokers and Agents" e pela "Baltic and International Maritime Council") e com o entendimento dominante na jurisprudência arbitral"[39].

26. Ora, antes de mais, há que precisar que, à data em que foi elaborada a *nota justificativa* as *Charterparties Laytime Definitions 1980* haviam já sido substituidas pelas *Voyage Charterparty Laytime Interpretation Rules 1993*, de igual modo preparadas e adoptadas pela BIMCO, pelo FONASBA, pelo GCBS... e pelo *Comité Maritime*

---

[39] cit. ROA, p. 1084.

International (CMI). Este organismo foi mesmo o grande propulsor das versões de 1977, de 1980 e de 1993.

A nova formulação das *Definitions* tem aquele "new name", mas é o mesmíssimo texto, embora *substancialmente actualizado*[40]. O que acontece é que o autor do *anteprojecto* desconhecia, por certo, a versão de 1993.

Significativamente, desta foram excluidas as definições de *safe port* e *safe berth*, as quais resultam ou das cartas-partidas, ou dos usos locais, ou dos critérios gerais de direito.

De resto, no tocante à solução normativa prevista no art. 89º, nº 1, ela deveria ser precisamente de sinal contrário. Com efeito, como lembra Antoine Vialard[41], salvo acontecimento imprevisível, os portos de partida e de chegada são, como regra, antecipadamente conhecidos. E o fretador não poderá, depois de ter assinado a carta partida, pretender que o navio não se desloque para o porto nela previsto. Já quanto ao local dentro do porto onde o navio atraca (*berth*-cais ou fundeadouro) a intervenção do afretador pode ser mais determinante, embora o capitão esteja sob as ordens do fretador, e não dele. A questão já era de algum modo pressentida por Leo Aisenstein, em 1965[42]; com efeito, envolve também uma opção *económica*, uma vez que há cais onde as operações de carga são mais onerosas, e estas cabem ao afretador.

No seu estudo fundamental sobre *Il Contratto di Nollegio a Viaggio nei formulari*, Francesco Berlingieri[43] refere que a garantia da segurança do porto e do cais é normalmente prevista quando o porto de carga e de descarga não são indicados no contrato, já que neste caso o fretador ("transportador", na terminologia do *ante-projecto*...) poderá fazer antecipadamente as necessárias correcções. "Nelle formulazioni tradizionali la garanzia è assoluta ma in epoca recente essa è spesso limitata ad un obbligo di diligenza".

---

[40] Cfr. CMI NEWS LETTER, nº 3 de 1993 e Gorton-Ihre-Sandevarn, ob. cit (1999), p. 393. As VOYALAYRULES 93 ("code name") estão transcritas na generalidade dos autores actuais, como acontecia, obviamente, antes disso, com as DEFINITIONS 1980 (cfr., por ex, Michael Brynmor Summerskill, *Laytime*, ed. *Stevens & Sons*, Londres, 1989, p. 343). O seu antecedente ultimo são, como dissemos, as *Rio de Janeiro Charterparty (Laytime) Definitions* de 1977 (DMF, 350, Fev. de 1978, p. 80).

Examinando-se as cartas *Gencon, Synacomex 90, Centrocar, Norgrain, Amwelsh 91, Polcoalvoy*, etc (para a carga seca) e *STV Voy, Asbatankvoy, Shellvoy 5*, etc (para os navios cisternas) conclui-se que não há critérios uniformes, embora a obrigação de segurança *do cais* ocorra sobretudo *nos primeiros casos* (carga seca) – sendo a sua inobservância tendencialmente imputável ao afretador.[44]

III. A Questão Essencial

27. A questão essencial estará, no entanto, na peremptória rejeição que no *anteprojecto* se faz quanto à separação conceitual entre fretamento e transporte de mercadorias por mar.

"Em conclusão" – diz-se – "fretamento e transporte sob conhecimento são diferentes subtipos do contrato de transporte, que obedecem a uma regulação comum (...), sem prejuizo da regulação especial aplicável a cada um destes contratos"[45].

Desde logo, fica-se sem se compreender bem se a regulação é *comum* ou se cada subtipo obedece a uma regulação *especial*.

E de tal modo existe a preocupação de equiparar os dois "subtipos" que se chama ao *fretador* transportador e ao *afretador* carregador, com isso se gerando um diabólico confusionismo. Semelhante terminologia causaria, como dissemos, o pasmo dos próprios anglosaxónicos, para os quais o transportador é, como temos vindo a lembrar, o *carrier* e o carregador é o *shipper* e o fretador é o *shipowner* e o afretador o *charterer*.

---

[41] *Droit Maritime*, ed. *Puf*, Paris, 1997, p. 355.
[42] *Staries et surestaries en droit français et comparé*, ed L.G.D.J., Paris, p.16.
[43] *Il Diritto Marittimo*, 1995, pp. 859-907.
[44] No transporte de hidrocarbonetos a obrigação de utilizar um *safe berth* ("safe place or wharf") cabe ao *charterer* (afretador). Cfr. carta ASBATANKYOY, em Malcom Edkins – Ray Dunkley, *Laytime and demurrage in the oil industry*, ed. LLP, Londres, 1998, p.21. Sobre os problemas suscitados pelo congestionamento do porto e da impossibilidade de atracagem, quase sempre resolvidos a favor dos afretadores (quanto às *sobrestadias*, que no *anteprojecto* se designam, em castiço castelhano, *demoras*) cfr. especialmente W.E.Astle, *The Safe Port*, ed. *Fairplay Public.*, Londres, 1986, *maxime*, p. 87.
[45] cit. ROA, p. 1081.

Repare-se, aliás, na incongruência que flui do art. 62° do *articulado* do anteprojecto:

"Contrato de transporte marítimo de mercadorias é aquele em que uma das partes se obriga a deslocar mercadorias, ou a fornecer um navio para deslocar mercadorias (...)".

É evidente que o objecto dos dois "subtipos", aqui formalmente postos em comunhão, é diferente: num, um dos contraentes obriga-se *a deslocar mercadorias*, no outro vincula-se *a fornecer um navio para deslocar mercadorias*.

28. Foi num estudo publicado em fins de 1984[46] que entre nós pela primeira vez se propôs a distinção conceitual entre fretamento e transporte marítimo. Obviamente que se invocou a reforma francesa de 1966 e o fundamental contributo de Rodière, autor material dessa reforma.

Mas de igual modo se lembrou que a distinção, irreprimível, era detectável desde o século XVI, e fora proximamente pressentida como necessária por Mestres eminentes, com toda uma vida dedicada no ensino universitário do DM, como Paul Chauveau, no *Traité de Droit Maritime*, de 1958.

O traço diferenciador era este: o fretamento respeita a um *navio*, o transporte a uma *carga*. "O fretador não assume qualquer encargo *directo* em relação às mercadorias transportadas; não é, pois, *automaticamente* responsável pela sua perda ou avaria, havendo que demonstrar que procedeu com culpa".

Na base de uma certa infixidez registada nos sistemas francês e, designadamente, no italiano, estaria a circunstância histórica de à data do Código Comercial francês de 1808 apenas se reconhecer o fretamento, na modalidade do fretamento *por viagem*. Ora este está, como já então (em 1984) insistíamos, paredes meias com o *transporte*.

Não será agora o momento de repescar em pormenor o tema. Dir-se-á apenas que o ordenamento italiano, que distingue entre a

---

[46] Mario Raposo, *Fretamento e Transporte Marítimo...*, no cit. B.M.J., n° 340 (Nov. 1984). O estudo está reproduzido em Mário Raposo, *Estudos sobre o Novo Direito Marítimo*, cit., p. 303.

locazione, o *noleggio* e o *trasporto*, embora consagre a distinção entre fretamento e transporte, é susceptível de entendimentos divergentes, ao criar duas categorias de *transporte*: o *di carico* e o *di cose determinate*. No tocante à transposição do fretamento em casco nu para o âmbito da *locação* adopta-se uma solução que nada tem de confusa, embora a nossa posição seja diversa, se bem que admitindo a solução alternativa[47].

29. Como é sabido, a experiência anglo-saxónica (sobretudo inglesa), pouco propensa à clarificação jurídica, até porque recolhendo do casuismo a sua principal fonte de arrumação dogmática, não é padrão de nitidez. Isto embora, obviamente, deva ser tomada em fundamental conta, até pelo relevo económico que têm a sua jurisprudência (sobretudo arbitral) e os seus formulários.

Entretanto, se bem que a solução quase uniforme seja a de considerar que o fretamento e o transporte são, qualquer deles, *contracts of carriage*, entende-se, mais recentemente, que "the two main types of contract in use for the carriage of goods by sea are the bill of lading and the charterparty"[48].

30. O novo Código da Navegação Comercial da Federação Russa, promulgado em 30.4.1999[49], que é sem dúvida, o mais moderno de todos eles, a nível internacional, consagra, caracterizadamente, a dualidade.

O contrato de fretamento por viagem é, entretanto, nele encarado como uma modalidade do contrato de transporte. Por seu turno, o *time-charter* e o *bareboat-charter* são colocados no âmbito da locação.

Como se vê, não pode haver soluções peremptoriamente rígidas, apenas sendo de excluir a que inelutavelmente mistura, contra a patente realidade e o bom-senso, o transporte sob conhecimento (ou tipos contratuais equivalentes) com o contrato de fretamento.

---

[47] Cit. *Fretamento e Transporte Maritimo*.... (1984), p. 21.
[48] Simon Baughen, ob. cit., p. 8, que acrescenta: "the charterparty and the bill of lading remains two distinct contracts" (id.). Diz ainda, designadamente: "Charterparties differ from bill of lading (...). Theoretically they are classified as a contract for the use of the vessel, as opposed to the bill of lading, which is classified as contract for the carriage of goods" (p.159). É o encontro com a doutrina dos, para alguns, "desqualificado" Rodière...

IV. Os Prazos de Prescrição

31. O prazo de proposição das acções despontadas, sobretudo, de responsabilidade contratual (e não só) é, em todas as áreas do DM, de crucial relevo. São prazos curtos, fixados com a preocupação do *dies a quo* tender sempre a ser uma realidade de natureza *factual*, facilmente configurável e certificável.

A solução – fácil e menos certa – de considerar *incorporadas* no direito interno de Macau as disposições de algumas Convenções internacionais (algumas das quais nem no *plano internacional*, como *direito internacional*, vigentes naquela Região Administrativa Especial e OUTRAS NEM SEQUER ENTRADAS EM VIGOR[50]) – é de duvidosa eficácia, gerando, para além disso, divisáveis confusões em matéria tão sensível.

Não se vislumbra no anteprojecto um único prazo de caducidade, pelo menos explicitamente declarado, como seria necessário. "Salva-se" o respeitante às operações de salvação.

O que – e é isso que agora focaremos – é de molde a facultar a qualquer dos contraentes de um contrato de fretamento (mesmo na acepção proposta ao *anteprojecto*, ou seja, não fundado num conhecimento de carga ou documento equivalente, incluindo o registo

---

[49] cfr., por exemplo, Dmitri Litvinsk, *Le Nouveau Code de la Navigation Commerciale de la Fédération Russe*, em DMF, 601, Fev. de 2000, pp 142-157.

[50] Diz-se na *nota justificativa* do *anteprojecto* (cit. ROA, p. 1075) com referência à *Convenção de Genebra sobre Privilégios e Hipotecas Marítimas* de 1993. "Por ser uma convenção muito recente, ainda não há notícia de ter entrado em vigor internacionalmente, mas a circunstância de ter sido adoptada numa conferencia de Organização Marítima Internacional é reveladora do alargado consenso internacional que está na sua base. As disposições desta convenção são incorporadas no Direito interno de Macau, aplicando-se a todos os navios, independentemente do Estado de matrícula ou de pavilhão e mesmo que estejam destinados à navegação em águas internas". Ora, para eventual elucidação do autor da *nota justificativa* dir-se-á que à data do seu exaustivo trabalho (1998) a Convenção não apenas não entrara em vigor como nenhum Estado a ela aderira ou a ratificara (CMI YEARBOOK 1999, p. 470). E situação parece não se ter alterado, pelo menos significativamente. Igual sorte tinha cabido à Convenção da IMO sobre registo de navios (Genebra, 1986) que apenas recebera o *placet* do Egipto, de Ghana, do Haiti, da Hungria, do Iraque, da Costa de Marfim, da Líbia, do México e do Oman, e à Convenção, também da IMO, sobre a responsabilidade dos operadores de terminais de transporte (Viena, 1991), que apenas recebera a adesão da Georgia, etc.

electrónico) que quase 20 anos após o evento possa propor uma acção por incumprimento do contrato[51].

Adelino da Palma Carlos chamava já a atenção, em 1931, para a incongruência de a lei portuguesa não estabelecer prazos especiais para a proposição das acções emergentes do contrato de fretamento, "ao contrário do que fazem quase todas as outras legislações"[52]. A lei francesa de 18.6.1966 manteve a regra de que as todas as acções dimanadas de um contrato de fretamento (por viagem, a tempo, em casco nu) prescrevem ao cabo de um ano. Em Inglaterra, nos termos do *Limitation Act 1980*, o limite genérico para o exercício da responsabilidade contratual é de seis meses. Em caso de responsabilidade extracontratual o prazo é o mesmo, salvo em caso de danos pessoais ou de morte, em que passa a ser de três anos. Entretanto, "a lower time limit may be imposed by express terms of the contract. For example, under charterparties on a *Centrocon* form, the time limit is three months"[53]. Em Espanha, onde a corrente dominante é a de distinguir entre locação de navio e o fretamento, considerando este como um transporte, teve-se o cuidado (elementar), no arrastado anteprojecto de lei dos contratos de utilização do navio[54], de prever prazos de um ano para o contrato de locação e de fretamento.

---

[51] O prazo ordinário de prescrição é de 20 anos (art. 309º do Código Civil). O prazo *trienal* de caducidade do art. 498º, nº 1, do mesmo Cód. não é aplicável fora dos casos de RC *extracontratual*, não obstante já se ter sustentado o contrário (Pedro de Albuquerque, *A aplicação do prazo prescricional do nº 1 do art. 498º do Código Civil à responsabilidade civil contratual*, na R.O.A., 1989, p. 793 e jurisprudência aí citada).

[52] *O contrato de fretamento...*, p. 266.

[53] Simon Baughen, ob. cit., p.343. Sobre a problemática dos *time limits* ou *time bars* cfr., sobretudo, Chorley & Giles', ob. cit., p. 492 e segs. Cartas há que não fixam nenhum prazo de proposição das acções nas condições gerais. É o caso da *Asbatankvoy*. Por vezes estabelece-se nesta carta, como condição particular, o prazo de 90 dias. Mas o mais usual é estabelecer-se nas condições gerais o prazo de 90 dias. Mas também se prevê o de 180 dias (Edkins-Dunkley, ob. cit., p. 71). De igual modo, Ignacio Arroyo, num recente estudo sobre *El contrato de fletamento por tiempo en la teoria de los contratos de utilización del buque* (no cit ANUÁRIO..., vol.XVIII, 2001, pp 21-53, *maxime*, p.52), lembra que o fretamento pode ter finalidades diversas das de *transportar* mercadorias. Assim, por ex., a exploração oceanográfica, a pesca, o desporto de competição, o reboque, a salvação, o depósito ou armazenamento de hidrocarbonetos, a hospedagem sem deslocação do navio, a vigilância costeira, etc.

[54] Publicado no *Bol. Oficial del Ministerio de Justicia e Interior*, Abril de 1996 e reproduzida na obra colectiva de Ignacio Arroyo e outros, *La reforma de la Legislación*

V. O Fretamento em Casco Nu

32. Sem se fundamentar minimamente tão drástica "conclusão" (?), diz-se na *nota justificativa* que o DL nº 186/87, de 29.4, "se baseia numa noção de fretamento em casco nu que não encontra qualquer correspondência na prática negocial"[55].

Diz-se isto como se poderia dizer precisamente o contrário. Trata-se de um mero caprichismo semântico.

33. É evidente que designar o instituto como *fretamento* ou como *locação* constitui uma opção quase que terminológica. O regime

---

Marítima 1999, cit., p. 209 e segs. Curioso é, como já aqui fizemos, assinalar que um dos mais prestigiados maritimistas espanhóis (Fernando Sánchez Calero, catedrático da Universidade Complutense) critica abertamente a solução de unificar os contratos de fretamento e de transporte marítimo de mercadorias, apontando (como já referimos) como modelos mais aconselháveis as leis portuguesas de 1986 e 1987 (!!) e os novos códigos marítimos de 1994 dos países nórdicos (Dinamarca, Finlândia, Islândia, Noruega e Suécia) – por terem bem marcada *a diferença* entre os dois contratos, mais ajustada aos tempos actuais (em *Sobre la reforma de la legislación marítima...*, na ob. acima cit., p. 127 e segs., *maxime* p. 132).

[55] p. 1069. Observa o autor do *anteprojecto* que a doutrina francesa entende que o fretamento em casco nu não é locação porque tem em vista a utilização de navio para fins de navegação marítima (p.1069). Não será inteiramente assim, embora, realmente, na generalidade dos autores predomine a designação *fretamento em casco nu*. Foi Ripert o mais decisivo defensor da caracterização como "fretamento" (*Droit Maritime*, 4ª ed., ed. *Rousseau*, 1952, *maxime* p.293). Entretanto, e desde logo, Rodière levantou dúvidas (*Mise à Jour 1963* da obra de Ripert, *Dalloz*, p.155). E, curiosamente, ainda em 1979 (*Considérations sur les affrètements et les transports en droit comparé*, em D.M.F. nº367 (Julho de 1979), *maxime* p.388, 1º §) falava em *location coque nue*. Os autores franceses, vinculados embora pela reforma de 1966, usam esse *nomen juris* (*fretamento*) mas reconhecem, sem hesitação a proximidade entre as duas figuras. Assim, por ex., Antoine Vialard (ob. cit., p.345), refere, relativamente ao *affrètement coque nue*: *Ce contrat d'affrètement est la forme la plus achevée de l'affrètement, tout à fait proche de la location de meuble du droit commun. D'ailleurs, le législateur (L. art.10), parlant du prix de cet affrètement, emploie le mot «loyer»*. De qualquer modo, o que se mostra inteiramente absurdo é o comentário com o qual o autor do *anteprojecto* fundamenta a improcedibilidade da não utilização do *nomen* "locação do navio". Diz ele, com efeito: a invocada razão de que o fretamento em casco nu não é locação porque tem em vista a utilização do navio *para fins de navegação marítima* não colhe, porque *"sendo a navegação marítima a função normal do navio, a locação do navio terá normalmente em vista esse fim"*. Ora não é assim: o navio pode ser locado para fins que nada têm a ver com a navegação marítima: para um hotel, para um casino, para um laboratório fixo, etc.. E isto enquanto ancorado num cais, completamente *fixo* e sem nada ter a ver com fins de navegação....

(supletivo) que vigorará sob uma ou outra designação é, na prática, o mesmo.

Chama-se na *nota justificativa* "aluguer", o que tecnicamente está certo, uma vez que o navio é uma coisa móvel. Só que, por um elementar paralelismo com os outros direitos continentais (nos países anglo-saxónicos a designação é de *charterparty by demise* ou *bareboat charter*), mais natural seria chamar-se-lhe *locação*.

Aliás, o regime subsidiariamente aplicável é, quer na *nota justificativa*, quer no "infeliz" DL de 1987 precisamente o mesmo: *o do contrato de locação*. No DL apenas se considera também subsidiariamente aplicável o regime do contrato de fretamento a tempo.

No cit. *anteprojecto* espanhol de 1996 as normas usadas para o "arrendamiento de buque" são quase análogas às do diploma português de 1987. O que é natural que aconteça, uma vez que se trata de um sistema com universal aceitação.

34. A utilização da locação em casco nu como instrumento de crédito (o DL nº 287/83, de 22.6, chamou ao *leasing* ou *locação financeira* do navio "fretamento em casco nu com opção de compra", numa textualização aliás deficiente), ou como escolha da bandeira de um Estado que proporcione ao locatário um regime, designadamente fiscal, mais favorável serão algumas das causas da vertiginosa retoma de um instituto quase desaparecido (o fretamento ou locação em casco nu). Tudo isso consta da extensa documentação final do *Seminário sobre Bareboat Charterparties*, promovido pelo CMI em Knokke-Zoute em 1989[56].

---

[56] No qual incidentalmente foi considerado o diploma português de 1987, que então não pressentimos objecto de reparo. Obviamente que o fulcro das atenções foram as cartas *Barecon* e *Shell Demise* (sobretudo a 1ª). Como dizia Rodière, com pragmatismo, "le droit de l'affrétement n'est guère écrit dans les codes". "Il dérive de la pratique des chartes-parties" (Emmanuel Fontaine, *L'affrétement coque nue,* em DMF, 493, Abril 1990, p. 265). Repare-se que, talvez mais do que como instrumento de crédito, a locação em casco nu é hoje utilizada para que os armadores de um país que lhes impõe pesados custos de exploração (desde logo fiscais, laborais, etc) possam explorar o navio sob um sistema nacional mais económico, sem que o navio saia do seu património. É a prática (ilícita) do "flagging out".

Como seria de supor (por ele ser habitual), no *anteprojecto* não se prevê nenhum prazo de propositura das acções para o aluguer de navio. Em Itália (art. 383° Cód. Nav.) e em França é de um ano (lei de 18.6.1966 – art. 4°).

VI. As "Regras de Hamburgo"

35. A "Regras de Hamburgo" são uma Convenção aprovada nos mesmíssimos termos de qualquer outra e o que a este respeito se diz na nota justificativa do *anteprojecto* está certíssimo.

Mas já não estará tão certo o carácter informal que nela se dá à designação por que são conhecidas: "Regras de Hamburgo". É que enquanto que a Convenção de Bruxelas de 1924 sobre conhecimentos de carga foi sempre chamada pelos autores anglo-saxónicos de "Hague Rules" e o seu Protocolo de 1968 de "Visby Rules", embora tais designações não tivessem carácter oficial e fossem por vezes contestadas, a Convenção de 1978 tem a designação *oficial* de *Hamburg Rules*. Isso mesmo consta de uma *Resolução* aprovada pela mesma Conferência das N.U. que aprovou a Convenção, que formalmente recomendou que fosse adoptada *oficialmente* tal designação.

36. É notório que as *Regras de Hamburgo* não tiveram geral acolhimento, tardaram a entrar em vigor (o que só aconteceu em 1.11.1992) e não obtiveram a adesão ou a ratificação das mais significativas potências marítimas. Entretanto pode-se afirmar que nenhum texto normativo internacional deu causa a tão vasta produção doutrinal, em tema de DM, como este[57]. Têm-se sucedido os colóquios, com intervenção dos maiores especialistas mundiais[58], e a nível do CMI foi constituido um *International Sub-Committee*, sediado em Londres, que formou já consenso geral quanto a muitos dos preceitos das *Regras*.

---

[57] Cfr. Mário Raposo, *Transporte Internacional de Mercadorias por Mar - As Regras de Hamburgo de 1978* (est. cit. 1999) p.269 e segs.

[58] Cfr., por exemplo, o Colóquio Internacional de Antuérpia de Nov. de 1993, cujas principais intervenções estão compiladas no livro referido na nota (6) do estudo cit. na nota anterior.

O que se poderá dizer é que, depois destas, muito se alterou no domínio do transporte marítimo de mercadorias.

E é de observar que, não obstante o designio inicial tivesse sido o de proteger os interesses dos carregadores – tendencialmente de países em vias de desenvolvimento – o certo é que tal não parece ter acontecido. Isso mesmo é reconhecido por autores destes paises. Veja-se, por exemplo, o estudo de Chistophe Koffi Nabukpo[59].

§ 4º Alguns Outros Institutos

I. Transporte de Passageiros

37. Recomenda-se no *anteprojecto*[60] que seja posta em vigor em Macau a Convenção de Atenas sobre o Transporte de Passageiros e sua Bagagem por Mar de 13.12.1974 e o Protocolo de 1990 (PAL 1974 e PAL PROT 1990), que, como tem acontecido com outras Convenções de relevante importância, Portugal não ratificou. É de dizer que, realmente, à PAL 1974 (que entrou em vigor em 28.4.1987) a China aderiu em 1.6.1994, o que não aconteceu com a Alemanha. Dos Estados com maior expressão marítima dir-se-á que apenas são dela partes a Bélgica (desde 1989), a Grécia (desde 1991), a Espanha (desde 1981) e o Reino Unido (incluindo Hong-Kong), desde 1980.

---

[59] *La Convention...dix ans après*, em DMF, 486, Set. de 1989, p.p. 539 e segs, *maxime* p. 547. A questão é posta com algum detalhe em Mario Raposo, cit. est. (1999), p.275.

[60] cit. ROA, p. 1127. Estará em causa a Convenção enquanto *direito internacional*, internamente relevante (claro está) e não como *modelo normativo abstracto*. Só que o art. 131º do *articulado* incorpora no direito interno de Macau as disposições da Convenção e do Protocolo de 1990 (que ainda nem sequer entrou em vigor). Isto no tocante à responsabilidade do transportador por danos pessoais e na bagagem. Entretanto, o nº 2 do mesmo art. 131º considera (e aí também se inspira no art. 17º, nº 1, da Convenção) aplicáveis tais disposições (além do mais) a um contrato de transporte no qual se estabeleça que o lugar *de destino* se situa no território de Macau. Como decorrência deste *pot-pourri* normativo, a um Estado que nada tenha a ver com a Convenção e, muito menos, com o Protocolo de 1990 (por ex., os Estados-Unidos) fica vinculado à Convenção e ao Protocolo de 1990, que repete-se ainda nem sequer existe *qua tale*, por não ter entrado em vigor. É dificil (impossível mesmo) de compreender semelhante sistema.

O PAL PROT 1990 ainda não entrou, pura e simplesmente, em vigor, só a ele tendo aderido a Croácia (1998), o Egipto (1991) e a Espanha (1993).

Nada temos a observar quanto à proposta de ratificação da PAL 1990 e do PAL PROT 1990, embora esteja a ser encarada a eventual revisão de fundo da actual PAL 1974. Encara-se a perspectiva de impor uma responsabilidade objectiva para o transportador e de tornar o seguro deste obrigatório, embora a questão não seja de modo algum pacífica.

38. O que não aceitamos, de modo algum, é a inclusão no texto de um diploma legal, como direito interno de um Estado (ou a tal equiparado) de Convenções Internacionais, algumas delas ainda nem sequer vigentes.

Na circunstância, nos termos do nº 2 do art. 131º do articulado do *anteprojecto* sujeita-se (ou pretende sujeitar-se...) um transporte de passageiros cuja partida tenha sido em Macau e que se dirija a um Estado diverso um regime internacional que nem sequer ainda entrou em vigor, e que não o está, obviamente, nesse Estado (al.c) desse nº 2).

39. A não inclusão de qualquer norma sobre o *cruzeiro marítimo* tem razão de ser. Desde logo, estamos em crer que o art. 21º do DL nº 349/86, sobre o contrato de cruzeiro marítimo, deixou de estar em vigor em Portugal, face à transposição para a ordem jurídica interna da Directiva do Conselho das Comunidades Europeias nº 90/314/ CEE, feita pelo DL nº 198/93, de 27.5, depois integralmente substituido pelo DL nº 209/97, de 13.8. A responsabilidade das agências de viagens está neste muito mais claramente caracterizada. Por outro lado, não estava em vigor em Portugal (e em Macau) a PAL 74, o que é de supor virá a acontecer, por iniciativa da China, proximamente. Finalmente o *Comité* Jurídico da IMO propôs recentemente que aos *owners of ships* que transportem passageiros seja imposto um seguro obrigatório de responsabilidade civil "or should produce other evidence of their ability to pay passengers claims"[61].

---

[61] Cfr. Mario Raposo, *Manter-se-á em vigor o art. 21º do DL nº 349/86 sobre o contrato de cruzeiro marítimo?* em *Estudos sobre o novo Direito Marítimo* cit, p. 287. V. também Giorgia Tassoni, *Il contratto di viaggio*, ed. Giuffrè, Milão, 1998 e, sobretudo,

II. Contrato de Reboque

40. A regra geralmente verificada nos vários sistemas jurídicos é a de que o contrato se rege fundamentalmente pelo direito dos formulários. Os que com maior frequência surgem como padrão são o britânico UKSCT (com sucessivas versões, que vão sendo actualizadas desde 1933) e o TOWCON e o TOWHIRE, ambos da BIMCO. O mais difundido será o primeiro deles. Dá-se mesmo o caso de ser directamente adoptado em muitos portos não britânicos; é o que se passa, designadamente, com alguns portos espanhóis, ao que informa Juan Luis Pulido Begines[62].

41. Exigem os formulários da BIMCO que, em caso de incumprimento contratual, a reclamação seja feita no prazo de seis meses após a cessação de reboque e que a acção, em caso de litígio, seja proposta no prazo de um ano[63].

Corresponde esse prazo curto a uma prática (convencional ou legal) que geralmente vigora em DM. Afigura-se-nos, assim, que a solução de estabelecer o prazo de dois anos, como se faz no art. 15º do DL nº 431/86, será adequada. Discorda-se, pois, do critério adoptado no *anteprojecto*, que implica a remissão para o prazo geral de 20 anos[64].

Juan Luis Pulido Begines, *Regimen Juridico de los Cruceros Turisticos...*, no Anuario de Derecho Maritimo, vol. XVII, 2000, pp 83-125. Se a agência de viagens (*grosso modo* assim designável), como afretadora, e o armador (fretador) lançarem mão da carta *Cruisevoy* poderá ser o armador a estabelecer directamente com o passageiro (turista) o contrato de transporte de passageiros, emitindo o bilhete de passagem. Mas o contrato de cruzeiro (agora designado mais adequadamente por contrato de viagem organizada) processar-se-á entre a agência e o passageiro. Realmente, nos termos da cláusula 11º de *Cruisevoy*, o armador reserva-se o direito de emitir os billhetes de passagem (então pertinentemente chamados de *Owner's Passage Ticket*) que, no entanto, serão entregues pela agência aos passageiros (Pulido Begines, est. cit., p. 123-124).

[62] *Los contratos de remolque maritime*, ed. Bosch, Barcelona, 1996, p. 69. Acontece isso, designadamente, nos portos de Cádiz e de Gijón.

[63] P. 1100.

[64] O Código da Nav. Italiano não prevê qualquer prazo (Ferrarini-Righetti, ob. cit. – 1991, p.126) Em Espanha Aurelio Menéndez (*El contrato de remolque*, 1964, p.p. 136 e 211), perante o silêncio do Cód. Com. considera aplicável, para o reboque-manobra, o prazo de dois anos previsto na lei de 24.12.1962 sobre "auxílios, salvamentos, remolques,

O prazo previsto na lei francesa de 7.7.1967 é também de dois anos (art. 30º).

E de um ano é o prazo fixado no *anteprojecto de lei* espanhol sobre os contratos de utilização do navio (versão de 1996) – art. 115º.

III. Avaria Comum

42. Posta agora de lado a fortíssima contestação doutrinal que tem sido deduzida contra o instituto da avaria grossa ou comum (já chamada, porque a ela tem resistido, de "vaca sagrada", dizendo outros que ela tem "uma má saúde de ferro") importa reconhecer que, não obstante a sua aplicação facultativa, a quase totalidade dos contratos de transporte e de fretamento remete para as Regras de Iorque e de Antuérpia (RIA).

Mas, embora continuando a existir, é um dado geralmente aceite que, tendo sido historicamente pensada e mantida durante séculos para benefício dos carregadores, transformou-se, na realidade do ultimo meio século, numa fonte de proveito para os armadores. Com efeito, é geralmente sabido que a sua regulação é hoje feita quase sempre no exclusivo interesse destes[65].

43. A *causa histórica* da avaria comum foi, sem dúvida, o *alijamento* ("jettison", "jet à la mer") como meio para enfrentar uma tempestade, um golpe de mar. Constatava já Ripert que, outrora, "l'opération la plus fréquente était le jet de marchandises à la mer, (...) aujourd'hui, le sacrifice des marchandises est chose fort rare"[66].

Entretanto, no *articulado* do *anteprojecto*, permite-se no art. 39º o alijamento de objectos transportados ou pertenças do navio, em

---

hallazgos y extracciones marítimos". Com menos afoiteza, mas por paralelismo de razões (a necessidade de um prazo curto) convoca a norma aplicável aos transportes terrestres ou marítimos (art. 952º do mesmo Cód.) para o reboque-transporte (p.211).

[65] Os carregadores dos PVD ("terceiro-mundo") consideram-se como regra uma "instituição abusiva" e são abertamente contra ela (Rodière-E. du Pontavice, *Droit Maritime*, cit., p. 475). Cfr., sobretudo o excelente estudo de Victor-Emmanuel Bokalli, *L'avarie commune: réflexion critique...*, em DMF, nº 559, Ab. 1996, p. 335.

[66] *Droit Maritime*, ed. *Rousseau*, tomo III, 4ª ed., 1953, p. 197.

caso de perigo para a segurança do navio, para a segurança da carga, ou para a segurança comum do navio e da carga (n° 1).

E remete-se para o n° 4 do art. 36°, "com as devidas adaptações". Fica-se sem saber que "adaptações" estarão previstas, mas tudo faz crer que se pretende isentar da responsabilidade exclusiva do armador os alijamentos classificáveis como *avaria comum*.

Só que nos termos da Regra I das RIA o alijamento só constituirá avaria comum se a mercadoria tiver sido carregada em conformidade com os usos do comércio (marítimo). No n° 3 do art. 182° acrescenta-se outra alternativa positiva: o de o transporte no convés ter sido consentido *por todos os participantes na expedição*. Ou seja, pelos demais carregadores, um a um ouvidos e convocados a dar o seu consentimento a que uma só mercadoria ou uma pequena parte das mercadorias seja carregada no convés (!). E o que é, para este efeito, um "uso do tráfego"?

44. Face a tudo isto perguntar-se-á: qual a razão (entendível) que levou a incluir no *anteprojecto* normas de aplicação de tão duvidosas pertinência e formulação como os artigos 39° e n° 3 do art. 182 e (parte final)?.

O alijamento é, hoje, uma prática excepcional, mesmo em regiões onde predominarão os navios de pequeno porte. A avaria comum tem, de igual modo, um carácter excepcional. Porque estar a prever normas e situações que darão campo livre a abusos e confusões?

SOBRE OS TRABALHOS PREPARATÓRIOS DA LEI MARÍTIMA DE MACAU

PARTE SEGUNDA *

I. Apresentação

1. Publicou o Prof. Doutor Lima Pinheiro na *Revista da Ordem dos Advogados* (ROA)[1] um anteprojecto da lei marítima de Macau, antecedido por dois textos preliminares.

Estava o motivo de tal publicação, ao que afirma o autor, no propósito de ultrapassar "o panorama relativamente desolador oferecido pelo Direito Comercial marítimo português" (DM).

Embora excessivo alguma pertinência teria este diagnóstico.

Trata-se, para mais, de um professor universitário com obras de inegável mérito noutras áreas do Direito.

Entretanto, a leitura do texto suscitou-me bastantes reparos, não confinados a questões de pormenor ou a superficialidades terminológicas. E daí, sem a veleidade de esgotar o tema, alinhar alguns deles na ROA[2].

2. Aconteceu que o Prof. Doutor Lima Pinheiro, que obviamente teria que dar conta das suas razões, publicou *algumas* delas na ROA[3], deixando intocadas outras observações que fiz quanto ao seu estudo.

---

* Texto publicado na *Rev. Ordem dos Advogados* (ROA), Dez. de 2002, pp. 683 e segg.
[1] 2000, pp 1057-1210.
[2] ROA, 2001, pp. 1163-1193.
[3] *O Direito Comercial Marítimo de Macau revisitado*, na ROA, 2002, pp 425-438.

De qualquer modo, justificar-se-á que, finalizando por minha parte a controvérsia, alinhe alguns comentários aos pontos por ele seleccionados.

II. Poluição por Hidrocarbonetos

1. A Perspectiva Comum e Geral. 1ª Parte

1.1. Teve a Convenção Internacional de Bruxelas de 1969 sobre a responsabilidade civil pelos prejuízos devidos à poluição por hidrocarbonetos (CLC) como causa sócio-jurídica determinante a maré negra do *Torrey-Canyon*, ocorrida em 18 de Março de 1967, a 100 Kms da costa inglesa e a 80 Kms da costa francesa. Segundo algumas estimativas cerca de 120 000 toneladas de carga de petróleo bruto foram derramadas no mar. "50% das aves das costas norte da Bretanha morreram"[4].

Daí a criação de um sistema *internacional* de ressarcimento dos danos causados por hidrocarbonetos, através da CLC[5]. Realmente, até então o que se aplicava era o regime geral da responsabilidade fundada na culpa do responsável. Este, quase sempre, era o armador do navio, cuja responsabilidade beneficiaria do regime de limitação previsto na Convenção de Bruxelas de 1957, se o Estado do responsável desta fizesse parte[6].

Foi o sistema introduzido pela CLC completado pela Convenção Internacional de Bruxelas de 1971 que instituiu o Fundo Internacional para a indemnização dos danos devidos à poluição por hidrocarbonetos (*Fund* 1971).

Prevê o *Fundo* uma indemnização adicional ou substitutiva em relação à prevista na CLC, que actuará nos casos em que os danos excedam os limites previstos na CLC ou naqueles em que o proprietário do navio beneficie de uma causa de exoneração ou se for incapaz de responder pela indemnização devida.

---

[4] Chao Wu, *La pollution du fait du transport maritime des hidrocarbures*, ed. Pedone, Monaco, 1994, p. 13 .

[5] *Civil Liability Convention.*

[6] Francesco Berlingieri, *Il sistema internazionale di risarcimento dei danni causati da inquinamento da idrocarburi*, em *Il Diritto Marittimo*, 1992, pp 3- 29.

Obviamente que, sendo um Fundo *internacional*, ele não suportará qualquer indemnização se o Estado a que pertence o navio não for membro da Convenção.

De igual modo não será responsável se ficar provado que o dano adveio de um acto de guerra ou foi causado por um derrame ou descarga de hidrocarbonetos provindos de um navio de guerra. Isto muito em síntese e tendo em conta a versão originária da *Convenção* de 1971[7].

1.2. É de notar que autores da CLC logo previram como indispensável a criação deste *fundo internacional* de indemnização.

Daí a resolução tomada pela IMO (ao tempo – até 1979 – designada por IMCO) com "excepcional celeridade"[8]. Essa resolução é tida como parte integrante da CLC.

A Convenção Fund 1971 é, pois, a consequência necessária da CLC. "Esta, por si só, não teria dado satisfação a ninguém; nem aos Estados costeiros, potenciais vítimas de poluição, nem aos proprietários dos navios, eventuais responsáveis pelos danos". O montante dos danos causados pelo sinistro do *Torrey-Canyon* revelou que o limite previsto na CLC era, e seria cada vez mais, insuficiente. O *fundo internacional* criado em 1971 assenta nos contributos da indústria petrolífera, beneficiária como é do transporte marítimo de hidrocarbonetos.

Adveio, pois, a viabilidade da CLC da criação do *Fund* 71[9].

---

[7] É de salientar que as Convenções CLC e *Fund* se situam num plano inteiramente civilístico (por ex., Sergio M. Carbone, *Il Diritto Marittimo*, ed. G. Giappichelli, Turim, 2002, p. 175).No mesmo sentido Michel Morin, *Les rapports entre droit international public et droits internes : l'exemple du FIPOL*, em *Le Droit Maritime français*, 1997, pp 325-335. *Fipol* é a sigla francesa usada para a Convenção *Fund* (("Fonds international d'indemnisation pour les dommages dus à la pollution par des hydrocarbures"). O *Fund* é, pela sua estrutura e funcionamento, uma organização internacional, mas também, em razão da sua função no tocante a questões de direito privado, uma "organisation supranationale dans les États qui en sont membres" (M. Morin, ob. cit. , p. 327).

[8] Como sublinha Pierre Bonassies, em *Après l'Erika: les quatre niveaux des dommages résultant d'une pollution maritime*, em *Il Diritto Marittimo*, 2000, pp 1570 e segs. , *maxime* p. 1574.

[9] Chao Wu, *ob. cit.*, p. 96. Os poucos Estados que, sendo parte na CLC, não o são do *Fund*, terão sido determinados por razões muito específicas. E saliente-se que, por exemplo o Brasil e o Chile, que ratificaram e aderiram (respectivamente) à CLC em 1976 e 1977, já não aderiram ao Protocolo de 1976 (CLC Prot 76) e, da mesma forma, à *Fund* 71.

1.3. A aplicação da CLC 69 e da *Fund* 71 revelou imprecisões e impôs alterações.

Entretanto, a mais grave deficiência foi a escassez dos limites de indemnização. E daí a imperiosa necessidade de reformulação do sistema, tentada através dos Protocolos de 1984 (à CLC e à *Fund*). Só que a oposição dos Estados Unidos aos dois Protocolos e a subsequente aprovação do seu *Oil Pollution Act* (OPA), em 1990, devenus pour toujours des archives d'histoire"[10].

1.4. A publicação dos Protocolos de 1992 à CLC 69 e à *Fund* 71 pretendeu, perante o irremediável fracasso dos Protocolos de 1984, " manter a viabilidade de um sistema internacional de responsabilidade pela poluição de hidrocarbonetos e de compensação (indemnização)"[11].

Advieram dos Protocolos – e desde logo do respeitante à CLC 69 – significativas inovações[12].

1.5. Diz, expressamente, o art. 11°, n° 2, do Protocolo de 1992 à CLC 69 que esta, por ele alterada, constitui a Convenção Internacional sobre responsabilidade civil pelos prejuízos devidos à poluição por hidrocarbonetos (Convenção de 1992 sobre a Responsabilidade).

---

[10] Chao Wu, ob. cit., p.179. Diz Antoine Vialard que "os montantes desta responsabilidade (mesmo a da CLC 92) seriam ridiculamente fracos se não tivesse sido previsto, justamente, um complemento substancial de indemnização a prestar pelo (*Fund*) no caso de insuficiência dessa responsabilidade" (em *De quelques enseignements de l'Erika*, em *Études de Droit Maritime à l'aube du XXI° siècle – Mélanges offerts à Pierre Bonassies*, ed. Moreux, Paris, 2001, p. 413).

[11] Os Protocolos foram aprovados em Portugal pelos Decretos n° 38/2001, de 25.9 (respeitante à *Fund* 71) e n° 40/2001, de 28.9 (respeitante à CLC 69).

[12] Entretanto, mantem-se a aplicação exclusiva do sistema CLC-*Fund* aos danos causados pelos hidrocarbonetos *persistentes* (nomeadamente petróleo bruto, fuelóleo, óleo diesel pesado e óleo de lubrificação), quer sejam transportados a bordo de um navio, quer como carga, quer como combustível do navio. Não estão abrangidos, além disso, os danos causados pelos combustíveis de navios não construídos ou adaptados para o transporte de hidrocarbonetos. Daí a adopção da Convenção Internacional de Londres de 23 de Março de 2001 sobre a responsabilidade pelos danos causados por combustíveis (*International Civil Liability for Bunker oil Pollution Damage*), ou seja de combustíveis usados por navios *não petroleiros*. Sobre o relevo desta Convenção fr. Philippe Boisson, *L'OMI adopte une nouvelle convention pour indemniser les dommages dus à la pollution par les soutes*, em *Le Droit Maritime français*, 2001, p. 659 .

E o mesmo consta de diversos preceitos do Protocolo de 1992 à *Fund* 71, quer respeitantes à CLC, quer a ela própria.

Passaram, pois, a existir uma CLC 92 e uma *Fund* 92. Ninguém questiona esta realidade[13]. A não ser o Prof. Doutor Lima Pinheiro.

1.6. Elemento central do sistema CLC, quer 69, quer 92, é o *seguro obrigatório*. Nos termos desta última o certificado deve encontrar-se a bordo do navio, devendo uma cópia do mesmo ser depositada junto dos serviços responsáveis pelo registo de matrícula do navio. Os certificados, emitidos ou visados sob a responsabilidade de um Estado contratante, devem ser reconhecidos pelos outros Estados contratantes. Isto em súmula.

Trata-se de um sistema *internacional* de cobertura seguradora, assumida quase sempre por um P&I (que, na realidade, seguram 90% da frota mundial) ; estes, no caso, derrogam o seu princípio antes *intocável* do "pay to be paid" ou "pay first".

2. A Perspectiva Comum e Geral. 2ª Parte

2.1. Verificados os condicionalismos previstos no art. 31º do Protocolo 92 à *Fund* 71, qualquer Estado que a ele tenha aderido ou ratificado deve *denunciar*, se dela for parte, a Convenção 71 e a CLC 69, com efeito a partir de 12 meses após ter expirado o prazo de 6 meses mencionado no preceito.

Entretanto, por força deste regime, a *Fund* 71 deixou de estar em vigor em 2.12.2002 e, assim sendo, não poderá ser aplicada a qualquer evento ocorrido depois desta data. Passou a estar exclusivamente em vigor a *Fund* 92[14].

Aliás, como se mostra do YEARBOOK 2002 do C.M.I.[15], praticamente todos os Estados que nele figuram como tendo ratificado ou aderido à CLC92 tinham já denunciado a CLC69.

---

[13] Por ex. Gabaldón Garcia – Ruiz Soroa, *Manual de Derecho de la Navegación*, 2ª ed., ed. Marcial Pons, Madrid, 2002, p. 721 Cfr. ainda, também como ex., Christopher Hill, *Maritime Law*, 5ª ed., ed. LLP, Londres, 1998, pp. 436 e 441.

[14] CMI YEARBOOK 2002, p.369.

[15] P. 367.

2.2. Contem a CLC 92 uma importante inovação face à CLC 69: os limites de responsabilidade estabelecidos no art. 5°, 1, podem ser alterados a requerimento de pelo menos um quarto dos Estados contratantes, desde que as alterações sejam aprovadas por uma maioria de dois terços dos Estados contratantes. Isto em síntese (art. 15 da CLC 92).

O mesmo regime está previsto para a *Fund*, nos termos do art. 33° da *Fund* 92.

Daí as alterações já efectuadas[16].

3. A Perspectiva Comum e Geral. Limitação da Responsabilidade.

3.1. O responsável pelos prejuízos causados é o *proprietário* do navio poluente, a pessoa em nome da qual o navio está matriculado (art. 3°, n° 1, da CLC).

Mas o proprietário tem o direito de limitar a sua responsabilidade nos termos da *Convenção*, a menos que se prove que o prejuízo devido à poluição resultou de acção ou omissão que lhe seja imputada, cometida com a intenção de causar tal prejuízo ou com imprudência e conhecimento de que tal prejuízo se poderia vir a verificar (art. 50, n° 2).

O n° 4 do cit. art. 3° prevê, no entanto, que a *canalização* da responsabilidade para a proprietária do navio seja derrogada em relação

(a) aos funcionários ou agentes do proprietário ou membros da tripulação;
(b) ao piloto ou qualquer outra pessoa que, não sendo membro da tripulação, preste serviço no navio;
(c) a qualquer afretador (seja qual for o seu estatuto, incluindo o afretador em casco nu), gestor ou operador do navio;

---

[16] Cfr. *Il Diritto Marittimo*, 2001, pp. 1257 e 1264-1266. Novo aumento adveio como corolário do sinistro do PRESTIGE em Maio de 2003. O Protocolo de 2003 à *Fund* 1992 reconhece logo no preâmbulo que a indemnização máxima prevista nesta Convenção pode ser insuficiente em certas circunstâncias. A *Fund* passou a ser expressamente designada como a *Supplementary Fund*. Mantem-se o regime de alteração dos limites de indemnização a pedido de pelo menos um quarto dos Estados Contratantes (art. 24°). V. o texto completo em *Il Diritto Marittimo*, 2003, pp. 1132-1145.

(d) a qualquer pessoa que desenvolva operações de salvação com o consentimento do proprietário ou de acordo com instruções de uma autoridade pública competente;
(e) a qualquer pessoa que esteja a executar medidas de salvaguarda ("preventive mesures");
(f) a todos os funcionários ou agentes ("servants or agents") das pessoas mencionadas nas alíneas (c), (d) e (e),

se o prejuizo resultar de acção ou omissão destas pessoas com a intenção de causa tal prejuízo ou por imprudência e com conhecimento de que tal prejuízo poderia vir a ocorrer.

3.2. A *canalização* assim estabelecida não é, entretanto, *total*. "Certains opérateurs maritimes qui sont susceptibles d'être impliqués dans la chaîne de réalisation de la pollution ne sont pas protégés par le texte de 1992 – et, par exemple, les societés de classification. On peut dès lors mettre em cause leur responsabilité sur le fondement des règles de droit commun"[17].

E dúvida alguma poderá existir sobre a não aplicação, em qualquer caso, da Convenção de 1976 sobre a limitação de responsabilidade em matéria de créditos marítimos às sociedades de classificação.

3.3. Noutro plano, a Convenção de 1976 não se aplica, como diz taxativamente (al.b) do art. 3°, "aos créditos por danos devidos à poluição por hidrocarbonetos no sentido que lhes dá a Convenção Internacional sobre a Responsabilidade Civil por danos devidos à poluição por hidrocarbonetos de 29.11.69 ou qualquer alteração ou protocolo (adicional) à que está em vigor".

Ora a Convenção de 1976 abrange exactamente as pessoas que *apenas* poderão ser responsáveis por danos causados por hidrocar-

---

[17] Pierre Bonassies, *Après l'Erika...* cit., p. 1571. Sobre alguns aspectos desta questão cfr. Mário Raposo, *Responsabilidade extracontratual das sociedades de classificação de navios*, na R.O.A., 1999, pp. 833-848. O acréscimo actual de litigiosidade em relação às sociedades das de classificação é tratado por Philippe Boisson, *Le rôle des soc. de classification...* em *Mélanges Bonassies...* cit., maxime p. 71. Ao que nos foi referido, a *American Bureau of Shipping* (a maior sociedade de classificação norte-americana) irá ser demandada pelo Estado espanhol nos tribunais norte-americanos, em consequência do sinistro do *Prestige*.

bonetos se estes resultarem de acções ou omissões delas mesmas com a intenção de causar tal prejuízo ou por imprudência e com o conhecimento de que tais danos poderiam vir a ocorrer.

Mas, se por esta via (que é a única possível) tais pessoas forem responsáveis, não poderão beneficiar do direito à limitação prevista no art. 4º da Convenção de 1976, que dispõe:

> "Uma pessoa responsável não tem o direito de limitar a responsabilidade se se provar que o prejuízo resultou de facto seu ou da omissão pessoal (que lhe seja imputada, pois), cometida com a intenção de causar tal prejuízo ou com imprudência e conhecimento de que tal prejuízo poderia vir a ocorrer"[18].

4. As Perspectivas do Prof. Doutor Lima Pinheiro

4.1. Recomenda o Prof. Doutor Lima Pinheiro que seja posta em vigor em Macau a CLC 69, alterada pelo Protocolo de Londres de 19.11.76; alterada por Protocolo de Londres de 27.11.92.

Recomenda também que seja posta em vigor em Macau a Convenção *Fund* 71; alterada pelo Protocolo de Londres de 25.5.84.

Isto "para protecção dos interesses locais em caso de danos causados por poluição no território de Macau, mas também para assegurar que Macau, enquanto centro de registo de navios, dispõe de uma legislação adequada (....)"[19].

4.2. Quanto à *Fund* 71 aconselha o Prof. Doutor Lima Pinheiro que ela seja posta em vigor em Macau tal como foi alterada *pelo Protocolo de 84*.

Ora o Protocolo de 84 nunca entrou em vigor e não releva hoje se não para fins *históricos*, como tivemos ocasião de explicitar. Trata-se, de toda a evidência, de um lapso de informação.

---

[18] Como quase sempre, a tradução oficial portuguesa das Convenções internacionais é defeituosamente feita. O que para o caso releva é que a versão original inglesa do art. 4º da Convenção de 1976 é *exactamente* igual à parte final do nº 4 do art. 3º da CLC 92 e ao nº 2 do art. 5º desta mesma CLC.

[19] R.O.A., 2000, p. 1126.

Noutro plano, é de dizer que em 1976 foram aprovados em Londres *dois* Protocolos: um respeitante à CLC 69 e outro à *Fund* 71. O Prof. Doutor Lima Pinheiro só refere o respeitante à CLC 69. E de qualquer modo, para quem seja parte na CLC 92 ou na *Fund* 92, os Protocolos de 76 deixaram de ter qualquer interesse.

4.3. Como já justificámos, aprovar a CLC sem aprovar a *Fund* não tem razão de ser. E os Estados que aprovarem (*hoc sensu*) a CLC 92 e a *Fund* 92 (ou seja, os Protocolos de 1992) ficam adstritos a *denunciar* a CLC 69 e a *Fund* 71. Esta, aliás, como dissemos, já nem existe.

Tudo isto passa como moeda corrente, e nem se justificarão mais considerações sobre o tema.

4.4. No tocante à incorporação da CLC 69, "perante as incertezas sobre o *treaty making power* do Território de Macau", no Direito interno é, salvo o devido apreço, uma inaceitável solução. É sabido que as Convenções Internacionais de 1952 (sobre arresto de navios), e 1957 (sobre limite de responsabilidade) e de 1952 (sobre jurisdição civil e penal em matéria de abalroação) foram tornadas aplicáveis àquele Território *por Portugal* em 23.3.1999[20] e que essas e outras Convenções (como a de abalroação de 1910, a de salvação de 1910 e a respeitante aos conhecimentos de carga de 1924) foram ratificadas *pela China* em 20.12.1999 para aplicação na Região Administrativa Especial de Macau[21].

4.5. Aliás, e de qualquer forma, como supor que um regime por natureza inexoravelmente *internacional* possa ser convertido em direito *interno* através de um tão "fácil" expediente normativo? É sabido, mais do que sabido, que o direito interno também poderá ser, nalguns casos, aplicável nas relações internacionais. Mas necessário será que as relações internacionais o comportem.

Ora, como exemplo como poderia esperar-se que um P & I, vinculado a um seguro obrigatório que a CLC lhe impõe e derroga

---

[20] *CMI News Letter*, nº 4, 1999.
[21] *CMI News Letter*, nº 1, 2000.

todo o seu clássico esquema de actuação (designadamente através da sua sujeição a uma *acção* directa), satisfizesse uma indemnização por danos de poluição causados por um navio de um Estado ou território autónomo *que não fosse parte da CLC*? E sem a *Fund*, que não é incorporada pelo Prof. Doutor Lima Pinheiro no direito interno, o sistema fica amputado de um seu essencial elo. Claro está que incorporar a *Fund* no direito interno atingiria o domínio do absurdo, já que o *Fund* é uma *organização internacional*.

4.6. Quanto ao *enxerto* da Convenção de 1976 sobre limitação de responsabilidade por danos devidos à poluição por hidrocarbonetos vimos que, além de tecnicamente indevida, resultaria ingloriamente inoperante *por falta de eventuais beneficiários.*
Demonstrámos isto mesmo com inteira clareza.

III. *Transporte – Fretamento. Unidade ou Dualidade?*

3.1. Numa versão profundamente original, que não encontramos em mais nenhum texto ou escrito doutrinal, tal como ele a formula, o Prof. Doutor Lima Pinheiro opta pela *unidade*.

Já nos pronunciámos tantas vezes pela tese da *dualidade*, "cum grano salis", que nos sentimos dispensados de reiterar a posição que assumimos[22]. Isto reconhecendo embora que a tese da *unidade* tem seguidores (mesmo nos direitos continentais) desde que compreensivelmente formulada.

3.2. Diz-se, por vezes, que a tese de dualidade corresponde ao modelo francês gizado por Rodière. Ora não é assim e valerá a pena reproduzir o que o William Tetley sintetiza:

> "Both bills of lading and charter parties are contracts of *transportation* of goods, but the bill of lading is a contract of *carriage of goods*, while a charterparty is a contract *of hire of the ship* or *of her services*"[23].

---

[22] Cfr., por ex., Mário Raposo, *Fretamento e Transporte Marítimo...*, em *Estudos sobre o novo Direito Marítimo*, Coimbra Editora, 1999, pp. 303-342. O texto é, porém, de 1984, tendo sido pela 1ª vez publicado no B.M.J., 340, Nov. de 1984.

[23] Cfr. *Bills of Lading and the conflict of law*, em AAVV, *The Hamburg Rules: a choice for the E.E.C.* ?, ed. Maklu, Antuérpia, 1994, pp. 47 e segs, *maxime* p. 52.

Daí que Simon Baughen diga, no mesmo sentido essencial, que "the two main types of contract in use for the carriage of goods by sea are the bill of lading and the charterparty"[24].

3.3. Nas mais modernas legislações ocorre a dualidade entre os dois tipos de contratos.

Assim no Código Marítimo da República Popular da China de 1992[25], que se desdobra em 15 capítulos, o Capítulo IV intitula-se na tradução inglesa fornecida pela Associação Chinesa de Direito Marítimo, *Contract of Carriage of Goods by Sea*, o Capítulo V *Contract of Carriage of Passengers by Sea* e o Capítulo VI *Charter Parties*.

Uma das 8 Secção do Capítulo IV é consagrada a "Special Provisions Regarding Voyage Charter Party". E as três Secções do Capítulo VI designam-se por *Guidelines* (1ª), *Time Charter Party* (2ª) e *Bareboat Charter Party* (3ª).[26]

Por seu turno, o Código da Navegação Comercial da Federação Russa de 1999 separa claramente o *Contrato de Transporte de Mercadorias* (cap. VIII, arts. 115º a 176º) do *Contrato de Fretamento a Tempo* (*time charter*) – (cap. X, arts. 198º a 210º) e do *Contrato de Fretamento sem tripulação* (cap. XI, arts. 211º a 224º)[27].

Distingue, pois, o contrato de transporte de mercadorias do *time charter* e do *bareboat charter*. "O contrato de fretamento é, em direito russo uma modalidade do contrato de locação de coisas"[28].

O que não acontece com o contrato de transporte.

3.4. Demos sempre como certo que as fronteiras entre o contrato de transporte e o contrato de fretamento por viagem são, por vezes, difíceis de demarcar. "(...) Os dois contratos ficam paredes meias;

---

[24] *Shipping Law*, Cavendish Ed., Londres, 1998, p. 8 Prossegue Baughen: "The charterparty and the bill of lading remain two distinct contracts".

[25] Como dissemos (R.O.A., 2001, p. 1165), a R.P.C. é um dos mais evoluídos países em matéria de D.M., como o confirma a nova lei processual marítima de 2000. O mesmo se poderá dizer de outros países orientais, como a República da Coreia e o Japão.

[26] Cfr., para melhor apreciação de todo o *Código*, a nota que lhe é dedicada em *Il Diritto Marittimo*, 1992, pp. 1194 s segs.

[27] Dmitri Litvinski, *Le nouveau code de la navigation commerciale de la Fédération Russe*, em *Le Droit Maritime français*, 2000, pp. 142-157.

[28] Litvinski, est. cit., p. 150.

(...) o fretamento por viagem está sempre ameaçado de encobrir um verdadeiro contrato de transporte; isto, como é óbvio, porque os contraentes se quererão esquivar às injuntivas regras legais do transporte"[29].

Mas, diga-se o que se disser, há especificidades inarredáveis no fretamento por viagem: é titulado por uma carta-partida, a problemática das estadias e todas as suas sequelas só nele se põe.

Aliás, a Convenção de Bruxelas de 1924 sobre conhecimentos de carga diz expressamente (al. b) do art. 1º) que

> "*contrato de transporte* designa somente o contrato de transporte provado por um conhecimento ou por qualquer documento similar servindo de título ao transporte de mercadorias por mar; e aplica-se igualmente ao conhecimento ou documento similar emitido em virtude duma carta – partida, desde o momento em que este título regula as relações do armador e do portador do conhecimento".

Há que esclarecer que o texto original da Convenção (que é o *francês*, como acontecia com todas as Convenções do C.M.I. dessa época) não se refere ao *armador* mas ao *transportador* ("transporteur").[30]

3.5. Na vizinha Espanha, onde o D.M. é tratado com significativo nível, sendo hoje reconhecíveis, a nosso ver, a Escola de Barcelona, liderada pelo Prof. Ignacio Arroyo, e a Escola de Madrid, onde é de destacar o Prof. Fernando Sanchez-Calero, a questão da unidade ou da dualidade não é pacífica.

Quer um, quer outro, são partidários da dualidade.

Entretanto, reconhece Ignacio Arroyo, surge a dificuldade em destrinçar, nalguns casos, o transporte e o fretamento por viagem.

---

[29] Mário Raposo, referido est. de 1984, em *Estudos sobre o Novo Direito Marítimo* cit., p. 306.

[30] Mais explicitamente, estabelecem as *Regras de Hamburgo* (1978) no nº 3 do art. 2º: "Les dispositions de la présente Convention ne s'appliquent pas aux contrats d'affrètement. Toutefois lorsqu'un connaissement est émis en vertu d'un contrat d'affrètement, il est soumis aux dispositions de la présente Convention pour autant qu'il régit les relations entre le transporteur et le porteur du connaissement, si ce dernier n'est pas l'affréteur".

Mas confirma que no transporte *puro* o objecto imediato do contrato é a *carga*, enquanto que no fretamento *puro* o objecto é o *navio*[31].

Por seu turno, Sanchez-Calero lembra, como nós mesmos fizemos, que no século XIX a única modalidade de deslocação de mercadorias que existia era o fretamento por viagem e que o fretamento poderá não ser feito para fins de transporte de mercadorias, mas, por exemplo, para a pesca, para a exploração científica do mar e até para o transporte de pessoas[32].

E não deixa de lamentar que a Comissão Geral de Codificação – Secção de Direito Comercial, da qual fazem parte, além de outros, Justino Duque Domínguez e José Maria Ruiz Soroa, inclua no transporte marítimo de mercadorias as duas modalidades de fretamento (excluída, portanto, a locação de navio).

Por mera curiosidade, acrescentaremos que na *Exposição de Motivos* sobre o anteprojecto de lei sobre contratos de utilização do navio[33] é salientado que a tese da separação está em profunda revisão desde há anos, designadamente em Itália, "sua pátria de origem".... Ficará assim corrigida a paternidade da *nefanda* tese da separação, quase sempre imputada à França![34].

---

[31] Cfr., designadamente, *La distribución del riesgo en el Derecho Marítimo*, em *Estúdios de Derecho Marítimo*, ed. Bosch, Barcelona, 1986, pp. 308 e segs e o *Prologo* ao livro de Rafael Matilla Alegre, *Contrato de utilización del buque*...., ed. Bosch, Barcelona, 1988.

[32] *El contrato de transporte marítimo de mercancías*, ed. Aranzadi (Navarra), 2000, p.119.

[33] Publicada no *Anuário de Derecho Marítimo*, VII, 1989, pp. 783 e segs, *maxime* p. 800.

[34] Casos há em que mesclam regras do fretamento a tempo com as do transporte. Assim na carta-partida norte-americana designada por NYPE ("New York Produce Exchange"), cuja ultima versão é a de 1993. O contrato de transporte é celebrado entre o armador (fretador) e o carregador, através do afretador, considerado como mandatário do fretador. Este responderá directamente perante os portadores dos conhecimentos pelos danos verificados nas mercadorias. O fretador será depois ressarcido nos termos do *Inter-Club Agreement*. Nesta concepção da carta-partida NYPE os carregadores estão perante o fretador como se tivessem contratado com um armador explorando o navio por conta própria. Como é óbvio, tudo isto significa uma substancial modificação no esquema tradicional do fretamento a tempo. Trata-se de um contrato híbrido. Mas, de qualquer modo, à repartição de encargos entre o fretador e o afretador não será aplicável a Convenção de Bruxelas de 1924. Cfr. Francisco Berlingieri, *The liability of the owner for loss or damage of the goods*, em *Il Diritto Marittimo*, 1992, p. 1113; Christopher Hill, *Maritime Law*, 5ª ed., ed. LLP, Londres, 1998, pp. 203 e segs; Stephen D. Girvin, *The Nype-Club Agreement*, em *Il Diritto Marittimo*, 1999, pp. 1096 e segs.

IV. Locação de Navio

4.1. Neste ponto, realmente, a *responsável* pela designação *fretamento em casco nu* será a doutrina francesa. Para ela o que caracteriza o fretamento em casco nu será a afectação *marítima* do navio[35].

Mas as certezas não são absolutas, não obstante a peremptoriedade de Ripert, que "proibia" que se falasse aqui em locação[36].

De qualquer modo, e para além da dúvida, fundamentalmente terminológica, quanto à designação, sendo por inteiro deslocado dizer-se que a qualificação do contrato como locação "representa um imperativo de sistemática jurídica" (desconhecido, pelos vistos, de grandes especialistas como Ripert, Rodière, Du Pontavice, Bonassies ou Yves Tassel) afigura-se por completo indevida (*até porque não fundamentada*) a afirmação de que "o DL nº 186/87 se baseia numa noção de fretamento em casco nu que não encontra qualquer correspondência na prática negocial"[37].

Não me sinto *campeão* dos diplomas de 86-87 sobre D.M., relativamente aos quais em diversas ocasiões deduzi vários reparos. Aliás, não fui eu o seu autor intelectual, embora num ou noutro ponto, tenha sido o seu "inspirador".

Foram os diplomas elaborados por uma Comissão presidida por um ilustre Mestre de Direito (professor catedrático da Faculdade de Direito de Coimbra) e integrada por 5 ou 6 advogados de irrecusável prestígio. Limitei-me a elaborar os preâmbulos, já depois de concluídos os diplomas, prática que noutros casos também adoptei.

---

[35] A Piédelièvre, na obra colectiva *L'affrètement par charte-partie*, de Pontavice – Piédelièvre – Sortais – Lestang, ed. L.G.D.J., 1964, Paris, p. 93.

[36] Martine Remond-Gouilloud (*Droit Maritime*, 2ª ed., ed. Pedone, 1993, Paris, p. 311) evita, declaradamente, o termo *affrètement* e propende, embora de modo não explícito, para o enquadramento formal como *locação*.

[37] Certo é que todos os maritimistas franceses (excepção feita a Ripert) reconhecem que o fretamento em casco nu está muito próximo da locação. "C'est un affrètement parce qu'il a pour object un engin apte à naviguer en mer. On ne confondra pas avec la pure location du droit civil, qui existe également dans la pratique maritime et qu'on utilise par exemple pour des engins portuaires ou encore pour des véritables navires loués pour une soirée mondaine on pour servir d'hôtel flottant dans un port. Des gradations imperceptibles peuvent d' ailleurs faire passer de l'affrètement à une pure et simple location" (Rodière-Emmanuel du Pontavice, *Droit Maritime*, 12ª ed.,, Dalloz, 1997, Paris, p. 276).

E quem ler o preâmbulo do diploma agora em causa com olhos de ver ficará com a clara ideia de que não sou peremptório na qualificação do *casco nu* como *fretamento* ou como *locação*.

4.2. Findo este parêntese direi que o *casco nu* corresponde à *charter by demise* e ao *bareboat charter* dos anglo-saxónicos. Por regra, no 1º caso o capitão e parte da tripulação são fornecidos pelo armador e no 2º caso o navio é entregue sem qualquer tripulação.

Ocorrem, como é óbvio, inúmeras variantes, conforme estabelecido pelas partes. Uma delas será a que impõe que o tipo de combustível utilizado obtenha o prévio acordo do armador; isto para verificar se esse combustível é o adequado para as máquinas do navio.

E, como é sabido, o *casco nu* é muitas vezes usado para fins de financiamento da construção do navio (*Barecon* B).

4.3. O crescente relevo do *casco nu*, depois de uma fase de quase completo esquecimento, como ainda se assinala na 15ª ed. de Scrutton, justificou que o C.M.I. promovesse em Abril de 1989, em Knokke-Zoute, um *Seminar on Bareboat Charterparties*, onde estiveram presentes alguns dos maiores maritimistas mundiais, como Berlingieri, Ramberg, Falkander, Wilford, Birch Reynardson e outros. Da análise das práticas negociais, das regras de Direito e do relevo económico do instituto resultaram três densos volumes.

Reiterando o ponto de vista de que a nossa legislação de 1986/87 (em D.M.) não será um paradigma de perfeições, gostaria que o Prof. Doutor Lima Pinheiro confrontasse os "operadores de comércio marítimo" e "os juristas que acompanham esta actividade" (quem serão eles?) com especialistas como Cova Arria, Leo Delwaide, Philippe Godin, Niall McGovern, Von Ziegler e William Tetley (e os já citados) para que esses "operadores" e "juristas" os esclarecessem sobre os fundamentos e as "razões" da sua pertinaz malquerença.

4.4. Realmente, para além do *vexata questio* da alternativa fretamento-locação (já equacionada no preâmbulo do diploma de 1987), não é encontrável motivo que justifique tão peremptória (e *subjectiva*) rejeição.

Aliás, o legislar sobre fretamento é sempre contingente, até porque aí a realidade, modelada pelas partes, é vária e mutante.

Bastará dizer que as cartas-tipo *Barecon A* e *Barecon B* foram, exactamente em 1989, substituidas pela *Barecon 89*. E que em 16.11.2001 aprovou a *Bimco* uma nova fórmula (a *Barecon 2001*), que contem novas e detalhadas normas sobre as inspecções, a manutenção, o exercício, o seguro e a reparação do navio.

4.5. Já no tocante à opção pelo enquadramento *locação* é ela perfeitamente figurável. E é geralmente seguida, excepto em França[38]. Mas não se poderá chegar ao ponto de supor que os maritimistas franceses, a começar por Ripert, seguido depois por *todos* os demais (como Rodière, Pontavice, Bonassies, Vialard, etc, etc), são cabotinos, já que ignoram "imperativos de sistemática jurídica" (*sic*).

V. Denúncia da Convenção de 1924

5.1. Preconizou o Prof. Doutor Lima Pinheiro, no seu 1º estudo, que fossem postos em vigor em Macau os Protocolos de Visby (68) e de 1979 à Convenção de Bruxelas de 1924 em matéria de conhecimentos de carga, *sendo esta denunciada*.

Fui de opinião que não seria necessária esta denúncia, justificada pelo risco de Macau (no caso) ter de aplicar a *Convenção*, sem as alterações introduzidas pelos *Protocolos*, nos transportes de um Estado que fosse exclusivamente parte na *Convenção*.

E isto, sumariamente, porque o art. 10º da *Convenção* (melhor precisado pela versão que lhe deu o art. 5º do Protocolo de Visby) dispõe que as suas disposições se aplicam a qualquer conhecimento respeitante a mercadorias entre portos de Estados *diferentes* quando o conhecimento for emitido num Estado contratante *ou* quando o transporte tiver lugar a partir de um Estado contratante.

---

[38] Diz John F. Wilson, *Carriage of goods by Sea*, ed. Pitman, 1988, Londres, p. 4 que, tecnicamente, a *demise* ou *bareboat charter* é "a lease of the vessel". Sobre a "locazione di nave" no direito italiano cfr., Ferrarini-Righetti, *Diritto della Navigazione (Diritto Marittimo), Parte Speciale*, I, G. Giappichelli Ed., 1991, Turim, pp. 13-24; Lefebvre d'Ovidio – Pescatore – Leopoldo Tullio, *Manuale di Diritto della Navigazione*, G. Giappichelli Ed., Turim, 2002, p. 227 e Ricardo Mancuso, *Istituzioni di Diritto della Navigazione*, G. Giappichelli Ed., Turim, 2003, p. 227. Lembra Mancuso que a *locazione a scafo nudo* é também designada por *contratto di imbrago*.

Assim sendo, Macau teria, mesmo depois de aprovado o *Protocolo*, que aplicar a *Convenção* no seu estado primitivo se no Estado de emissão do conhecimento ou a partir do qual o transporte tivesse lugar não vigorassem os *Protocolos*.

5.2. O problema não surgiu recentemente e há muitos anos que o encaro.

É de explicitar, antes de mais, que dos Estados que ratificaram o Protocolo *e que denunciaram a Convenção* o Prof. Doutor Lima Pinheiro comete um *lapso visível* quando entre eles inclui a *Bélgica*, a *França*, a *Suiça* e a *Espanha*. Nestes Estados, ao invés do que supõe o Prof. Doutor Lima Pinheiro, continua a vigorar, fresca como em 1924, a velha *Convenção*, a par dos *Protocolos*.

Esse sim, é um irrespondível lapso. Quanto ao problema de a *denúncia* ser "conveniente" ou não tratar-se-á de matéria de opinião.

Não tem a nossa concordância, nem a da generalidade dos autores e dos legisladores, mas é tão respeitável que contou mesmo em Itália com a iniciativa e o perseverante e activo apoio de um grande maritimista: o Prof. Francesco Berlingieri, preocupado, como sempre, com a desejável uniformidade internacional do D.M.

Esperava, é certo, Berlingieri que os Protocolos de 68 e de 79 fossem aprovados em massa. Só que isto não ocorreu e as *Regras de Hamburgo* deram causa, na fase de indeterminação inicial, quando geralmente se supunha que elas viriam a constituir a universal panaceia para uma definitiva uniformização do D.M. – o que não aconteceu, de todo em todo – à *paralização* do "movimento" para aprovação dos Protocolos[39].

---

[39] Sobre a posição de Berlingieri, e das diligências por ele feitas junto do Ministério dos Negócios Estrangeiros italiano e da principal Confederação de armadores italiana, cfr. Francesco Bozano Gandolfo, *Osservazioni sulla disciplina uniforme del trasporto marittimo*, em *Il Diritto Marittimo*, 2002, pp. 228 e segs. Curiosamente, em carta que em tempos nos escreveu, confirma o ilustre Mestre italiano que "je suis personnellement responsable de la dénonciation de la Convention de 1924". Sérgio M. Carbone, com uma argumentação complexa e por vezes pouco compreensível, motiva longamente a razão de ser da *denúncia* em *Contratto di Trasporto Marittimo di Cose*, no *Trattato di Diritto Civile e Commerciale* de Cicu – Messineo – Mengoni, XXVI, t. 2, sez. I, ed. Giuffrè, 1988, Milão, *maxime* pp. 12-18.

5.3. Relativamente a Macau o problema nem sequer se põe.

Foi evidente intenção da República Popular da China manter em relação a Hong-Kong (Região Administrativa Especial) a vigência da *Convenção* e dos dois *Protocolos* (*CMI Yearbook*, 1997, pp. 413, 418 e 419) e manter em relação a Macau apenas a *Convenção* (*CMI News Letter*, n° 1, 2000, p.12).

Ou seja, o mesmo que acontece em Portugal, que não é parte de nenhum dos *Protocolos*, por lamentável descuido das entidades públicas, clamorosa a partir dos anos 90, quando foi possível concluir pelo mau (ou menos favorável) acolhimento dado às *Regras de Hamburgo*.

VI. Questões Incidentais

(I) *Contract of Affreighetment*

VI.(I). 1. Não constitui pesada pedra de escândalo a utilização da designação *contract of affreightment* (COA) para designar todos os contratos de utilização de navio para deslocação de mercadorias. Mas, como reconhece no seu 2° estudo o Prof. Doutor Lima Pinheiro, há obras recentes (que citei no meu escrito) que a confinam a certos tipos de contratos de fretamento, todos eles mais ou menos da "família" da *voyage charter*.

Logo resvala, no entanto, o Prof. Doutor Lima Pinheiro para o seu *álibi* da "prática negocial", que é uma entidade vária e fugidia, que ninguém, neste campo, sabe muito bem o que é. A invocação do VOLCOA da BIMCO é particularmente elucidativa de uma patente imprecisão de base. Obviamente que o VOLCOA ("volume contract") é um subtipo do COA (*contract of affreightment*) como o são os "cargo contracts", os "quantity contracts", etc. Mas isso não altera a ideia central, sublinhada por Lars Gorton-Rodolf Ihre e Arne Sandevarn, que o COA é "different from other contracts of carriage, which are built up with a specificied ship as a base"[40].

---

[40] *Shipbroking and Chartering Practice*, 5ª ed., ed., LLD, Londres, 1999, *maxime* pp.295-297.

2. Dá-se até o caso de os códigos marítimos escandinavos (entrados em vigor em 1994) consagrarem uma secção específica aos *contracts of affreigtment*, nesta acepção.

3. Mas, como com toda a objectividade referi no meu escrito, autores há, como Scrutton, que dão ao COA o sentido mais amplo.
Antes do Prof. Doutor Lima Pinheiro se referir a Scrutton (p. 430 do seu 2º texto) já eu a ele me tinha referido (p.1174 do meu anterior texto). E ao VOLCOA já nesse local tinha feito alusão, embora com consequências situadas nos antípodas das imaginadas pelo Prof. Doutor Lima Pinheiro[41].

4. Em Itália, Giorgio Righetti, faz corresponder o COA aos *tonnage agreements*[42]. E Lefebvre d'Ovidio – Pescatore – Leopoldo Tullio[43] situam-se na mesma linha, embora ressalvando que a denominação, "adoptada nos formulários", é demasiado restritiva.
Aliás, Leopoldo Tullio, em 1991, se bem que consagrando todo um livro ao *Il contract of affreightment* (sic), põe alguma dúvida sobre a designação usada, considerando-a, no entanto, como adquirida[44], no sentido *restritivo*.

(II) Porto Seguro

VI(II) 1. Relativamente a esta matéria, em que o Prof. Doutor Lima Pinheiro fala em segurança do porto e risco de congestionamento[45], abona-se "com a definição de porto contida nas *Charterparty*

---

[41] Escreve Isabelle Corbier, *La notion juridique d'armateur*, ed. Puf, 1999, Paris, p. 261:
"(La BIMCO) a mis, en 1982, à la disposition des exploitants de navires un contract type intitulé *Volume Contract of Affreightment* (dit VOLCOA). Ses clauses prévoient des dispositions originales par rapport aux clauses ordinaires des chartes-parties. Soit par exemple: les dispositions propres à chaque voyage doivent être recherchées dans la charte-partie applicable à ce voyage".

[42] *Trattato di Diritto Marittimo*, IV, ed. Giuffrè, 1999, Milão, p. 688.

[43] ob. cit. de 2000, p. 541.

[44] *Il contract of affreightment*, ed. Cedam, Milão, 1991, designadamente p. 17.

[45] R.O.A., 2000, pp. 1084 e 1160.

Laytime Definitions 1980 (...) e com o entendimento dominante na jurisprudência arbitral".

No meu cit. artigo[46] esclareci que aquele texto de 1980 fora já substituído, pelas mesmas associações que o tinham aprovado, por uma versão diferente e actualizada, intitulada *Voyage Charterparty Laytime Interpretation Rules 1993*.

E fiz algumas ponderações sérias, fundadas nas soluções dadas pela mais recente doutrina inglesa e italiana e em pelo menos nove tipos de cartas-partidas (Gencon, Synacomex 90, Centrocar, Norgrain, Amwelsh 91, Polcoalvoy, STV Voy, Asbatankvoy, Shellvoy 5, etc.).

A tudo o que foi concludentemente ponderado, o Prof. Doutor Lima Pinheiro comenta que o seu reconhecido desconhecimento da versão actualizada e *diferente* das *Definitions* de 1980 (a de 1993) foi benéfico para a solução normativa que propõe. Solução essa que – diga-se de passagem – em parte alguma do mundo figura num texto legal ou doutrinal. É sempre estabelecida nas cartas, nos usos e, por remissão, nas *Interpretation Rules*.

2. Eliseo Sierra Noguero[47], sintetizando a doutrina mais actual sobre o tema, diz que o cumprimento da obrigação do fretador (que é o *transportador* do Prof. Doutor Lima Pinheiro) resulta de os portos e cais serem seguros *e acessíveis* (o sublinhado é nosso) para o navio dado de fretamento.

O porto e o cais serão seguros se o navio puder aceder aos mesmos, neles permanecer, executar as operações de carga e de descarga da mercadoria, assim como abandoná-los sem perigo. No porto ou no cais não devem ocorrer usualmente eventos meteorológicos, políticos ou administrativos que o impeçam de executar ou que retardem as operações portuárias[48].

3. Aliás, como é doutrina unívoca, a garantia da segurança do porto e do cais, que eram *absolutas*, consideram-se hoje como obri-

---

[46] R.O.A., 2001, p. 1180.

[47] *El contrato de fletamento por viaje*, ed. do Real Colégio de España, Bolonha, 2002, p. 158.

[48] No mesmo sentido *Scrutton on Charterparties and Bills of Lading*, 20ª ed., por Boyd-Burrows e Foxton, ed. Sweet and Maxwell, Londres, 1996, p. 129.

gações de diligência. Cartas há, no entanto, que a impõem como cláusula imperativa[49].

4. Deu-se o caso de no meu texto não ter *confundido* o risco de congestionamento com a garantia de segurança do porto. Quem dá causa a essa *confusão* (se é que ela existe...) é o Prof. Doutor Lima Pinheiro, incluindo num texto legal regras que são por natureza *pactícias*.

Mas o certo é que foi já entendido que o congestionamento que frustre comercialmente a expedição marítima torna o porto *não seguro* – desde que tal condicionalismo constitua uma das características do porto[50].

(III) *Prescrição ou Caducidade*

VI (III) 1. Como dissemos, uma vez mais, no nosso comentário de 2000 (p. 1184) são os prazos de proposição das acções, sobretudo em litígios de natureza contratual, *curtos* e com a preocupação do *dies a quo* tender a ser tanto quanto possível uma realidade de natureza factual, facilmente *configurável* e *certificável.*

Não se vislumbra no *anteprojecto* – exceptuado o caso da *salvação* – um único prazo de caducidade.

Resultará daí que o prazo em geral aplicável, pelo texto do Prof. Doutor Lima Pinheiro, será de 20 anos após o evento, se despontar de uma relação contratual.

Adelino da Palma Carlos lamentava já em 1931 a incongruência de a lei portuguesa não fixar prazos especiais para a proposição das acções emergentes do contrato de fretamento, "ao contrário do que fazem todas as outras legislações[51].

---

[49] Francesco Berlingieri, *Il contratto di noleggio a viaggio nei formulari*, em *Il Diritto Marittimo*, 1995, *maxime* p. 877.

[50] "Association française de D.M.", *Le port dans les chartes-parties*, em *Le Droit Maritime français*, 1986, pp. 579-587.

[51] *O contrato de fretamento...*, p. 266.

2. Pela lei francesa de 18.6.1966 todas as acções emergentes de um contrato de fretamento (por viagem, a tempo, em casco nu) prescrevem ao fim de um ano. Em Inglaterra, pela *Limitation Act 1980*, o limite genérico para o exercício de responsabilidade contratual é de seis meses. Em caso de responsabilidade extracontratual o prazo é o mesmo, excepto no caso de danos pessoais ou de morte, em que passa a ser de três anos[52].

Em Espanha, considera-se, no *anteprojecto* dos contratos de utilização do navio, dever-se estabelecer o prazo de um ano para a locação do navio e o fretamento[53].

3. Pela lei italiana os direitos resultantes do contrato de seguro marítimo prescrevem no prazo de um ano (art. 547° do Código da Navegação italiana).

E em Espanha, onde o prazo geral de prescrição é de 15 anos, Ignacio Arroyo propõe para o seguro de cascos e de faculdades dois anos e para o seguro de responsabilidade civil o prazo de um ano[54].

4. A *razão* dada pelo Prof. Doutor Lima Pinheiro repercute um critério *único* em qualquer legislação, pelo que já aduzimos nestes nossos comentários.

E continuamos a supor que a solução de, com um simples golpe de pena, *incorporar* no direito interno de um Estado ou de uma Região Especial Convenções Internacionais *a granel*, algumas delas (muitas delas) nem sequer entradas ainda em vigor, é uma solução não curial.

---

[52] Entretanto, "a lower time limit may be imposed by express terms of the contract. For example, under charterparties on a *Centrocon form*, the limit is three months" (Simon Baughen, ob. cit., p. 343). Sobre a problemática dos *time limits* ou *time bars* cfr., sobretudo, Chorley & Giles', *Shipping Law*, 8ª ed., ed. *Pitman*, Londres, 1988 (por Gaskell--Debattista-Swatton), pp. 492 e segs.

[53] Ignacio Arroyo e outros, *La reforma de la Legislación Marítima*, ed. Aranzadi (Navarra), 1999, pp. 209 e segs. Curiosa é a dura crítica que Fernando Sanches Calero faz à tese da unidade dos dois contratos (fretamento e transporte marítimo) apontando como paradigma a seguir (por certo com as devidas adaptações e actualizações) o dos novos códigos nórdicos (1994) e a…legislação portuguesa de 1986/87.

[54] Ob. cit. na nota anterior, *maxime*, p. 161.

O DM rege, frequentemente, relações *internacionais* e nenhuma pessoa ou empresa de um Estado com a qual Macau esteja em relação aceitará a aplicabilidade desse direito internacional assim ingressado na ordem jurídica *interna* "pela porta do cavalo".

As coisas são como são.

Certo é que em alguns Estados vigoram como direito interno, com as devidas adaptações, Convenções Internacionais. Assim, como exemplo, no Reino Unido o COGSA (Carriage of Goods by Sea Act 1971)[55] é direito interno, mas é também direito internacional, depois de o Reino Unido ter ratificado em 1930 a *Convenção de Bruxelas* de 1924 e em 1976 as *Regras de Visby* e em 1982 o Protocolo DTS de 1979. Foi a ratificação das *Regras de Visby* que determinou a denúncia da *Convenção*, em 1977.

Ora no caso actual o direito internacional incorporado pelo Prof. Doutor Lima Pinheiro nem sequer é direito internacional *em parte alguma*, como, por exemplo, o Protocolo de 1990 respeitante à Convenção de Atenas de 1974 (sobre transporte de passageiros) – art. 131º do *anteprojecto* e a Convenção de Genebra sobre Privilégios e Hipotecas de 1993 – art. 47º do *anteprojecto*.

Realmente esses textos internacionais *não entraram ainda em vigor*.

(IV) *Capitão ou Comandante?*

VI (IV) 1. O capitão de navio é a figura central da expedição marítima.

É um titulo de honra, até por tudo o que está ligado à sua história e à sua actividade, ser *capitão de um navio*; tanto ou talvez mais do que ser *comandante de um avião*. Isto embora, indo ao fundo da realidade, sejam actividades profissionais não inteiramente comparáveis.

Rodríguez Carrión, professor de Direito Comercial na Universidade de Cádiz, encimava o cabeçalho dos seus livros de D.M. com as três condições em que actuava, exactamente por esta ordem:

---

[55] Agora substituído pelo COGSA 1992.

Capitán de la Marina Mercante
Abogado
Profesor Titular de Derecho Mercantil Universidad de Cádiz[56].

Da mesma forma procede José Luís Gabaldón Garcia, que usa nos seus livros:

Capitán de la Marina Mercante
Profesor Titular de Derecho Mercantil Universidad Carlos III de Madrid[57].

2. Em todos os países se designa o Capitão do Navio desse modo: *Captain* (ou *Master)* no Reino Unido, *Capitaine*, em França, *Capitán,* em Espanha.

A única excepção é a Itália, onde depois de sempre se ter usado a designação *capitano*[58] teve que se passar a usar a de *comandante*, em decorrência da unificação verificada com o
Código de 1942 entre o DM e Direito Aeronáutico. No Direito Aéreo a designação foi sempre a de *comandante*[59].

3. As razões usadas pelo Prof. Doutor Lima Pinheiro não colhem. A expressão *capitão* não caiu em desuso. A ser assim, na escala hierárquica da Marinha de Guerra, os 2ºs e 1ºs tenentes, os capitães-tenentes e os capitães de mar-e-guerra, que têm, todos eles, na linguagem usual, a designação de *comandante*, passariam a ser, oficialmente, "comandantes".

4. Obviamente que nada temos contra a adopção para a Marinha Mercante, da designação "comandante", até porque ela está a ser referida em diplomas legais (por exemplo, DL 145/2003, de 2.7 e DL 146/2003, de 3.7).

---

[56] Assim, v.g., *Estúdios de Seguro Marítimo*, ed. Bosch, Barcelona, 1992.
[57] É o caso do *Manual de Derecho de la Navegación Marítima*, 2ª ed., ed. Marcial Pons, Madrid, 2002.
[58] Assim ainda em 1932. Cfr. Francesco Berlingieri (avô do actual), *La polizza di carico e la convenzione internazionale di Bruxelles ...*, Génova, 1932, *maxime* p. 45.
[59] *Commandant de bord*. Cfr. Louis Cartou, *Le Droit Aérien*, ed. *Puf.*, 1962, p. 55.

O capitão ou comandante de um navio polariza nele todo o sucesso náutico, de segurança, de defesa do ambiente e, até certo ponto, comercial da expedição marítima.

Estaremos sempre na 1ª linha em relação a tudo o que possa valorizar a sua responsabilizante função.

Mas isso pelas razões que acabamos de aduzir, e não por aparências meramente verbais[60].

(V) *Transporte de Passageiros. Sistema de Responsabilidade*

VI. (V) 1. Usando do critério utilizado noutras áreas do *anteprojecto*, o art. 131º incorpora *por remissão* ou *em bloco* não diferenciado a *Convenção de Atenas de 1974* e o *Protocolo de 1990*.

Com efeito, estabelece-se naquele preceito:

"A responsabilidade do transportador por danos pessoais e por danos na bagagem é regulada pelas disposições contidas na Convenção de Atenas (de 1974), alterada pelo Protocolo de Londres 29.3.90, que são consideradas incorporadas no Direito interno de Macau".

2. Uma das razões que têm sido invocadas para justificar a fraca adesão formal que ocorreu em relação à *Convenção* (não obstante a ela terem acedido Estados com significativo relevo marítimo, como o Reino Unido, a Grécia, a Federação Russa e a Espanha) é a de se considerar o limite da responsabilidade por passageiro demasiado baixo.

O que, aliás, nem colherá por inteiro se for tido em conta que o nº 2 do art. 7º da Convenção autoriza que as legislações nacionais dos Estados membros fixem um limite mais elevado[61].

---

[60] Vasconcelos Esteves, que é um prudente maritimista, desta vez não nos convence, ao invocar como fundamento da opção "comandante" o *Regulamento da Inscrição Marítima* (DL 104/89, de 6 de Abril), que no seu art. 19º distinguiu entre as categorias de *oficiais* o "capitão da marinha mercante" e o "capitão pescador" (em *Direito Marítimo. Introdução....*, ed. Petrony, 1990, p. 137). Aliás, como se mostra do *Regulamento* anexo à Portaria nº 251/89, de 6 de Abril, as *funções* de *comandante* podem ser exercidas por *oficiais* que não possuam a *categoria* de capitão da marinha mercante. É o caso dos *pilotos*.

[61] Walter Muller, *Faut-il réviser la Convention d'Athénes de 1974 sur le transport de passagers par mer* ?, em *Le Droit Maritime français*, 1999, p. 5.

O certo é que, sem ratificarem ou aderirem formalmente à *Convenção*, ela levou muitos Estados a tomá-la como modelo de uma sua nova legislação nacional, ou seja, do seu *direito interno*.

Só que nunca o fizeram por mera *remissão* mas através de uma reprodução material, nalguns casos com variantes de opção, dos preceitos da Convenção. Receber *em bloco* sem sequer se destriçarem as normas recebidas das não recebidas, é perigoso, podendo dar aso às maiores dúvidas de entendimento[62].

3. Certamente por lapso não aludiu o Prof. Doutor Lima Pinheiro ao Protocolo de Londres de 1976 (PAL PROT 1976), que é o único texto em vigor com alterações (e relevantes) à *Convenção de Atenas* "Saltou" desta para o Protocolo de Londres de 1990 (PAL PROT 1990), que nem sequer entrou ainda em vigor, sendo mesmo duvidoso que tal venha a acontecer nos tempos mais próximos[63]. Fala-se mesmo do "insucesso" do Protocolo de 1990, insucesso que levou a IMO a adoptar, em Novembro de 2002, o extenso Protocolo de Londres desse ano[64].

Corresponde este *Protocolo* a uma verdadeira *revolução* do sistema de responsabilidade do transportador de passageiros. Adopta-se uma responsabilidade "quase" objectiva (*strict liability*) quanto aos danos causados até um limite de 250000 unidades de conta; desde esse limite e até ao limite (final) de 400 000 a responsabilidade é fundada na culpa ("fault or neglect").

---

[62] Este, como exemplo, o caso do art. 11º da Convenção, que permite aos "servants or agents" do transportador ou do transportador efectivo ("perfoming carrier"; em inglês, ou "transporteur substitué ", em francês) invocar, se provarem que actuaram no exercício de funções, as exonerações e os limites de responsabilidade que aproveitam ou aproveitariam aos transportadores ou aos transportadores efectivos. Não se tratará aqui de responsabilidade do *transportador*, ainda para mais com a *nuance* da distinção entre o *carrier* e o *perfoming carrier*.

[63] Ao PAL PROT 90 somente aderiram o Egipto (em 1991), a Espanha (em 1993) e a Croácia (em 1998). E desde 1998 até 2003 não foi recebida qualquer outra adesão ou ratificação.

[64] Francesco Berlingieri, *L'adozione del Protocollo 2002 alla Convenzione di Atene del 1974 sul trasporto per mare di passeggeri e loro bagagli*, em *Il Diritto Marittimo*, 2002, pp. 1498-1509.

É introduzido o regime do seguro obrigatório e da acção directa contra o segurador até ao limite de 250000 unidades de conta por passageiro.

Um Estado que adira ou ratifique o *Protocolo* de 2002 terá que denunciar a *Convenção* de 1974 e os *Protocolos* de 1976 e de 1990[65].

4. Não é pressentível a reacção dos grandes Estados marítimos a esta *nova* Convenção. Afigura-se, no entanto, aconselhável evitar uma legislação de circunstância, relativamente a um sistema *internacional* a que Portugal se tem mantido alheio durante quase três dezenas de anos.

5. Sobre o *contrato de cruzeiro marítimo* fomos nós mesmos, há vários anos já, a sustentar que o art. 21º do DL 349/86 deixara de estar em vigor em Portugal, face à transposição para a ordem jurídica interna da Directiva 90/314/CEE, feita pelo DL 209/97[66].

---

[65] Art. 17º, nº 5, do *Protocolo*. O texto completo deste, desdobrado em 25 artigos e um Anexo, está publicado na íntegra em *Il Diritto Marittimo*, 2002, p. 1541. Não somos tão optimistas em relação à próxima entrada em vigor deste Protocolo (*desta nova Convenção*) como o foi o Prof. Doutor Lima Pinheiro em relação ao Protocolo de 1990, que considerou ser a miraculosa panaceia para todas as dolências do sistema. Já em 1999 era facilmente calculável que o PAL PROT 1990 se saldaria por um irrecuperável *malogro*.

[66] Cfr., por ex., Mário Raposo, MANTER-SE-Á EM VIGOR O ARTIGO 21º DO DECRETO-LEI Nº 349/86 SOBRE O CONTRATO DE TRANSPORTE MARÍTIMO ? na ROA, 1998, pp 582-588. A transposição da Directiva foi inicialmente feita pelo D.L. 198/93, de 27 de Maio, que reformulou a regulação da actividade das agências de viagens e turismo (assim revogando o D.L. 264/86, de 3 de Setembro, e o Dec. Regulamentar 22/87). Com aquele diploma de 1993 as agências de viagens deixaram de ser meras *intermediárias*, passando a ser directamente responsáveis perante os seus clientes pelo incumprimento das obrigações resultantes da venda de viagens organizadas. Isto em síntese. Entretanto, e bem, o D.L. 198/93 foi integralmente substituido pelo citado DL 209/97, de 13 de Agosto.

ÍNDICE GERAL

A Sentença Arbitral	5
Tribunais Arbitrais e Medidas Cautelares	37
Equidade, Composição Amigável. Lex Mercatoria	51
Arbitragem Marítima	69
Imparcialidade dos Árbitros	75
O Arresto de Navios	89
Prazo de Caducidade das Acções de Transporte Marítimo entre Portos Nacionais ...	109
Prazo para a Propositura da Acção de Indemnização pela Entrega Indevida das Mercadorias	131
Perda do Direito à Limitação Legal da Responsabilidade do Transportador Marítimo de Mercadorias	139
Sobre o Conceito de Barataria	149
Perspectiva Actual sobre as Sociedades de Classificação de Navios	157
Sobre os Trabalhos Preparatórios da Lei Marítima de Macau. *Parte Primeira*	175
Sobre os Trabalhos Preparatórios da Lei Marítima de Macau. *Parte Segunda*	207